VERWALTUNGS-ORGANISATION

2. Auflage

Die Studieninstitute
für kommunale Verwaltung in NRW

Die Studieninstitute
für kommunale Verwaltung in NRW

HORST FRANK

VERWALTUNGS-ORGANISATION

Organisationsmanagement

2. Auflage

Maximilian Verlag
Hamburg

Bibliografische Information der Deutschen Nationalbibliothek
Die Deutsche Nationalbibliothek verzeichnet diese Publikation in der Deutschen Nationalbibliografie; detaillierte bibliografische Daten sind im Internet über https://portal.dnb.de abrufbar.

Redaktionsstand: 15.12.2020

ISBN 978-3-7869-1282-8

Stadthausbrücke 4, 20355 Hamburg
Ein Unternehmen der **TAMM**MEDIA

Layout und Produktion: Fred Uhde (1. Auflage), Inge Mellenthin
Umschlaggestaltung: Marisa Tippe

Druck und Bindung: PNB Print
Jāņsili, Ropazu novads, Lettland, LV-2133

Fotos: pixabay.com (Seite 18, 24, 27 f., 30, 38, 47, 62, 65, 72, 85, 96, 104, 116, 130, 147, 149, 155, 184, 192, 228, 242, 246, 251)

Printed in Europe

INHALT

DER AUTOR

Als Diplom-Verwaltungswirt und Personalbetriebswirt kann Horst Frank auf langjährige Berufserfahrung in der öffentlichen Verwaltung zurückblicken. Durch eine mehrjährige Tätigkeit in der Sozialverwaltung mit intensivem Kundenkontakt kennt er das Verwaltungsgeschäft sowohl aus Sicht der Fachverwaltung als auch aus Sicht der sogenannten Querschnittsverwaltung, wo er in den Bereichen „Neue Steuerung/Verwaltungsreform“ und „Organisations- und Personalentwicklung“ beschäftigt war bzw. ist.

Gegenwärtig ist er als Beamter des höheren Dienstes im Bereich Personalmanagement verantwortlich tätig. Horst Frank verfügt als nebenamtlicher Dozent in der Aus- und Fortbildung am Studieninstitut Ruhr über langjährige Lehrerfahrung, u. a. in den Fächern Organisation, Verwaltungsmanagement sowie Handlungs- und Sozialkompetenz.

VORWORT

Schön, dass Sie sich für dieses Buch entschieden haben. Mein Anliegen ist es, Ihnen „Verwaltungsorganisation (Organisationsmanagement)" näherzubringen und u. a. damit einen Beitrag zu Ihrer Ausbildung und Ihrem späteren Berufsleben zu leisten. Das Lehrbuch richtet sich aber auch an alle Interessierten, die sich erstmalig mit dieser Thematik auseinandersetzen.

Auch wenn wir es oftmals gar nicht merken, beschäftigen wir uns mit organisatorischen Fragen. Organisation begleitet uns ständig in unserem Alltag und Berufsleben.
Im Verwaltungsalltag werden wir uns mit organisatorischen Fragstellungen als Mitarbeiterin und Mitarbeiter beschäftigen müssen. Dabei erwartet uns ein breites Feld, welches sich von der Organisation bzw. dem Aufbau einer Verwaltung bis zur optimalen Aufgabenerfüllung und Zielerreichung erstreckt. Hierbei wird die Organisation auf unterschiedlichste Art und Weise beeinflusst.

Eine gute Verwaltungsorganisation, also ein gutes Organisationsmanagement, ist heutzutage ein strategischer Erfolgsfaktor. Für eine erfolgreiche Verwaltung wird Organisation somit mehr und mehr an Bedeutung gewinnen. Wer bei den Entwicklungen mithalten will, sollte den Mitarbeiterinnen und Mitarbeitern der Verwaltung die Themen, Instrumente und Techniken der Organisation bzw. des Organisationsmanagements näherbringen.

Mit diesem Lehrbuch wird dieses Spektrum, insbesondere unter Berücksichtigung der Lerninhalte und Lernziele des Laufbahn-/Verwaltungslehrgangs I und der Ausbildung zur/zum Verwaltungsfachangestellte(n), abgedeckt. Es sollen die erforderlichen Kenntnisse und das notwendige organisatorische Fach-, aber auch Praxiswissen für den beruflichen Arbeitsalltag vermittelt werden. Hierbei wird eine weitestgehende Vergleichbarkeit der Lerninhalte und Lernziele der o. g. Zielgruppen zugrunde gelegt. Es wurden deshalb beim Schreiben dieses Buches bewusst einige Themen eingehender und andere nur kurz dargestellt. Somit wird sicherlich nicht jede Erwartungshaltung erfüllt.

Für Studierende an den Verwaltungsfachhochschulen eignet sich dieses Buch zur Vermittlung eines entsprechenden Basiswissens.

Zu besseren Verständlichkeit und Erläuterung enthält dieses Lehrbuch Beispiele, die in der Regel einen Bezug zur Verwaltung bzw. Verwaltungsarbeit haben. Auch wurden die Texte bewusst auf eine Zielgruppe ausgerichtet, die noch nicht über ein entsprechendes Fachwissen verfügt. Die farbliche Gestaltung dieses Buches trägt zum besseren Lesen und Lernen bei. Soweit in diesem Buch für die Bezeichnung von Personen lediglich die männliche und nicht auch die weibliche Sprachform verwendet wurde, dient dieses selbstverständlich nur der besseren Lesbarkeit.

VORWORT ZUR ZWEITEN AUFLAGE

Relativ kurze Zeit nach Veröffentlichung der ersten Auflage dieses Buches erscheint die zweite Auflage, ohne die Erstauflage mit ihren Zielsetzungen, Kerngedanken und Inhalten wesentlich zu verändern.

Es ist nicht verwunderlich, dass dies bereits jetzt sinnvoll erscheint. Wenn Sie sich mit diesem Buch bereits beschäftigt haben bzw. beschäftigen werden, dann haben Sie sicherlich auch festgestellt bzw. werden noch feststellen, dass Organisation ein kontinuierlicher Prozess ist. Die öffentlichen Verwaltungen und Unternehmen befinden sich, ausgelöst durch aktuelle Entwicklungen wie Kundenorientierung, Technisierung, Digitalisierung und Krisensituationen (zz. Pandemie), in einem spürbaren Veränderungsprozess. Dass Verwaltungen reform- bzw. veränderungsfähig sind und dem Bild eines modernen Dienstleistungsunternehmens gerechter werden, zeigt sich zunehmend.

Um den mit den Veränderungs- und Modernisierungsprozessen verbundenen Herausforderungen gewachsen zu sein, gilt es, wie bereits im Vorwort zur ersten Auflage erwähnt, mehr denn je, den Mitarbeiter*innen Verwaltungsorganisation bzw. Organisationsmanagement sowie die Organisations- bzw. Managementinstrumente näherzubringen. Hier nehmen die Studieninstitute und Hochschulen für Polizei und öffentliche Verwaltungen eine besondere Rolle ein.

Mit dieser Auflage sollen einzelne Bereiche aufgegriffen bzw. Abschnitte des Buches aktualisiert und ergänzt werden. In diesem Zusammenhang sind insbesondere Themen wie Change-Management (Veränderungsmanagement), Digitalisierung, Homeoffice (neue Arbeitsformen) und Agilität (agile Organisation) zu nennen. Die genannten Themen lassen erkennen, welche organisatorischen Fragestellungen u. a. im Fokus des Verwaltungsmanagements stehen. Auch werden themenbezogen – an der ein oder anderen Stelle – *notwendige* Bezüge bzw. Zusammenhänge zwischen Organisations- und Personalmanagement aufgezeigt, um den Blick für die Gesamtthematik zu erweitern.

Die Gestaltung des Buches wird aus didaktischen Gründen beibehalten. Auch die Ergänzungen werden zur besseren Verständlichkeit und Erläuterung mit praxisnahen Beispielen unterlegt.

ORGANISATORISCHE GRUNDLAGEN

I BEGRIFF DER (VERWALTUNGS-)ORGANISATION

1.1 ÖFFENTLICHE VERWALTUNG

Sicherlich verknüpfen wir mit dem Begriff öffentliche Verwaltung gewisse Vorstellungen. 1
Oftmals beruhen diese auf Wahrnehmungen oder Erfahrungen. Trotzdem fällt es uns schwer, den Begriff zu definieren. Eine klare und allgemeingültige Begriffsdefinition für Verwaltung ist nicht möglich.

Die bis heute in der Rechtswissenschaft gültige Negativdefinition versteht unter öffent- 2
licher Verwaltung die Tätigkeit des Staates oder eines anderen öffentlichen Trägers, die weder Gesetzgebung noch Rechtsprechung ist. Sie ist der Teil der Exekutive, der öffentliche Aufgaben wahrnimmt.[1]

Zusätzlich kann der Begriff in seiner Bedeutung näher beschrieben werden. Unter öf- 3
fentlicher Verwaltung werden demnach staatliche Handlungen, die sich auf unterschiedlichste Bereiche des Zusammenlebens und damit auf Angelegenheiten des Gemeinwesens erstrecken, verstanden. Die Handlungen werden durch bestellte Organe[2], die gesetzlich gebunden sind, vorgenommen. In Abgrenzung dazu nimmt die „private" Verwaltung lediglich im eigenen Interesse eigene bzw. Angelegenheiten für andere wahr.

1.2 ORGANISATION

Der Begriff Organisation[3] ist ein alltäglicher Begriff, den wir in seinen unterschiedlichen 4
Bedeutungen häufig verwenden. Weil wir das tun, kann zunächst unterstellt werden, dass wir ein gewisses Verständnis von Organisation haben. Wenn wir diesen Begriff benutzen, dann tun wir das – ganz bewusst oder intuitiv – in einem gewissen Zusammenhang und für uns ist klar, was darunter zu verstehen ist.

---

1 Vgl. Otto Mayer, Deutsches Verwaltungsrecht.

2 Organe sind natürliche Personen (Menschen) die für eine juristische Person (z. B. Stadt/Gemeinde als Gebietskörperschaft des öffentlichen Rechts) oder Personenvereinigung handeln, weil diese selbst nicht handeln und entscheiden können (vereinfachte Erläuterung).

3 Vgl. Organisationsmanagement in Dienstleistung und Verwaltung (Bokranz/Kasten 4. Auflage S. 19–21) sowie Management im öffentlichen Sektor (Gourmelon/Mroß/Seidel, S. 17–19).

Doch was meinen wir eigentlich, wenn wir über Organisation sprechen?

5 Nähern wir uns den unterschiedlichen Bedeutungen des Begriffes durch einige Beispiele:

> *Beispiel:*
> *Stellen Sie sich vor, Sie haben mit Ihrem Fahrzeug eine Autowerkstatt aufgesucht und den Eindruck gewonnen, dass diese Werkstatt gut organisiert war.*

6 Dann hat sich diese Meinung wahrscheinlich deshalb bei Ihnen gebildet, weil die Autowerkstatt technisch gut ausgestattet war, die Mitarbeiter ihre Aufgaben ggf. durch klare Absprachen (wer macht was und wann) gut und überlegt erledigt haben. Sie haben also wahrgenommen, dass jeder auch bei einer Vielfalt von unterschiedlichsten Aufgaben einen Überblick hatte.

7 *Bleiben wir in der Autowerkstatt. Zur Reparatur Ihres Autos ist ein Ersatzteil erforderlich, das nicht auf Lager ist. Der Werkstattleiter bittet den Mitarbeiter, dieses Teil zu organisieren.*

8 Dieses Produkt zu organisieren bedeutet, es auf welchem Wege auch immer zu beschaffen bzw. zu besorgen.

9 *Eine weitere Bedeutung des Begriffes tritt zu Tage, als wir bei einer Unterhaltung mit einem der Mitarbeiter hören, dass dieser organisiert ist.*

10 In diesem Gespräch wollte der Mitarbeiter damit nicht sagen, dass er seine Arbeit gut geordnet hat, sondern vielmehr, dass er z. B. Mitglied einer Gewerkschaft oder auch eines Sportvereins ist.

11 Die Beispiele zeigen, welche unterschiedliche Bedeutung der Organisationsbegriff in unserem täglichen Sprachgebrauch haben kann. Im Rahmen eines einheitlichen Verständnisses wird in der Organisationslehre zwischen vier Betrachtungsweisen unterschieden.

1.3 ORGANISATIONSBEGRIFFE

12

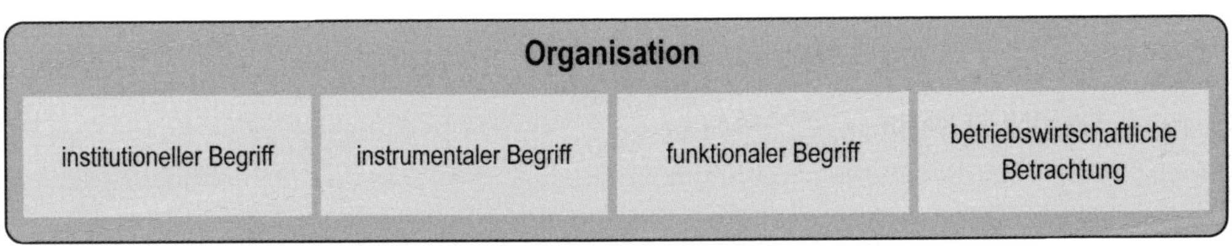

1.3.1 ORGANISATIONSBEGRIFF IM INSTITUTIONELLEN SINNE

Der institutionelle Organisationsbegriff betrachtet die Organisation als Ganzes. Betriebswirtschaftlich betrachtet sind Organisationen soziale Gebilde, die mithilfe ihrer dort tätigen Menschen dauerhaft ein bestimmtes Ziel verfolgen. Dieses trifft beispielhaft auf die Stadtverwaltung, Firmen oder Sportvereine zu. 13

Demnach ist die Verwaltung eine Organisation (Institution). 14

1.3.2 ORGANISATIONSBEGRIFF IM INSTRUMENTALEN SINNE

Wie unter 1.3.1 ausgeführt, bestehen Organisationen deshalb, um ihre Ziele zu erreichen. Dieses soll möglichst geplant, dauerhaft und geordnet geschehen. Durch Regeln und Strukturen wird eine Ordnung des Zusammenwirkens in einer Organisation sichergestellt. Hierbei handelt es sich um das Zusammenwirken von Menschen miteinander, aber auch von Menschen und Sachmitteln. 15

Wenn wir die Gliederung einer öffentlichen Verwaltung, Dienstverteilungspläne oder Dienstanweisungen (siehe auch später an anderer Stelle) betrachten, ist zu erkennen, dass die Verwaltung eine Organisation hat. 16

1.3.3 ORGANISATIONSBEGRIFF IM FUNKTIONALEN SINNE

Es besteht die Notwendigkeit, dass die öffentliche Verwaltung als Organisation auch organisiert wird. Darauf zielt der Organisationsbegriff im funktionalen Sinne ab. Er umfasst alle Tätigkeiten, die darauf abstellen, die Menschen (Mitarbeiter der Verwaltung) und die Sachmittel so zu *organisieren*, dass die Ziele erreicht werden (siehe auch Elemente der Organisation). 17

In der Verwaltung gibt es Tätigkeiten, die darauf ausgerichtet sind. Beispielhaft können hier Anweisungen zur Aufgabenerfüllung (wie tue ich was) oder Organisationsoptimierungen genannt werden. 18

Die Verwaltung wird organisiert. 19

1.3.4 ORGANISATIONSBEGRIFF IM BETRIEBSWIRTSCHAFTLICHEN SINNE (DEFINITION/BETRACHTUNG)

Die heutige Gesellschaft ist geprägt von unterschiedlichsten Entwicklungen und wird daher in unterschiedlichster Art und Weise beschrieben. Dabei fallen Bezeichnungen wie Industriegesellschaft, Wohlstandsgesellschaft oder, aufgrund der technischen Entwick- 20 lungen, Informationsgesellschaft. Unser gesamtes gesellschaftliches Leben findet im Bereich von Organisationen statt und wird demzufolge auch wesentlich von Organisationen, die für unser Leben nahezu unverzichtbar sind, beeinflusst. Als Kind besuchen wir einen Kindergarten, danach die Schule, werden in Betrieben ausgebildet und gehen in unserer Freizeit ins Museum oder spielen Fußball in einem Sportverein.

21 Man könnte daher die o. g. Bezeichnungen problemlos um den neuartigen soziologischen Begriff der Organisationsgesellschaft erweitern. Ein gesellschaftliches Zusammenleben und -wirken von Menschen erfordert jedoch eine gewisse dauerhafte Ordnung bzw. Struktur, ohne sich dabei in eine Abhängigkeit von Einzelpersonen zu begeben. Prägend für Organisationen ist also, dass die Menschen in ihr in der Regel austauschbar sind. Nur so ist eine gewisse Gefährdung der Organisation ausgeschlossen und eine Effizienz sowie Beständigkeit gewährleistet.

22 Unsere heutigen Wirtschafts- und Dienstleistungsbetriebe sowie öffentlichen Verwaltungen sind Organisationen (s. o. Kap. 1.3.1). In ihnen ist eine Arbeitsteilung zu erkennen, sie haben formale Regeln und sind heutzutage meistens nicht abhängig von Einzelpersonen.

23 Trotz der genannten Arbeitsteilung und der damit ggf. verbundenen Zunahme der Zahl sogenannter Fachkräfte ist gerade in der heutigen Zeit die menschliche Arbeit nicht isoliert zu betrachten, sondern immer in einer Form des zielorientierten Zusammenwirkens zu sehen.

24 Zusammenfassend kann daher unter betriebswirtschaftlicher Betrachtung ORGANISATION verstanden werden als

- eine DAUERHAFTE
- systematische Zuordnung VON MENSCHEN UND SACHMITTELN,
- um ein OPTIMALES ZUSAMMENWIRKEN NACH BESTIMMTEN ZIELEN

zu erreichen.

1.4 BEGRIFFSUNTERSCHEIDUNG ORGANISATION, DISPOSITION, IMPROVISATION

25 Die Arbeitsabläufe bzw. Arbeitsprozesse in einer Organisation sind zu regeln. Hierbei wird in der Organisationslehre zwischen drei Arten[4] unterschieden.

---

4 Vgl. Organisation (Vahs 2007, S. 16) sowie Management im öffentlichen Sektor (Gourmelon/Mroß/Seidel, S. 20).

1.4.1 ORGANISATION

Beispiel 26
Im Bürgeramt der Stadt X werden u. a. jährlich 3000 Kraftfahrzeuge angemeldet. Egal, wer sein Kraftfahrzeug anmeldet bzw. welches Kraftfahrzeug angemeldet wird, der Arbeitsablauf bzw. die Tätigkeiten, die mit dieser Aufgabe verbunden sind, bleiben in der Regel gleich.

Es ist naheliegend, dass es für gleichbleibende und sich regelmäßig wiederholende Arbeitsabläufe und die damit verbundenen Tätigkeiten sinnvoll ist, vorausschauende, generelle und verbindliche Regelungen festzulegen. Diese überwiegend langfristigen Regelungen stellen ein einheitliches, stabiles Handeln sicher, tragen zur Dienstleistungsqualität bei und entsprechen insofern auch den Bedürfnissen der Mitarbeiter nach Sicherheit im Rahmen einer „richtigen" Aufgabenerledigung. Dennoch ist anzumerken, dass diese Regelungen auch die Flexibilität einschränken können. 27

Organisation bedeutet die Summe aller vorausschauenden, gültigen und langfristig geltenden generellen Regelungen zur Aufgabenerfüllung/Erreichung von Zielen.[5] 28

Weitere Beispiele: 29
- *Bei Anmeldung eines Kraftfahrzeuges ist der Kraftfahrzeugschein vorzulegen.*
- *Der Dienstverteilungsplan*
- *Die Arbeitszeitordnung*

1.4.2 DISPOSITION

Beispiel: 30
Der Sachbearbeiter bearbeitet die Anmeldung eines Kraftfahrzeuges eigenständig. Bei Verdacht einer Straftat (z. B. Diebstahl) muss er das weitere Vorgehen jedoch mit der zuständigen Leitungskraft besprechen.

Nicht alles ist zur Erfüllung von Aufgaben organisatorisch (s. o.) bzw. bis ins kleinste Detail geregelt. Vielmehr sind hier Entscheidungen im Einzelfall zu treffen.[6] Diese Einzelfälle treten im Rahmen vorhandener organisatorischer Regelungen auf, sind nicht selten und daher mit einer gewissen Wahrscheinlichkeit vorhersehbar. 31

Die Disposition ermöglicht somit eine einzelfallbezogene Flexibilität und wird daher auch bewusst eingeräumt, erfordert aber auch von dem Mitarbeiter eine entsprechende Quali- 32

---

5 Vgl. Organisationslehre für Sozialmanagement und Sozialverwaltung/Kompakt (Mroß 2012, S. 31, verändert).

6 Vgl. Betriebswirtschaftslehre für Städte und Gemeinden (Rau 2007, S. 335).

fikation und Erfahrung. Bezogen auf das geschilderte Beispiel, bleibt ein nicht unwesentlicher Teil der Entscheidung bei dem Mitarbeiter, denn er entscheidet, ob eine Straftat vorliegen könnte. Der Entscheidungsspielraum kann zur Motivation der Mitarbeiter beitragen.

33 Unter Disposition versteht man Entscheidungen/Regelungen im Einzelfall für nicht selten auftretende Vorgänge.

1.4.3 IMPROVISATION

34 *Beispiel:*
An einem Freitag werden erfahrungsgemäß im Durchschnitt 30 Kraftfahrzeuge angemeldet. Am heutigen Freitag kommt ein Kfz-Großhändler und möchte eine Stunde vor Beendigung der Öffnungszeiten 90 Fahrzeuge anmelden. Eine Terminverschiebung ist nicht möglich.

35 Das Beispiel zeigt, dass wir nicht alles planen bzw. im Rahmen unserer Aufgaben vorhersehen können. Dieses gilt sowohl für öffentliche Verwaltungen als auch für wirtschaftliche Betriebe. In solchen Fällen können wir nicht wie oben auf organisatorische Regelungen zurückgreifen. Dennoch müssen wir mit dieser Situation umgehen und daher Regelungen und Entscheidungen ohne Vorbereitung im Moment des Auftretens festlegen bzw. treffen. Es handelt sich hierbei also um eine situative Regelung/Entscheidung, die, im Gegensatz zu Organisation und Disposition, (zunächst) nicht auf einen längeren Zeitraum angelegt ist.[7] Wie das Beispiel zeigt, erfordert Improvisation eine gute Qualifikation, Berufserfahrung und Entscheidungskompetenz. Wenn nicht vorhersehbare Geschehnisse eine bisher noch nicht aufgetretene Situation herbeiführen, ist Improvisation erforderlich.
In dem geschilderten Beispiel bieten sich als situative Lösungen an, dass das Personal vor Ort zur Bewältigung dieser Aufgabe verstärkt bzw. die Aufgabe, ungeachtet der Öffnungszeit, erledigt wird.

1.5 ORGANISATION ALS STRATEGISCHER ERFOLGSFAKTOR

36 In dem Vorwort des Buches wurde ausgeführt, dass eine gute Organisation bzw. ein gutes Organisationsmanagement ein „strategischer Erfolgsfaktor" ist. Die Beantwortung von Fragen zur Unternehmensstruktur bei der Erreichung von Zielen bzw. Bewältigung von Aufgaben nehmen eine zentrale Bedeutung ein. Die professionelle Gestaltung von Verwaltungsstrukturen, Prozessen und Abläufen sind bedeutsame Aufgaben des Verwaltungsmanagements und eine Voraussetzung für Erfolg.

37 Die Verwaltungen sind gut beraten, ihre Strukturen, Abläufe/Prozesse unter dem Begriff einer „agilen Organisation" (siehe auch 10.1) zu gestalten, um eine Flexibilität zu errei-

7 Vgl. Betriebswirtschaftslehre für Städte und Gemeinden (Rau 2007, S. 335).

chen, die sie in die Lage versetzen, auf veränderte Bedingungen zeitnah reagieren zu können. Dieses bedingt i. d. R. auch eine veränderte Verwaltungs-/Führungskultur, sodass davon ausgegangen werden kann, dass der Erfolgsfaktor sowohl von „härteren" Faktoren (Strukturen, Abläufe, Strategien) als auch von „weichen" Faktoren (Selbstverständnis, Personal, Spezialkenntnisse, Stil) abhängig ist.[8]

Demnach verfügen erfolgreiche, innovative Unternehmen offensichtlich über gewisse Merkmale, die einen Zusammenhang zur Organisation aufweisen. 38

Folgend werden auszugsweise Merkmale in Anlehnung an Peters/Waterman[9] kurz genannt, die durchaus auch für öffentliche Verwaltungen bedeutsam sind: 39

Vorrangigkeit des Handelns 40
Erfolgreiche Unternehmen finden im Rahmen einer systematisch-analytischen Vorgehensweise zielorientiert eine kreative Lösung und setzen diese schnell um.

Kundennähe 41
Sehr gute Produkt- und Leistungsqualität sowie ein enger Kundenkontakt kennzeichnen die besten Unternehmen. Sie sind auch bereit, von den Kunden zu lernen.

Unternehmensfreiräume 42
Es wird die Bereitschaft zu Risiko und Kreativität unterstützt. Es gibt die Möglichkeit zur Ideenumsetzung.

Produktivitätssteigerung durch Mitarbeiter*innen 43
Die Steigerung von Produktivität und Qualität geht von den Mitarbeiter*innen aus.

Unternehmenskultur und Wertesystem 44
Wichtige Erfolgsfaktoren für das Leistungsvermögen hervorragender Unternehmen sind eine gelebte Kultur (Verwaltungs-/Führungskultur) in einem Wertesystem mit primär qualitativen Merkmalen (z. B. Kundenorientierung, Fairness/Gerechtigkeit).

Flexible und einfache Organisationsstruktur 45
Erfolgreiche Unternehmen verfügen über einfache, flexible, überschaubare und verständliche Strukturen mit möglichst wenigen Führungs-/Leitungsstellen und kleineren Stäben.

Führung 46
Erfolgreiche, herausragende Organisationen/Unternehmen zeichnen sich durch „so viel Führung wie unbedingt nötig und Kontrolle nur da wo nötig" aus.

---

8 Vgl. Erfolgsfaktorenmodell Peters/Waterman.

9 Vgl. T. J. Peters/R. H. Watermann, 1982, S. 13 ff./1984 S. 36 ff.; Organisation, D. Vahs, 10. Auflage, 2019 S. 7, 8.

II SUBSTITUTIONSGESETZ DER ORGANISATION (ÜBER-/UNTERORGANISATION[10])

47 Was ist der richtige Weg? Sollte eine Verwaltung oder ein Unternehmen sich eher für organisatorische, also dauerhafte Regelungen (Organisation), oder eher für weniger dauerhafte Regelungen entscheiden? Eine generelle Antwort auf diese Frage ist kaum möglich.

48 In der Organisationslehre ist es nach dem *Substitutionsgesetz der Organisation* (vgl. Erich Gutenberg) Aufgabe, möglichst ein Optimum zwischen generellen (organisatorischen) und weniger generellen (fallweisen) Regelungen zu bestimmen. Hierbei gilt die Grundaussage, dass je mehr Variabilität und Unterschiedlichkeit in der Aufgabenerfüllung vorhanden sind, desto weniger kann generell geregelt werden. Danach ist „Organisation" dann zu wählen, wenn Aufgaben in einer erkennbaren Häufigkeit auf gleiche Art und Weise zu erfüllen sind. Dieses ist bei den öffentlichen Verwaltungen gegeben, sodass hier Organisation bevorzugt in Betracht kommt.

49 Dennoch sollte es, in Abhängigkeit von den betrieblichen Tatbeständen bzw. zu erfüllenden Aufgaben Ziel sein, ein optimales Verhältnis zwischen generellen und fallweisen Regelungen zu erreichen. Die Organisation ist dann weder *über*- noch *unterorganisiert* und befindet sich in einem ORGANISATORISCHEN GLEICHGEWICHT. Dieser Zustand ist zwar erstrebenswert, aber unter realistischer Betrachtung in der Praxis kaum zu erreichen. Demzufolge wird man sich stets mit Über- und Unterorganisation im Alltag auseinandersetzen müssen.

2.1 ÜBERORGANISATION

50 Anknüpfend an die bisherigen Ausführungen liegt Überorganisation dann vor, wenn in der Praxis aufgrund von zu viel vorhandenen organisatorischen Regelungen kaum noch Spielraum für Einzelfallentscheidungen besteht.[11] Dies führt dazu, dass auf besondere Ereignisse oder Sachverhalte kaum noch mit der notwendigen Flexibilität reagiert werden kann. Die Verwaltung wird starr und passt sich nur schwer notwendigen Veränderungen an. Die fehlende Flexibilität führt daher nicht selten zu Qualitätsverlusten bei der Leistungserbringung und hat oftmals demotivierende Auswirkungen auf die Mitarbeiter.

---

10 Vgl. Organisation (Schreyögg/Geiger 6. Auflage 2015, S. 27); Organisation (Vahs 2012, S. 17–19); Management im öffentlichen Sektor (Gourmelon/Mroß/Seidel, S. 21–23).

11 Vgl. Organisationslehre für Sozialmanagement und Sozialverwaltung (Mroß 2012, S. 34).

2.2 UNTERORGANISATION

Im Gegensatz zur Überorganisation gibt es bei der Unterorganisation zu wenig organisa- 51
torische Regelungen. Der Handlungs- und Entscheidungsspielraum des Einzelnen ist zu groß. Die Einheitlichkeit der Verwaltung bei der Aufgabenerfüllung ist in Frage gestellt, Abstimmungen sind erforderlich und Handlungen sind kaum vorhersehbar. Dies führt sowohl zur Verunsicherung bei den Mitarbeitern als auch bei den Bürgern (Kunden).

ORGANISATION VERWALTUNG

III VERWALTUNG ALS SYSTEM

52 Grundsätzlich ist anzumerken, dass es nicht einfach ist, die öffentliche Verwaltung als Institution verständlich zu machen. Dass die öffentliche Verwaltung oder ein Betrieb eine Organisation (Institution) ist, wurde bereits im vorausgegangenen Kapitel festgestellt. Um jedoch noch einen besseren Einblick zu bekommen, ist es sinnvoll, die Verwaltung als System zu begreifen.

3.1 SYSTEME/SYSTEMTHEORIE

53 Die Systeme bzw. Systemtheorie[12] sind mit ihren unterschiedlichsten Blickwinkeln und Ansätzen in der Literatur komplex und durchaus nicht immer leicht verständlich beschrieben. Die folgenden Ausführungen beschränken sich daher auf die wesentlichen Aussagen und Betrachtungen dieser Theorie und lassen zu, die öffentliche Verwaltung als System zu begreifen.

54 Die Entwicklungen und Einflüsse unterschiedlichster Art fordern uns ständig heraus. Die Unternehmen und öffentlichen Verwaltungen sind zu Institutionen geworden, die selbst unter interner Betrachtung manchmal nur schwer zu begreifen sind. Vorhandene und wachsende vielfältige Beziehungsstrukturen sind zwar schön, aber oftmals auch kompliziert. Gesamtbetrachtend eine komplexe und komplizierte Realität, die wir zu bewältigen haben.

Deshalb gilt es, diese Realität transparent zu machen. Hilfreich ist hier eine modellweise Betrachtung wesentlicher Aspekte. Diese Möglichkeit bietet die Systemtheorie.

3.1.1 BEGRIFFSDEFINITION DES SYSTEMS

55 Ein System im Sinne der Systemtheorie besteht aus einer gegenüber der Umwelt abgegrenzten, geordneten Gesamtheit von Elementen, zwischen denen Beziehungen beste-

---

12 Vgl. System (Systembegriff und Systemmodell) Online Verwaltungslexikon olev.de-Version 1.13; Organisation (Vahs 2012, S. 38–41); Betriebswirtschaftslehre für Städte und Gemeinden (Rau 2007, S. 330 f.); Management im öffentlichen Sektor (Gourmelon/Mroß/Seidel, S. 39–40).

hen.[13] Diese Definition wendet die Systemtheorie auf realistische Situationen an und entwickelt dabei das Verhalten des Systems weiter.

Das geht jedoch nur, wenn man sich zunächst mit dem System und dessen Struktur als solches beschäftigt. 56
Ein System besteht zunächst aus seinen Elementen (siehe Definition). Hierbei handelt es sich um die Elemente Aufgaben, Menschen, Sachmittel und Informationen (siehe später „Elemente der Organisation"). Innerhalb des Systems hat das Element einen gewissen Sinn bzw. seine eigenständige Aufgabe und agiert mit anderen Elementen des Systems. Das System ist zudem gekennzeichnet von einer gewissen Ordnung zwischen den Elementen. In seiner Existenz hat es einen Zweck und eine Rolle in übergeordneten Systemen.

3.1.2 ARTEN VON SYSTEMEN

Wenn wir von Systemen sprechen, dann können unterschiedliche Arten von Systemen unterschieden werden. 57

Es gibt TECHNISCHE Systeme. Beispielhaft kann hier ein Flugzeug als technisches System mit den Elementen Triebwerke, Rumpf, Tragflächen genannt werden. Je nach Betrachtungsebene kann die Tragfläche ebenfalls als System mit den Elementen Querruder und Landeklappen verstanden werden. 58

Systeme, die aus Menschen bestehen, sind SOZIALE Systeme. 59

Realistisch betrachtet sind reine technische oder soziale Systeme kaum noch vorhanden. Der Einsatz und die Entwicklung von Technik durch den Menschen bzw. das „Zusammenspiel" zwischen Technik und Mensch sind existenziell und daher unverzichtbar geworden. Ein System, welches Menschen und Technik kombiniert, wird als SOZIOTECHNISCHES System bezeichnet. 60

DA DIESE KOMBINATION IN ÖFFENTLICHEN VERWALTUNGEN (UND I. D. R. AUCH IN BETRIEBEN) VORZUFINDEN IST, IST DIE VERWALTUNG EIN SOZIOTECHNISCHES SYSTEM. 61

Beispiele: 62
- *Die Bearbeitung eines Antrags findet am PC statt.*
- *Zur Reparatur des Kraftfahrzeuges wird eine Hebebühne benötigt.*

13 Vgl. Systemorientiertes Management (Ulrich 2001, S. 105).

3.1.3 VERWALTUNG ALS OFFENES SYSTEM

63 Die Verwaltung als soziotechnisches System agiert nicht abgeschlossen von der Umwelt. Vielmehr muss sie sich den unterschiedlichsten Einflüssen stellen.

64 Insofern muss die Verwaltung, wie andere Systeme auch, als offenes System verstanden werden. Als offenes System verarbeitet sie Informationen als Eingabe (Input) aus dem Systemumfeld. Bei dieser Verarbeitung verliert die Verwaltung nicht den originären Zweck und wird nicht zwangsläufig dadurch verändert.

3.1.4 VERWALTUNG ALS VERNETZTES SYSTEM

65 Die Verwaltung handelt nicht nur unter dem Einfluss ihrer Umwelt, sondern kooperiert und agiert auch mit anderen Systemen, die Teil ihres Umfelds sind. Deshalb kann die Verwaltung nicht abgeschottet gesehen werden. Sie ist vielmehr vernetzt mit anderen Systemen. Der Output der Verwaltung kann Input eines anderen Systems sein. Somit stehen Systeme untereinander in Beziehung. Deshalb kann eine Systemveränderung eines Systems auch zu Veränderungen bei einem anderen System führen. Diese Betrachtungsweise ist auch in Bezug auf das eigene System, welches aus einzelnen untergeordneten Systemen besteht, möglich.

66 *Beispiele:*

- *Die Ablehnung eines Antrags bei der Stadtverwaltung führt zur Klage beim Gericht (Output = Input).*
- *Künftig werden die Informationen nur noch elektronisch übermittelt (Veränderungen in Systemen).*

3.1.5 ZUSAMMENFASSUNG

67 Wenn wir die obigen Ausführungen zur Systemtheorie noch einmal zusammenfassend betrachten, dann ist die Verwaltung als Organisation ein offenes, flexibles, zweckorientiertes, soziotechnisches System, welches mit der Umwelt interagiert und sich den veränderten Bedingungen anpassend, selbst organisieren kann.

68 *Beispiele:*
Öffentliche Verwaltungen, Unternehmen, Staaten, Religionsgemeinschaften, Sportvereine, Familie ... vieles ist ein System.

Systemdarstellung[14] (siehe auch 3.2) 69

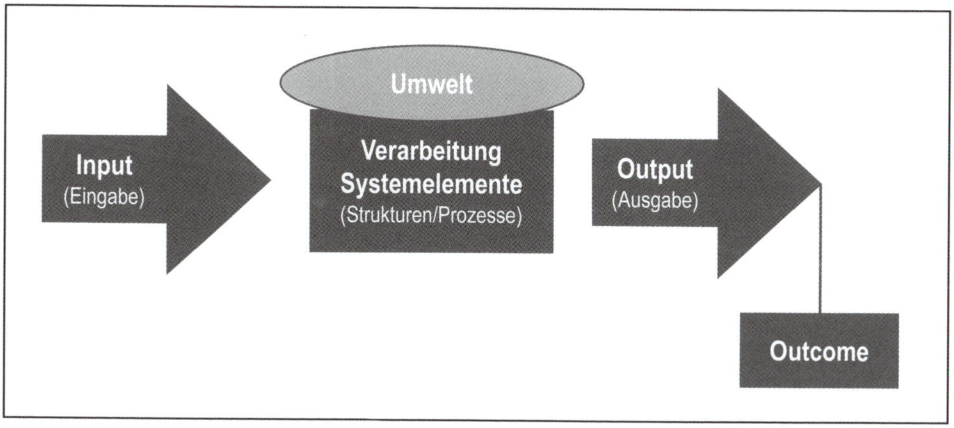

3.2 SYSTEMELEMENTE (ELEMENTE DER ORGANISATION)

Wie unter 3.1 beschrieben, besteht ein System aus miteinander in Beziehung stehenden Elementen, die dem System eine Struktur geben. Das System erfüllt nur seinen Zweck, wenn die Elemente in ihrer Bedeutung zusammenwirken. Ein Element ist daher durch das System erst bedeutsam. Zudem ist das System zu seiner Umwelt (z. B. Politik, Unternehmen, Kunden), also zu dem was nicht Bestandteil des Systems ist, abgegrenzt. 70

Der Darstellung ist zu entnehmen, dass das System von außen einen INPUT (EINGABE) erfährt, dieser VERARBEITET wird und anschließend als OUTPUT (AUSGABE) an die Umwelt abgegeben wird. Im Rahmen einer modernen Verwaltungssteuerung wird die Systemdarstellung noch um OUTCOME (ERGEBNIS/WIRKUNG) erweitert. 71

> *Beispiel:* 72
> *Der Bürger stellt einen Antrag auf Gewährung einer Sozialleistung (Input). Der Antrag wird entsprechend bearbeitet (verarbeitet) und die Sozialleistung wird gewährt (Output) bzw. nicht gewährt. Letztendlich soll jedoch ggf. das Ergebnis (Outcome) dieser Leistung sein, dass der Leistungsempfänger künftig unabhängig davon seinen Lebensunterhalt sicherstellen kann.*

Da die **Systemelemente**, die auch als **Elemente der Organisation** bzw. **Objekte des Organisierens** beschrieben werden, eine wesentliche Bedeutung dahingehend haben, dass mit ihnen eine zielgerichtete Gestaltung von Strukturen und Arbeitsabläufen/Prozessen möglich ist, sollte eine nähere Betrachtung vorgenommen werden. 73

---

14 Beitrag System (Systembegriff und Systemmodell) OnlineVerwaltungslexikon olev.de-Version 1.13 (verändert).

74 Im Rahmen der Organisation ist es sinnvoll, die Elemente AUFGABEN, MENSCHEN, SACHMITTEL UND INFORMATIONEN[15] eingehender zu unterscheiden.

3.2.1 AUFGABEN

75 Die Grundlage der Verwaltungstätigkeit sind die zu erfüllenden Aufgaben. Die Aufgaben haben eine herausgehobene Bedeutung und sind daher ein wichtiges Element der Organisation der Verwaltung. Sowohl der Aufbau der Verwaltung als auch die Abläufe/Prozesse orientieren sich an den zu erfüllenden Aufgaben.

76 Die öffentliche Verwaltung/Kommunalverwaltung ist Teil unseres komplexen Staatssystems. Wie bereits geschildert, bestehen umfangreiche Beziehungen zu anderen Institutionen (z. B. Unternehmen, Behörden und Bürgern). Das beeinflusst die Aufgaben einer öffentlichen Verwaltung in einem nicht unerheblichen Maße.

77 Bei den Aufgaben kann grundsätzlich zwischen pflichtigen und freiwilligen Aufgaben unterschieden werden. Pflichtige Aufgaben werden aufgrund von Rechtsvorschriften erledigt. Es besteht damit keine Möglichkeit, diese Aufgaben nicht wahrzunehmen. Vom Wortlaut ausgehend, handelt es sich im Gegensatz dazu bei freiwilligen Aufgaben um solche, die von der öffentlichen Verwaltung/Kommunalverwaltung nicht zwingend erledigt werden müssen.

78 Es werden eine Vielzahl von unterschiedlichsten Leistungen zur Aufgabenerfüllung in einer (Kommunal-)Verwaltung erbracht. Es gilt, diese Aufgaben grundsätzlich kritisch zu betrachten. Es ist beispielhaft zu hinterfragen, warum einzelne Aufgaben (Bedarf an dieser Aufgabenerfüllung durch die Verwaltung) in ggf. diesem Umfang erfüllt und welche Ressourcen damit gebunden werden.

3.2.2 MENSCH

79 Ob und in welcher Quantität und Qualität Verwaltungen (Betriebe) ihre Aufgaben erfüllen und damit ihre Ziele erreichen, hängt wesentlich von den in den Institutionen tätigen Menschen ab.

80 Die Mitarbeiter sind, insbesondere in öffentlichen Verwaltungen, die kostenintensivste, aber auch wichtigste Ressource. Ihr Leistungsvermögen[16] prägt die Leistungsfähigkeit und das Ansehen (Image) der Verwaltung. Die Handlungsweisen der Mitarbeiter werden oftmals durch organisato-

15 Vgl. Betriebswirtschaftslehre für Städte und Gemeinden (Rau 2007, S. 331); Management im öffentlichen Sektor (Gourmelon/Mroß/Seidel, S. 41).

16 Vgl. Management im öffentlichen Sektor (Gourmelon/Mroß/Seidel, S. 55 f.).

rische Regelungen, aus denen sich Anforderungen an die Mitarbeiter ableiten lassen, bestimmt. Jedoch hat die Verwaltung auch gewisse berechtigte Bedürfnisse der Mitarbeiter zu erfüllen. Weil der Mensch eine zentrale Bedeutung in der Verwaltung einnimmt, ist es sinnvoll, bereits an dieser Stelle näher darauf einzugehen.

„Jede Verwaltung/jedes Unternehmen ist nur so gut wie die in ihr tätigen Mitarbeiter.“ 81

Wenn wir diese Aussage zugrunde legen, dann gilt es, u. a. den Menschen in den Mittelpunkt unseres Handelns zu rücken. Unser Ziel sollte es daher sein, den Menschen als Aufgabenträger möglichst produktiv einsetzbar zu machen. 82

Es ist eine dieser Stellen, an denen **die Verzahnung zwischen Organisations- und Personalmanagement** sehr deutlich wird. Da Teil der Organisation/des Organisierens die Gestaltung der Arbeit ist, ist es wesentlich, sich damit zu beschäftigen, was ein Mitarbeiter möglicherweise leisten kann, was dieses beeinflusst und welche Rahmenbedingungen von den Mitarbeitern erwartet werden. 83

Auch wenn die Themen den Teildisziplinen des Personalmanagements zuzuordnen sind, so sollen hier einige Begriffe inhaltlich kurz erläutert werden, auch um den aufgezeigten Zusammenhang zwischen Organisation und Personalwirtschaft nachvollziehen zu können. 84

Leistungsvermögen der Mitarbeiter 85

Unter Leistungsvermögen versteht man alle auf den einzelnen Menschen bezogenen körperlichen und geistigen Voraussetzungen für die von ihm zu verrichtende Arbeit. Durch das Leistungsvermögen wird das Mitarbeiterpotenzial, welches sich in der Verwaltung überwiegend aus dem aufgabenbezogenen (Fach-)Wissen und den Berufserfahrungen ergibt, beschrieben. Das entsprechende Wissen erlangt man beispielhaft in der Ausbildung oder durch Fort- und Weiterbildung. Unterschiedliche Tätigkeiten in verschiedenen Bereichen (Organisationseinheiten) führen zu beruflichen Erfahrungen und ebenfalls zur Erweiterung der Kompetenzen und damit des individuellen Leistungsvermögens. Hinzuzuziehen sind noch personenbezogene Merkmale wie beispielsweise Alter, Geschlecht, Gesundheitszustand.

Die Organisation bzw. organisatorische Maßnahmen können dazu beitragen. 86

Leistungsbereitschaft der Mitarbeiter 87

Selbst wenn der Mitarbeiter über das Leistungsvermögen (Können) verfügt, so wundert es uns immer wieder, dass er dieses nicht oder nicht im vollen Umfang bei der Aufgabenerfüllung einsetzt. Das liegt nicht selten an der fehlenden Bereitschaft, dieses zu tun (Wollen).

88 Dass die Leistungsbereitschaft nicht im gewünschten Maße vorhanden ist, also die *Motivation* fehlt, das Leistungsvermögen auszuschöpfen, kann unterschiedliche Gründe haben. Diese Gründe sind im beruflichen und evtl. auch im privaten Umfeld zu finden.

89 Grundsätzlich kann gesagt werden, dass die Motivation, die in unterschiedlichster Ausprägung bei den einzelnen Mitarbeitern vorhanden ist, durch Anreize gesteigert werden kann. Beispielhaft wird hier in der Lehre zwischen materiellen (Besoldung, Vergütung, Statussymbole) und immateriellen Anreizen (Arbeitsinhalt, Anerkennung) unterschieden.

90 *Beispiel:*
Ein in der Verwaltung tätiger Jurist verfügt über das Leistungsvermögen, einen komplexen Sachverhalt in einer bestimmten Zeit zu lösen. Dennoch dauert die Bearbeitung des Sachverhalts zu lange und die Lösung ist fehlerhaft. Im Nachhinein stellt sich heraus, dass er lieber Sachverhalte auf einem anderen Rechtsgebiet bearbeiten würde und sein Kollege für vergleichbare Arbeit mehr Gehalt bekommt.

91 Leistungsverhalten der Mitarbeiter

Die Aktivitäten, die ein Mitarbeiter zur Erfüllung der Aufgaben einbringt, können als Leistungsverhalten bezeichnet werden. Dabei ist es unerheblich, ob die Aktivitäten körperlicher oder geistiger Natur sind. Der Mensch in seinen Verhaltensweisen wird dabei durch sein Umfeld beeinflusst. Deshalb ist es eine organisatorische Aufgabe, dieses Umfeld möglichst optimal zu gestalten. Beispielhaft können in diesem Zusammenhang die Gestaltung des Arbeitsplatzes sowie Regelungen zur Aufgabenerfüllung genannt werden.

92 **Ein bildliches Fazit**[17]

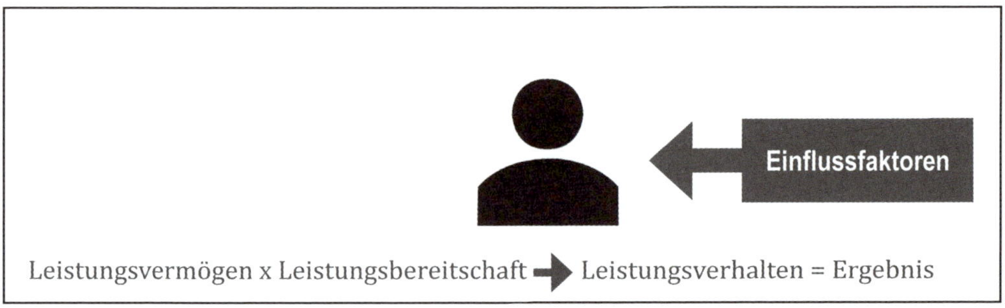

17 Vgl. Management im öffentlichen Sektor (Gourmelon/Mroß/Seidel, S. 57, leicht verändert).

3.2.3 SACHMITTEL

Unter 3.1.2 wurde bereits beschrieben, dass die Verwaltung ein soziotechnisches System ist. Das Zusammenwirken von Mensch und Technik ist die Regel im Arbeitsalltag. Die Erfüllung der Aufgaben findet mithilfe von Sachmitteln statt. Ein optimaler Mitteleinsatz führt nicht nur zur Erleichterung bei der Aufgabenerfüllung, sondern steigert auch die Quantität bzw. Qualität bei der Leistungserbringung. Es kann zwischen Arbeitsmitteln (Kopierer, PC, Vordrucke) und Betriebsmitteln (Motorsäge, Fahrzeuge) unterschieden werden. 93

> *Beispiel:* 94
> *Bei der Beantragung einer Leistung ist ein Vordruck auszufüllen.*
> *Die Personaldaten werden in den PC eingegeben.*
> *Zur Durchführung der Kanalarbeiten wird eine spezielle Maschine eingesetzt.*

3.2.4 INFORMATIONEN

Wie mehrfach erwähnt stehen Systeme und damit auch Systeme des öffentlichen Sektors in unterschiedlichen und mehr oder weniger intensiven Beziehungen zueinander. Zur Erfüllung ihres Zwecks und damit zur Erreichung ihrer Ziele sind sie auf Informationen angewiesen, die bewusst, also gesteuert, oder ungesteuert in das System einfließen, verarbeitet werden und das System verlassen. 95

Auch wenn Informationen und deren Verarbeitung nicht originär das Handeln der Verwaltung bestimmen, so haben sie als Element der Organisation einen zunehmenden Stellenwert gefunden. Ohne Informationen kann die Verwaltung die Aufgaben nicht erfüllen.[18] 96

> *Beispiel:* 97
> *Der Kunde (der Bürger) kommt zu Ihnen und beantragt einen Personalausweis.*

An diesem einfachen Beispiel können unterschiedliche Arten[19] von Informationen aufgezeigt werden. Zunächst einmal ist festzustellen, dass der Kunde ein Anliegen hat. Er möchte einen Personalausweis. Hierzu stellt er einen Antrag. Dieser Antrag enthält Informationen und ist Anreiz für den Mitarbeiter, dieses Anliegen zu bearbeiten, also überhaupt tätig zu werden. Man spricht daher auch von *Anreiz- oder Anstoßinformationen*. 98

18 Vgl. Organisationslehre für Sozialmanagement und Sozialverwaltung/Kompakt (Mroß 2012, S. 43).
19 Vgl. Management im öffentlichen Sektor (Gourmelon/Mroß/Seidel, S. 221, 222).

99 Zur Bearbeitung dieses Antrages benötigt der Mitarbeiter ebenfalls Grundlagen, die ihn in die Lage versetzen, z. B. das Anliegen rechtssicher zu bearbeiten. Diese Informationen, die er dazu benötigt (z. B. Rechtsvorschriften), werden als *Basisinformationen oder Regelinformationen* bezeichnet.

100 Nachdem er diese Informationen verarbeitet hat, ist es für den Mitarbeiter auch von Bedeutung, wie er zu handeln bzw. Vorgänge zu bearbeiten hat. Hierzu sind *Bearbeitungs-/ Handlungsinformationen* hilfreich (Eingabe der Daten in den PC und Erstellen eines Schreibens).

101 Sicherlich ist Ihnen im täglichen Sprachgebrauch aufgefallen, dass im Rahmen von Informationen auch oftmals von Daten gesprochen wird. Der Begriff Daten wird in der Regel in Zusammenhang mit Technikeinsatz genutzt. Häufig werden darunter auch Zahlen und Fakten verstanden. Zum besseren Verständnis ist es ausreichend, dass wir unter Daten Informationen verstehen, die „technisch" verarbeitet werden können.

3.3 ABHÄNGIGKEITEN DER ELEMENTE DER ORGANISATION

102 Die bisherigen Ausführungen zu den Elementen der Organisation haben uns bereits verdeutlicht, dass diese nicht isoliert voneinander betrachtet werden können, sondern vielmehr miteinander zusammenwirken bzw. verzahnt sind. Daraus ergibt sich ein Abhängigkeitsverhältnis zwischen den einzelnen Elementen.

103 *Beispiele:*

104 *a) Die Verwaltung/das Unternehmen hat sich dafür entschieden, den Technikeinsatz (Sachmittel) dahingehend zu verbessern, dass neben neuen PCs auch eine neue Software (ein neues Programm) zur Bearbeitung von Leistungsanträgen eingesetzt werden soll.*

105 Diese Entscheidung, bezogen auf das Element „Sachmittel", hat ebenfalls auch Auswirkungen auf die übrigen Elemente. Beispielsweise können dadurch die Aufgaben in Quantität und Qualität besser erledigt werden. Auch ist es möglich, dass ein Mitarbeiter dadurch mehr Fälle bearbeiten kann und dies zur Einsparung von Personal führt.

106 *b) Die Verwaltung ist aufgrund der schwierigen Finanzsituation gezwungen, Personal (Element Mensch) abzubauen.*

107 Die Konsequenz daraus könnte sein, dass die Aufgaben nicht mehr in der erforderlichen Quantität und Qualität erledigt werden können. Ggf. kann diese Folge mit mehr Technikeinsatz kompensiert werden.

c) Die Verwaltung wird künftig eine Aufgabe nicht mehr in dem bisherigen Maße erledigen müssen. 108

Das könnte zur Folge haben, dass Personal abgebaut bzw. teilweise anderweitig eingesetzt werden kann oder die Sachmittel in diesem Umfang nicht mehr benötigt werden. 109

Durch diese durchaus praxisnahen Beispiele wird die Abhängigkeit zwischen den Elementen sehr deutlich. Wirke ich auf ein Element der Organisation ein, dann wirkt sich dieses in unterschiedlichen Formen (negativ oder positiv) immer auch auf andere Elemente aus. Die Elemente sollten daher so zueinander in Beziehung stehen, dass die Ziele der Verwaltung/eines Unternehmens optimal erreicht werden können. Das ist Aufgabe der Organisation (siehe funktionaler Begriff)! 110

IV ZIELE DER ORGANISATION

111 Wer nicht weiß, wohin er will, darf sich nicht wundern, wenn er woanders ankommt!

Mark Twain

112 Wie wir bereits wissen, ist es das Bestreben einer Verwaltung/eines Unternehmens, ihre/seine definierten Ziele zu erreichen.

Was ist ein Ziel?

113 Ein „Ziel" ist ein Zustand, der in der Zukunft liegt und sich in der Regel vom jetzigen Zustand positiv (ein negativer Zustand ist nicht erstrebenswert) unterscheidet. Das Ziel könnte demzufolge auch als das Endergebnis häufig menschlichen Wirkens bezeichnet werden. Dadurch wird die Abgrenzung von Mensch und Sachmittel/Technik im System deutlich; denn Ziele können nur durch Menschen gesetzt werden.

114 Die öffentliche Verwaltung hat primär das Ziel, die sich aus Rechtsvorschriften und politische Beschlüssen ergebenden Aufgaben möglichst optimal zu erledigen. Es wird in der Organisationslehre eine Einteilung der Ziele in SACH- UND FORMALZIELE[20] vorgenommen.

4.1 SACHZIELE

115 Unter Sachzielen sind die Ziele zu verstehen, aus denen sich konkret Aufgaben ergeben. Damit verbunden ist die Kernfrage „Was soll durch die Verwaltung erreicht werden?". Beantwortet man diese Frage, so erhält man einen Überblick über das Leistungsspektrum einer Organisation.

116 *Beispiele:*
Der Rat der Stadtverwaltung X hat beschlossen, die „Kultur" zu fördern, was den Bau und die Betreibung eines Theaters zur Folge hat.

20 Vgl. Recht und Wirtschaft in der öffentlichen Verwaltung (Winklers, S. 90–91, 360–361).

Die Stadt X ist – aufgrund rechtlicher Vorschriften – in Kooperation mit anderen Behörden (z. B. Polizei) dazu verpflichtet, die öffentliche Sicherheit und Ordnung bei Veranstaltungen zu gewährleisten. 117

Die Beispiele lassen ergänzend noch einmal den Unterschied zwischen Pflichtaufgaben und freiwilligen Aufgaben erkennen. Die Sachziele und damit verbundenen Aufgaben haben einen erheblichen Einfluss auf die Organisation einer Verwaltung. 118

4.2 FORMALZIELE

Die Formalziele beschreiben die Rahmenbedingungen, unter denen die Sachziele erreicht werden sollen. Hier steht die Frage nach dem „Wie" im Vordergrund. Bei der Art und Weise der Aufgabenerfüllung sind unterschiedlichste Einflüsse bzw. Interessen zu beachten. 119

Folgend werden wesentliche und zu beachtende Formalziele beschrieben. 120

4.2.1 WIRTSCHAFTLICHKEIT

Das Formalziel der Wirtschaftlichkeit hat nicht zuletzt auch aufgrund der zunehmenden knappen Kassen im öffentlichen Sektor an Bedeutung bei der Erfüllung der Aufgaben bzw. Zielerreichung gewonnen. Grundsätzlich ist die öffentliche Verwaltung angehalten, wirtschaftlich zu handeln. Das ergibt sich aus der Gemeindeordnung und dem Haushaltsrecht. Hier ist ausdrücklich genannt, dass die Gemeinden die Prinzipien der Wirtschaftlichkeit und Sparsamkeit zu beachten haben. Die Beachtung des Grundsatzes der *Wirtschaftlichkeit* kann durch DAS ÖKONOMISCHE PRINZIP[21] erreicht werden. Hiernach ist zwischen **Minimal- und Maximalprinzip** zu unterscheiden. 121

Beim Minimalprinzip ist ein vorgegebenes Ziel/Ergebnis mit möglichst geringen Mitteln zu erreichen. 122

Beim Maximalprinzip soll mit vorgegebenen Mitteln ein maximales Ergebnis erzielt werden. 123

Bei dem Grundsatz der *Sparsamkeit* gilt es, die für die Aufgabenerfüllung/Zielerreichung benötigten Mittel auf ein notwendiges Maß zu begrenzen. 124

Grundsätzlich kann gesagt werden, dass es Ziel sein muss, einen optimalen, ausgewogenen Ressourceneinsatz (Finanzen, Personal) zur Zielerreichung/Aufgabenerfüllung zu erreichen. 125

21 Vgl. Einführung in die BWL (Wöhe/Döring 2010, S. 34); Recht und Wirtschaft in der öffentlichen Verwaltung (Winklers, S. 119).

4.2.2 KUNDENORIENTIERUNG

126 Zunächst einmal sollte an dieser Stelle kurz der Begriff Kunde geklärt werden, um von einem einheitlichen Verständnis auszugehen. Kunde ist im Prinzip jeder, der eine Leistung, welcher Art auch immer, nachfragt.

127 Aus Sicht der öffentlichen Verwaltung sind primär die Bürger die Kunden, da die Verwaltung als Dienstleister für den Bürger da ist. Dabei sollte in diesem Zusammenhang der Begriff „Bürger" nicht auf den Begriff im rechtlichen Sinne reduziert werden.[22] Zudem können auch beispielhaft Unternehmen Leistungen nachfragen und daher auch Kunden sein.

128 Ausgehend davon, dass die Verwaltung für ihre Kunden da ist, sollten bei der Aufgabenerfüllung das Wohl bzw. die Bedürfnisse der Kunden im Vordergrund stehen. Geeignete Maßnahmen, die zur Beachtung dieses Formalziels führen, können eine gute Erreichbarkeit der Verwaltung, ein Zugang zu den angebotenen Leistungen, angemessene Gestaltung von Warteräumen und ein kundenorientiertes Verhalten der Mitarbeiter sein.

4.2.3 MITARBEITERORIENTIERUNG

129 Wie wichtig die Ressource Mitarbeiter/Personal ist, wurde bereits erläutert (siehe Elemente der Organisation). Die Mitarbeiter mit ihrem Leistungsvermögen und Verhalten haben einen wesentlichen Anteil am Leistungserfolg und prägen auch das Image einer Verwaltung. Deshalb liegt es nahe, die berechtigten Bedürfnisse der Mitarbeiter ebenfalls zu beachten. Diese können sehr vielfältig sein. Beispiele hierfür sind Arbeitsplatzgestaltung, Arbeitszeit, Aufgaben und Verantwortung.

4.2.4 RECHTMÄSSIGKEIT

130 Möchte man eine Rangfolge bei der Beachtung von Formalzielen bilden, dann müsste die Rechtmäßigkeit vor der Wirtschaftlichkeit stehen. Recht und Gesetz binden die öffentliche Verwaltung in ihrem Handeln (Art. 20 GG). Nach dem Vorbehalt des Gesetzes darf sie nur tätig werden, wenn sie durch das Gesetz dazu legitimiert ist. Die Maßnahmen der Verwaltung dürfen dabei nicht gegen ein Gesetz verstoßen (Vorrang des Gesetzes).

4.2.5 UMWELTVERTRÄGLICHKEIT

131 Die Aufgabenerfüllung und deren Art und Weise werden u. a. auch von Entwicklungen geprägt. Die Umweltverträglichkeit ist so ein Formalziel. Es ist Aufgabe der Verwaltung, im Rahmen ihrer Aufgabenerfüllung darauf zu achten, dass Aspekte des Umweltschutzes einfließen. Das ist nicht nur ein Appell an öffentliche Verwaltungen, sondern ergibt sich

22 Siehe kommunales Verfassungsrecht – Bürger ist, wer zu den Gemeindewahlen wahlberechtigt ist.

auch aus entsprechenden Rechtsvorschriften. Die Beachtung dieses Ziels kann auf unterschiedliche Art und Weise geschehen. Es kann energiesparend gearbeitet werden. Es können umweltschonende Mittel/Materialien beschafft und eingesetzt werden. Die Mitarbeiter können zu einem umweltbewussten Verhalten angehalten werden.

4.3 ZIELBEZIEHUNGEN

Wie wir erfahren haben, sind die Formalziele bei der Erreichung eines Sachziels zu beachten. Das Verhältnis zwischen gleichzeitig geltenden Zielen kann als Zielbeziehung bezeichnet werden. Die Beziehung bezieht sich auf die zu erfüllende Aufgabe (Sachziel). Zielbeziehungen finden wir sowohl zwischen Sachzielen als auch zwischen Formalzielen. 132

4.3.1 ZIELHARMONIE/ZIELKONFLIKT/ZIELGEGENSATZ

Beispiel: 133
Die Verwaltungsführung hat entschieden, die Leistungen des Bürgeramts durch Ausweitung der Öffnungszeiten auch am Samstag anzubieten und die Warteräume angenehmer zu gestalten. Die Verwaltungsführung bittet dabei zu prüfen, inwieweit die o.g. Formalziele beachtet werden können.

In einem ersten Schritt könnte man versuchen, alle Formalziele gleichermaßen zu beachten. Sollte das gelingen, so könnte man von einer ZIELHARMONIE sprechen. Das ist jedoch in der Praxis kaum der Fall. 134

Vielmehr führt dieses Bestreben oft zu der Erkenntnis, dass die Ziele nicht im gleichen Maße miteinander vereinbar sind und es zu ZIELKONFLIKTEN[23] kommen kann, das heißt, wenn ein Ziel im höheren Maße erreicht wird, wird ein anderes Ziel nur in geringerem Maße erreicht. 135

Sollte ein Ziel das Erreichen eines anderen Ziels gänzlich ausschließen, so spricht man von einem ZIELGEGENSATZ. 136

Zurück zu unserem Beispiel. Wenn wir den Sachverhalt inhaltlich genauer betrachten, so ist erkennbar, dass es kaum möglich ist, die Vorgabe der Verwaltungsführung unter Beachtung aller Formalziele im gleichen Maße umzusetzen. Vielmehr ist durch die Entscheidungen, die Öffnungszeiten zu erweitern und die Warteräume angenehmer zu gestalten, der Kundenorientierung Priorität eingeräumt worden. Dieses könnte jedoch in Konkurrenz zu der Mitarbeiterorientierung bzw. Wirtschaftlichkeit stehen. Mit den Maßnahmen sind ggf. Veränderungen, die die Mitarbeiter betreffen, und zusätzliche Kosten verbunden. Es ist ein *Zielkonflikt* entstanden. 137

---

23 Vgl. Recht und Wirtschaft in der öffentlichen Verwaltung (Winklers, S. 361).

138 Zielkonflikte sind in der alltäglichen Arbeit nahezu die Regel geworden. Deshalb gilt es, diese im Einzelfall zu lösen bzw. entsprechende Entscheidungen zu treffen. Gefragt sind also in erster Linie die Entscheider (Führungskräfte und Politik). Sie müssen in solchen Fällen Prioritäten setzen (siehe Beispiel) und im Einzelfall Kompromisse eingehen. Oftmals ergeben sich aber auch Prioritäten aus Rechtsvorschriften (z. B. Pflichtaufgaben haben Priorität vor freiwilligen Aufgaben).

4.4 STEUERUNG ÜBER ZIELE

139 Erinnern Sie sich noch an das Eingangsbild und die daneben stehende Aussage „Wer nicht weiß, wohin er will, darf sich nicht wundern, wenn er woanders ankommt!"?

140 Dadurch wird deutlich, wie wichtig es ist, Ziele zu haben und die gesetzten Ziele zu erreichen. Es ist von zentraler Bedeutung für die Verwaltung und die Akteure, nämlich Politik, Verwaltungsführung und Mitarbeiter.

141 Natürlich hat es in der öffentlichen Verwaltung immer schon Ziele gegeben. Jedoch ist dabei der Steuerungsaspekt aufgrund der komplexen und vielschichtigen Aufgabenerfüllung, die oftmals nicht verständlich und damit nachvollziehbar formuliert wurde sowie kaum einer Erfolgskontrolle unterlag, in den Hintergrund gerückt.

142 Das Steuern über Ziele[24] hat im Bereich des Verwaltungsmanagements mehr und mehr an Bedeutung gewonnen. Das hat auch Auswirkungen im Bereich des Personalmanagements. Denn dadurch haben sich die Anforderungen an Politik, Führung und Mitarbeiter verändert bzw. werden sich verändern. Nur wenn die Ziele erreicht wurden, war die Institution (die Verwaltung) erfolgreich und hat ihren Zweck erfüllt.

143 Damit das so ist, muss klar sein, welche Ziele die Verwaltung eigentlich hat bzw. erreichen will. Nur dann kann der Mitarbeiter zielorientiert arbeiten. Ansonsten würde er seine Arbeitskraft orientierungslos einbringen und sich vielleicht eher seinen Individualzielen bzw. -interessen widmen. Den Zielen können unterschiedliche FUNKTIONEN[25] zugeordnet werden.

144 I. Ziele geben Orientierung (Welche Richtung möchte ich einschlagen?)

145 II. Ziele haben eine Selektionsfunktion (Welche Maßnahmen sind nötig/geeignet?)

146 III. Ziele haben eine Koordinierungsfunktion (Was gehört zusammen?)

147 IV. Ziele haben eine Kontrollfunktion (Waren wir letztendlich erfolgreich?)

---

24 Vgl. KGSt-Bericht 3/2001 Steuerung mit Zielen. Ziele entwickeln und präzisieren; Innere Behördenorganisation und Verwaltungstechnik (Fritsch/Wiedemann Band 16, S. 23–26).

25 KGSt-Handbuch Organisationsmanagement, 1999, S. 8–14.

Damit das Steuern über Ziele erfolgreich gestaltet werden kann, sind gewisse ANFORDERUNGEN AN ZIELE, die sich auch überwiegend bei der Formulierung von Zielvereinbarungen zwischen Führungskraft und Mitarbeiter wiederfinden lassen (siehe Personalmanagement – Zielvereinbarungen als Führungsinstrument), zu erfüllen. 148

Anforderungen an Ziele[26]: 149

Die Ziele müssen verständlich sein
Die Ziele müssen realistisch/erreichbar sein
Die Ziele müssen sich in Handlungen umsetzen lassen
Die Ziele müssen sich beeinflussen lassen
Die Ziele müssen sich messen lassen
Die Ziele müssen attraktiv/motivierend sein

Abschließend ist festzustellen, dass es nicht immer einfach ist, Ziele in öffentlichen Verwaltungen zu finden und damit über Ziele zu steuern. ZIELE ZU FINDEN bzw. zu benennen ist vorrangig Aufgabe der Entscheider (Politik/Führung). Die Ziele müssen transparent und innerhalb der Verwaltung bekannt gemacht und kommuniziert werden. Dabei gilt es, die strategischen Ziele (Was möchte ich als Verwaltung tun?) ggf. für die darunterliegenden Ebenen zu konkretisieren. 150

Es ist ein aufwendiger Prozess, Ziele zu finden und zu definieren. In der Literatur werden dazu *Zielsysteme* beschrieben, die diesen Prozess unterstützen. Diese Zielsysteme zeigen oftmals vier Zielfelder auf, die miteinander verbunden sind. 151

Zielfelder[27] 152

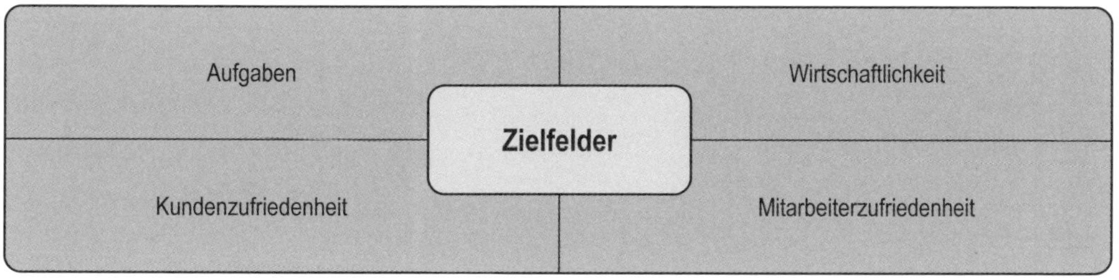

Die Mitarbeiter sollten bei einem Zielfindungsprozess eingebunden werden. Schließlich sind sie es, die letztendlich für die Umsetzung der Ziele verantwortlich sind. Ziele sollten daher gemeinsam vereinbart werden (Zielvereinbarungen/Kontrakte) und nicht von oben nach unten (top down) angeordnet werden. Dieses führt zu einer höheren sozialen 153

26 Vgl. auch Managementinstrumente-Zielvereinbarungen – SMART-Methode.
27 Vgl. Zielfelder KGSt und Bertelsmann-Stiftung.

Akzeptanz der Ziele bei den Mitarbeitern. Sie können sich eher mit den Zielen identifizieren. In diesem Zusammenhang ist ergänzend zu erwähnen, dass auch sog. Leitbilder die Ziele einer Verwaltung konkretisieren können (siehe auch V. Dienstleistungsunternehmen Verwaltung).

V DIENSTLEISTUNGSUNTERNEHMEN VERWALTUNG

5.1 WESENTLICHE UNTERSCHIEDE BETRIEB – VERWALTUNG

Bevor wir die Verwaltung als Dienstleister näher betrachten, soll an dieser Stelle *kurz* aufgezeigt werden, welche wesentlichen Unterschiede[28] zwischen einem privatwirtschaftlichen Betrieb und der öffentlichen Verwaltung erkennbar sind. 154

Rückblickend auf die bisherigen Ausführungen ist zunächst einmal festzustellen, dass es Gemeinsamkeiten zwischen einem privatwirtschaftlichen Betrieb und einer öffentlichen Verwaltung gibt. Dieses ist allein schon deshalb der Fall, weil es sich bei beiden um ein System bzw. eine Organisation handelt. Dennoch gibt es erwähnenswerte Unterschiede. 155

Im Kapitel **Ziele der Organisation** wurde zwischen Sachzielen und Formalzielen unterschieden. Diese differenzierte Betrachtung lässt auch wesentliche Unterschiede zwischen einem privatwirtschaftlichen Betrieb/Unternehmen und der öffentlichen Verwaltung (Kommunalverwaltung) erkennen. Kurz gesagt besteht das Sachziel einer öffentlichen Verwaltung in der Erfüllung von Pflichtaufgaben und freiwilligen Aufgaben. Dabei sollen die Ziele unter den oben beschriebenen Rahmenbedingungen (Formalziele) erreicht werden. 156

Die Sachziele von privatwirtschaftlichen Betrieben sind in der Regel andere. Sie haben das Ziel, möglichst ihre Produkte bzw. Güter oder Dienstleistungen am Markt zu verkaufen. Auch sie verfolgen ihre Ziele unter Beachtung von Rahmenbedingungen. Nur haben hier einige Formalziele ein besonderes Gewicht. 157

Die **Wirtschaftlichkeit bzw. Gewinnmaximierung** ist das Ziel mit der größten Bedeutung. Das Motiv der Gründung und Betreibung eines Betriebes/Unternehmens liegt darin, sich möglichst am Markt durchzusetzen[29] und Gewinne zu machen. Nur die Betriebe bleiben am Markt existenzfähig, die sich mit ihren Produkten/Leistungen gegenüber der Konkurrenz behaupten können. Wirtschaftliche Prinzipien und Mechanismen spielen also eine besondere Rolle. 158

Im Vergleich dazu agiert die Kommunalverwaltung nach dem sogenannten **Bedarfsdeckungsprinzip**. Vom Wortlaut ableitend ist damit einerseits gemeint, dass der Bedarf der Bürger zu decken ist (siehe Ziele und Aufgaben der Verwaltung), aber auch andererseits, dass der mit der Aufgabenerfüllung verbundene Finanzbedarf sicherzustellen ist. Das bedeutet, dass sich Ausgaben und Einnahmen decken und keine Gewinne erzielt werden sollen. 159

28 Vgl. Recht und Wirtschaft in der öffentlichen Verwaltung (Winklers, S. 360–361).
29 Vgl. Betriebswirtschaftslehre für Städte und Gemeinden (Rau 2007, S. 65).

160 Ein weiterer wesentlicher Unterschied liegt in der Festsetzung von Zielen und Aufgaben. Die öffentliche Verwaltung/Kommunalverwaltung kann ihre Ziele und Aufgaben zu einem hohen Anteil nicht frei bestimmen.[30] Sie hat sich an Vorgaben bzw. Rechtsvorschriften zu halten. Im Gegensatz dazu ist ein Unternehmen/Betrieb in der Wahl der Sachziele frei (**autonom**).

161 Abschließend sollte noch ein Unterschied im Vergleich erwähnt werden, der in den nachfolgenden Ausführungen zur Verwaltung als Dienstleister noch einmal aufgegriffen wird. Es geht hier im Rahmen der Beachtung von Formalzielen und deren Zielbeziehung um das Formalziel der **Kundenorientierung**. Wie bereits erwähnt, ist das wesentliche Ziel eines privatwirtschaftlichen Unternehmens/Betriebs die Gewinnmaximierung unter Beachtung von Wirtschaftsprinzipien. Ausgehend davon, dass „Angebot und Nachfrage" den Markt regeln, wäre es für jeden Betrieb fatal, das Ziel der Kundenorientierung nicht in den Vordergrund zu stellen. Werden Bedürfnisse des Kunden durch das Produkt/die Leistung sowohl in Quantität und insbesondere auch in Qualität nicht befriedigt, führt dies zwangsläufig zu sinkender Nachfrage. Die Folgen reichen dann von der fehlenden Gewinnmaximierung (s. o.) bis zur Existenzbedrohung des Betriebs.

162 Bei der Kommunalverwaltung gibt es diese oben geschilderte zwingende Zielhierarchie nicht. Dennoch rückt das Formalziel der Kundenorientierung (Bürgerorientierung) mehr und mehr in den Fokus öffentlichen Handelns.

5.2 VERWALTUNG ALS DIENSTLEISTER

5.2.1 GRUNDSÄTZLICHES

163 *Die Verwaltung ist für den Bürger da ... und nicht umgekehrt!*

164 

Sicherlich haben Sie diese Aussage schon einmal gelesen, gehört oder vielleicht selber als Anlass zu Diskussionen genommen. Das allein verdeutlicht, dass wir uns zunehmend mit der „Rolle der öffentlichen Verwaltung" auseinandergesetzt haben und noch auseinandersetzen werden.

165 Deshalb macht es auch Sinn, diesem Kapitel eine **besondere Aufmerksamkeit** zu schenken. Auch die Verwaltungsreformbewegung hat die Verwaltung als Dienstleister zu einem zentralen Thema gemacht.

166 In diesem Kapitel wird auch versucht, noch einmal die Notwendigkeit der Reform der Verwaltungen als *dauerhaften* Organisationsentwicklungsprozess aufzuzeigen. Dabei sollten wir zu der Überzeugung gelangen, dass sich eine Verwaltung (und das gilt auch

30 Vgl. Betriebswirtschaftslehre für Städte und Gemeinden (Rau 2007, S. 64).

für privatwirtschaftliche Betriebe) nur dann verändern kann, wenn die Bereitschaft zur Veränderung, zur Entwicklung der Organisation, auch bei den Mitarbeitern vorhanden ist.

Gehen wir noch einmal auf die Eingangsaussage „Die Verwaltung ist für den Bürger da ..." zurück. In unserem Grundgesetz ist verankert, dass die Staatsgewalt vom Volke ausgeht und wir somit in einer Demokratie (griechisch: demos – Staatsvolk) leben. Das bedeutet aber auch, dass die öffentliche Verwaltung als ausführende Gewalt (Exekutive) ihre Berechtigung von den Bürgern erhält. Die für die öffentliche Verwaltung handelnden Organe werden in diesem Zusammenhang auch durch die Bürger bezahlt. Dies allein rechtfertigt schon den Gedanken, dass die Verwaltung für den Bürger da ist ... und nicht umgekehrt. 167

An dieser klaren Formulierung ist zu erkennen, dass die Bürger eine gewisse Erwartungshaltung in Bezug auf die öffentliche Verwaltung haben. Der gesellschaftliche Wandel, die sich verändernden Werte und Bedürfnisse und das gestiegene Bildungsniveau, führt zu gewissen Ansprüchen der Bürger gegenüber der Verwaltung. Sie geben sich nicht mehr allein damit zufrieden, dass ihre Verwaltung die notwendigen Pflichtaufgaben erfüllt, sondern erwarten berechtigterweise darüber hinaus eine Aufgabenerfüllung, die sich auch konkret an ihren Bedürfnissen orientiert. Dabei sieht der Bürger die Verwaltung als Dienstleister. 168

Durch die veränderte, selbstbewusste und auch kritische Haltung der Bürger gegenüber der Verwaltung wird deutlich, dass die, nennen wir es: Kundenzufriedenheit die Grundlage für die dauerhafte Akzeptanz der öffentlichen Verwaltung ist. 169

Dass das so ist, ist bereits bei den öffentlichen Verwaltungen angekommen und spiegelt sich in manch einer Vorschrift wieder. Oftmals heißt es, dass das Verwaltungshandeln an dem Wohl bzw. den Bedürfnissen der Bürger auszurichten oder beispielhaft auf die Leistungsfähigkeit der Bürger (gemeint ist hier z. B. die finanzwirtschaftliche Leistungsfähigkeit) auszurichten ist. 170

Grundsätzlich ist festzustellen, dass nach vielen Jahren der Organisationsentwicklung in Städten, Kreisen und Gemeinden und anderen öffentlichen Verwaltungen sich aus Sicht des Kunden (Bürgers) vieles verbessert hat, aber wir immer noch auf dem Weg zu einem Dienstleister sind. 171

Das Image der öffentlichen Verwaltung ist nach wie vor verbesserungswürdig. Der Bürger, aber auch die Medien betrachten die Verwaltung oftmals noch als starres, unflexibles, sich teilweise abgrenzendes Gebilde, welches sich den gesellschaftlichen Entwicklungen nur schwer anpasst. Auch die Mitarbeiter werden teilweise als stur, unflexibel und arrogant beschrieben. Die Sichtweisen des Bürgers kommen z. B. durch Beamtenwitze oder durch Wörter wie Paragrafenhengst und Bürokratie zum Ausdruck. 172

5.2.2 MERKMALE DER VERWALTUNG ALS DIENSTLEISTER

5.2.2.1 BÜRGERNÄHE

173 Nachfolgend werden einige Merkmale, die die Verwaltung als Dienstleister ausmachen, dargestellt.[31] Als Dienstleister muss ich die Nähe zu den Bürgern suchen und den Bürgern die Nähe zur öffentlichen Verwaltung ermöglichen. Die Bürger haben den Wunsch, ihre Verwaltung mit den vielfältigen Leistungen auch möglichst einfach erreichen zu können. Die Erreichbarkeit sollte dabei auf unterschiedlichste Art und Weise gewährleistet sein. Dies geht von der persönlichen Vorsprache über telefonische und postalische Erreichbarkeit bis zur elektronischen Abwicklung (siehe auch Kapitel E-Government) von Anliegen.

174 Umfragen haben gezeigt, dass **die persönliche Vorsprache** bei der Verwaltung die am häufigsten von den Bürgern gewünschte Art der Kommunikation ist. Der Bürger möchte hierbei seine Anliegen schildern, seine Angelegenheiten regeln. Dass dem Bürger dieses subjektive Recht der persönlichen Vorsprache auch eingeräumt werden muss, ergibt sich auch aus Rechtsvorschriften u. a. bei der Durchführung des Verwaltungsverfahrens.

175 Persönliche Vorsprachen sind jedoch nur dann möglich, wenn dem Bürger auch zeitlich die Möglichkeit gegeben wird, dieses zu tun. Somit sind **Öffnungszeiten** der Verwaltung ein zentrales Thema für den Bürger. Konnte der Bürger in der Vergangenheit häufig Behördengänge nur in seiner Freizeit erledigen, so erwartet er heute ausgedehnte bzw. flexible Öffnungszeiten.

176 In diesem Zusammenhang ist anzumerken, dass nicht alle anfallenden Arbeiten während der Öffnungszeiten erledigt werden können. Die Mitarbeiter in publikumsintensiven Bereichen benötigen zusätzlich auch Zeit für die ggf. nachfolgende Sachbearbeitung. Deshalb macht es Sinn, Öffnungszeiten entsprechend zu regeln.

177 Es bietet sich an, zwischen *Regelöffnungszeiten* und *kundenorientierten Öffnungszeiten* (*Servicezeiten*) zu unterscheiden. Im Rahmen der Regelöffnungszeiten sollte die Verwaltung in einem gewissen Zeitraum (z. B. von 08.30 Uhr bis 16.30 Uhr) erreichbar sein. Darüber hinaus sollten die Öffnungszeiten für Bereiche mit intensivem Publikumsverkehr als Servicezeiten noch ausgedehnt werden. Die Ausdehnung ist abhängig von den angebotenen Leistungen der Organisationseinheit und den Bedürfnissen der Bürger. Eine Orientierungshilfe können dabei z. B. die Unternehmen vor Ort geben. Neben den bisher genannten Öffnungszeiten fällt häufig auch der Begriff der *Mindestöffnungszeit*. Die Mindestöffnungszeit legt vereinfacht gesagt den Stundenumfang fest, in dem die Behörde in der Woche mindestens zugänglich sein muss. Eine weitere, aber nicht so häufig vorkommende Möglichkeit wäre die Einrichtung von *anlassbezogenen Öffnungszeiten* zur Bewältigung von Arbeitsspitzen.

---

31 Vgl. Innere Behördenorganisation und Verwaltungstechnik (Fritsch/Wiedemann, Band 16, S. 98 ff.).

Um unnötige Wartezeiten zu vermeiden und persönliche Umstände berücksichtigen zu 178
können, werden in der Praxis zunehmend **Termine** vereinbart. Diese Alternative bietet neben der zeitlich und flexiblen Planung auch die Möglichkeit der besseren sachlichen Vorbereitung. Es ist jedoch anzumerken, dass die von dem Bürger gern genutzte Möglichkeit der Terminvereinbarung nur dann positiv gesehen wird, wenn die Termine in der Regel auch eingehalten werden.

Eine weitere Möglichkeit, mit der Verwaltung in Kontakt zu treten 179
bzw. zu kommunizieren, ist das **Telefon**. Auch wenn Vorschriften zur Durchführung des Verwaltungsverfahrens in Einzelfällen persönliche Vorsprachen erfordern, so gibt es eine Vielzahl von Tätigkeiten, die keiner Formvorschrift unterliegen. Deshalb ist es sowohl für den Bürger als auch für die Verwaltung oftmals einfacher, zeitsparender und auch wirtschaftlicher, die Möglichkeit des Telefonkontakts/-gesprächs zu nutzen. Deshalb wird dieses Medium auch sehr intensiv genutzt.

Aber auch hier gilt es, die telefonische Erreichbarkeit der Verwaltung zu organisieren. Für 180
den Bürger ist es wichtig zu wissen, wann er grundsätzlich die Verwaltung oder gezielt einen Ansprechpartner/Sachbearbeiter telefonisch erreichen kann. Demzufolge müssen nicht nur Öffnungszeiten nach außen transparent gemacht werden, sondern auch Zeiten telefonischer Erreichbarkeit. Dabei sollten die Möglichkeiten für den Bürger möglichst weitreichend sein. Beispielhafte Maßnahmen, um dies sicherzustellen, sind die Einrichtungen von Telefonvermittlungen, die Vergabe von besonderen, aufgabenbezogenen Servicenummern, die Nutzung von Rufumleitungen oder Anrufbeantwortern sowie entsprechende Informationen im Schriftverkehr (Sachbearbeiter/Rufnummer).

Seit geraumer Zeit werden vermehrt auch *Call-Center* in öffentlichen Verwaltungen einge- 181
richtet. Dabei handelt es sich um eine Organisationseinheit, die als Telefonzentrale auch inhaltlich, mit entsprechend qualifizierten Mitarbeitern, Aufgaben erledigen kann. Damit kann auch eine Entlastung der Fachbereiche verbunden sein. Die Beantwortung von Fragen oder das Erteilen von Auskünften stehen dabei im Vordergrund. Es ist also nicht nur eine reine Vermittlungsstelle (s. o.).

i 115 – Behördennummer

Unabhängig von örtlicher oder sachlicher Zuständigkeit einer Behörde wird auch mit der 182
landesweit bewusst einfachen und *einheitlichen Behördennummer* jedem Bürger bzw. jeder Institution die Gelegenheit gegeben, die öffentliche Verwaltung, und zwar über alle Verwaltungsebenen hinweg, zu erreichen.

Hier geht es primär um die Erteilung von Auskünften zu unterschiedlichsten Leistungen, 183
Zuständigkeiten, Gebühren und Öffnungszeiten. Hinter der 115 verbirgt sich ein Wissensmanagement, welches einen gewissen Qualitätsstandard der Auskunftserteilung ermöglicht, sodass viele Fragen unmittelbar geklärt werden können.

184 Die 115 steht für bürgernahe und effiziente Verwaltung und wird zunehmend Teil eines modernen Bürgerservice.

185 

Neben der persönlichen Vorsprache und dem Telefonat spielt der **Schriftverkehr** zwischen Bürgern und öffentlicher Verwaltung nach wie vor eine besondere Rolle. Deshalb lohnt es sich, an anderer Stelle dieses Thema in einem gesonderten Kapitel dieses Buches eingehender zu behandeln. Zwar ist eine Entwicklung in Richtung „papierlose Kommunikation" oder „papierloses Büro" klar erkennbar, jedoch können Rechtsvorschriften oder interne Vorgaben die Schriftform, z. B. bei Antragstellung oder Einlegen eines Rechtsmittels, erfordern. Oftmals ist die Bearbeitung von Schreiben auch an Fristen gebunden und die Verwaltung muss nachweisen können, ob die Schreiben eingegangen sind. Dies geschieht durch entsprechender Dokumentation.

186 Dem Bürger sind daher Möglichkeiten der Zusendung, Zustellung bzw. Übergabe seiner Schreiben zu bieten. Als Möglichkeiten können hier der bekannte Postweg mit seinen Zustellungsformen, die Einrichtung von sogenannten Behördenbriefkästen sowie selbstverständlich die persönliche Übergabe des Schriftstücks genannt werden.

187 Unter Schriftverkehr ist auch der elektronische Schriftverkehr per Telefax oder E-Mail zu verstehen. Hier findet in der Regel die Dokumentation (Eingang/Ausgang) durch das System selbst statt.

Zentrale Anlaufstellen (Bürgerbüro/Bürgeramt)

188 

Beispiel:
Stellen Sie sich vor, Sie müssen mit Ihrer Familie aus beruflichen Gründen in eine andere Stadt ziehen. Dieser Umzug hat auch einen, sagen wir, „Behördengang" zur Folge. Denn Sie und Ihre Familie müssen sich anmelden, ggf. muss das Kraftfahrzeug umgemeldet und außerdem angezeigt werden, dass Sie im Besitz eines Hundes sind. Stellen Sie sich weiterhin vor, dass Sie dazu das Einwohneramt (Anmeldung), das Straßenverkehrsamt (Kfz-Ummeldung) und das Amt für Finanzen (Hundesteuer) aufsuchen müssen. Sie müssen dazu noch wissen, dass das Einwohneramt sich im zentralen Rathaus befindet, das Straßenverkehrsamt im Ortsteil „Nord" zu finden und das Amt für Finanzsteuerung im Verwaltungsgebäude 2 (ca. 1 km vom zentralen Rathaus) ansässig ist.

189 Dieses Beispiel ist für jeden leicht vorstellbar und löst sicherlich nicht nur bei Ihnen ein gewisses Kopfschütteln aus.

190 Das Beispiel macht deutlich, dass wir, wenn wir in diesem Kapitel über Bürgernähe sprechen, dann auch darüber reden müssen, welche Wege, auch Verkehrswege, der Bürger zur Erledigung seiner Angelegenheiten gehen muss.

Die erste Erkenntnis, die aus dem Beispiel abgeleitet werden kann, ist die, dass die Zahl der Anlaufstellen aus organisatorischer Sicht möglichst klein gehalten werden sollte. Demzufolge macht es auch Sinn, darüber nachzudenken, wie man das Aufsuchen müssen mehrerer Ämter verhindern, damit die Wege verkürzen und letztendlich den Aufwand für die Bürger möglichst klein halten kann. 191

Der Lösungsansatz liegt auf der Hand: Die Einrichtung einer ZENTRALEN ANLAUFSTELLE an einem zentralen, gut erreichbaren Ort, in der möglichst alle vom Kunden stark nachgefragten Leistungen bei kundenorientierten Öffnungs- und geringen Wartezeiten angeboten werden. Dabei ist auch die Erreichbarkeit innerhalb des Gebäudes (z. B. Erdgeschoss) zu berücksichtigen. 192

Solche zentralen Anlaufstellen gibt es seit einigen Jahren durch die Einrichtungen von **Bürgerbüros/Bürgerämtern** (oder ähnliche Begriffe). Diese organisatorische Lösung hat bei den Bürgern sehr positiven Anklang gefunden, sodass in vielen Kommunen die Einrichtung zentraler Anlaufstellen auch auf fachliche Leistungen, z. B. durch die Einrichtung von **Baubürgerbüros**, erweitert wurde. 193

Bei der Einrichtung dieser bürger-/kundenorientierten Organisationseinheiten wurde auf eine besonders ansprechende Gestaltung und **Ausstattung der Wartebereiche und Büroräume** (oftmals Großraumbüros) geachtet. Sie prägen auch das Bild der Verwaltung. 194

Beispiele hierfür sind Getränkeautomaten, gute Sitzgelegenheiten, Bilder, Pflanzen, Informationsmöglichkeiten (Zeitschriften/Bildschirme), Vordrucke und Informationsmaterial ggf. in unterschiedlichen Sprachen sowie selbstverständlich eine moderne Büroausstattung und ein barrierefreier Zugang. 195

Trotz aller positiven Aspekte kann man selbstverständlich nicht alle Aufgaben in dieser Organisationsform bearbeiten. In der Regel bieten sich hier eher einfache, häufig nachgefragte (s. o.), standardisierte Leistungen, die auch abschließend in einer vertretbaren Bearbeitungszeit erledigt werden können, an. 196

Die Einrichtungen von Bürgerbüros bedeutet auch Veränderungen für die dort tätigen Mitarbeiter. Insofern ist auch hier die Beziehung zwischen Organisations- und Personalmanagement erkennbar. Der intensive Publikumskontakt und das breite Leistungsangebot erfordern bei den Mitarbeitern ein breites Fachwissen, eine gute Sozial- und interkulturelle Kompetenz, welches durchaus Auswirkungen auf die Motivation haben kann. 197

Ein weiterer Vorteil besteht darin, dass ausgehend davon, dass die Mitarbeiter bei gleicher Aufgabenerfüllung entsprechend qualifiziert sind, die Vertretungsregelung einfacher zu gestalten ist. 198

199 Ein Kritikpunkt der Bürger ist auch, dass sie sich, insbesondere in großen Verwaltungsgebäuden, nur schwer zurechtfinden. Es ist ärgerlich zu wissen, wo man hinmöchte, aber nicht zu wissen, wie man dort hinkommt. Das ist Anlass genug, den Bürgern **bessere Orientierung** zu geben.

200 Eine Möglichkeit ist die Einrichtung von Informationsstellen an den Gebäudeeingängen. Der Bürger kann hier im persönlichen Kontakt gezielt nach dem Weg fragen.

201 Eine weitere Möglichkeit ist der *Behördenwegweiser*. Der Behördenwegweiser gibt Orientierung in Form einer großen Übersicht im Eingangsbereich. Er weist als Leittafel mit einer entsprechenden Gestaltung auf Aufgaben und Organisationseinheiten und deren Lage innerhalb des Gebäudes hin.

202 Ergänzend dazu halten auch moderne Informationssysteme im Eingangsbereich, wie wir sie etwa aus Einkaufszentren oder Flughäfen kennen, in größeren Verwaltungen Einzug. Beispielsweise wird hier der gegenwärtige Standort und, nach entsprechender Eingabe, der Weg zum Ziel bildhaft beschrieben.

203 Um weitere Orientierung zu geben, sollten *Treppenhäuser* bzw. jede *Etage*, aber auch jeder *Aufzug* mit entsprechenden Wegweisern ausgestattet sein.

204 Die Büros (Diensträume) sind mit *Türschildern* auszustatten, die neben einer Nummerierung auch die Organisationseinheit (Aufgabenbereiche) und in der Regel namentlich auch die dort arbeitenden Mitarbeiter erkennen lassen. Die Mitarbeiter selbst können mit einem Namensschild versehen und damit auch persönlich angesprochen werden.

5.2.2.2 BÜRGERORIENTIERTE VERHALTENSWEISEN

205 *Beispiel:*
Sie warten einige Zeit im angenehm gestalteten Bürgerbüro (Großraumbüro). Endlich werden Sie aufgerufen. Sie gehen auf den zuständigen Sachbearbeiter zu, der an seinem Tisch ein offensichtlich privates Gespräch mit seiner Kollegin führt. Sie kommen sich etwas störend vor, setzen sich aber nach einigen Sekunden unaufgefordert hin. Etwas genervt fragt der Sachbearbeiter nach Ihrem Anliegen und fängt an, dieses zu bearbeiten, ohne dass Sie nachvollziehen können, was er da tut. Mit kurzer Verabschiedung händigt der Sachbearbeiter Ihnen zum Schluss die Unterlagen aus.

206 Wahrscheinlich ist das Ergebnis Ihres Besuches, dass Sie, wenn Sie die Wahl hätten, bei der nächsten Vorsprache zu einem anderen Sachbearbeiter gehen würden.

207 Wenn wir über Dienstleistungsorientierung sprechen, dann spielt dabei das **Verhalten der Mitarbeiter** gegenüber dem Bürger eine besondere Rolle. Das Verhalten jedes ein-

zelnen Mitarbeiters in der Beziehung zu dem Bürger prägt die Einstellung des Bürgers zur Verwaltung.

Wie wir bereits wissen, hat der Bürger/Kunde eine gewisse Erwartungshaltung, auch was das Verhalten der Mitarbeiter der Verwaltung ihm gegenüber angeht. Er möchte kompetent, höflich und freundlich bedient werden. Dabei möchte er in seinen Anliegen ernst genommen, ggf. gut beraten und nicht von „oben herab" behandelt werden. 208

Dass ist doch nur verständlich, denn wir alle erwarten in der Rolle als Kunde Ähnliches. Also sollten wir uns unseren Kunden (Bürgern) gegenüber auch so verhalten. 209

Welche konkreten Verhaltensweisen und Maßnahmen können wir beispielhaft an den Tag legen? Häufig sind es die einfachen Dinge im Umgang miteinander, die eine positive Wirkung haben und im Gedächtnis der Bürger/Kunden haften bleiben. 210

Hier nur einige Beispiele: 211

- Persönliche Ansprache
- Platz anbieten
- Im Einzelfall z. B. Getränk anbieten
- Sich selbst vorstellen
- Aufmerksamkeit dem Bürger/Kunden widmen
- Ausreden lassen
- Zuhören
- Verständliche Sprache (auch im Schriftverkehr)
- Handlungen transparent machen
- Entscheidungen verständlich begründen
- Gute Beratung (siehe auch Beratungspflicht)
- Hilfestellung (z. B. für Behinderte, ältere Bürger)

Es ist jedem bewusst, dass nicht jede Situation oder jeder Bürger/Kunde gleich ist. Natürlich gibt es einfache und schwierige Situationen und auch Bürger, und oftmals werden deren Verhaltensweisen auch von den persönlichen Situationen geprägt, in denen sie sich gerade befinden. Letztendlich erwartet unser Arbeitgeber bzw. unsere Arbeitgeberin jedoch ein professionelles Rollenverhalten von uns. Es ist in erster Linie unsere Aufgabe, höflich, freundlich und auch sachlich zu bleiben. Es soll aber auch nicht unerwähnt bleiben, dass es sicherlich Einzelfälle gibt, wo beispielsweise ein Gespräch nicht mehr fortgesetzt werden kann (z. B. stark alkoholisierte Bürger, aggressive Verhaltensweisen). Dann ist es auch Aufgabe des Mitarbeiters, das Gespräch zu beenden und ggf. weitere Maßnahmen zu ergreifen. 212

Da wir auch mit den Bürgern **telefonisch** in Kontakt treten, sollte dies auch unter Beachtung der beschriebenen Verhaltensweisen geschehen. Ergänzend hierzu gibt es beim Telefonkontakt einige Besonderheiten, die darüber hinaus beachtet werden sollten. Es ist selbstverständlich, dass der Anruf möglichst schnell entgegengenommen wird und wir den Gesprächspartner begrüßen und uns mit Namen und Dienststelle vorstellen. Sollte es 213 sich während des Telefonats herausstellen, dass wir nicht der richtige Ansprechpartner sind, so versuchen wir den Bürger an die zuständige Stelle zu vermitteln. Zudem sollte nach Möglichkeit ein Telefongespräch auch inhaltlich vorbereitet werden. Hat das Gespräch besondere Auswirkungen auf die Bearbeitung eines Geschäftsvorfalles, so ist ggf. ein Vermerk (siehe auch Aktenvermerk) zu fertigen. Kann ein Anliegen nicht abschließend am Telefon bearbeitet werden, dann ist z. B. ein persönlicher Termin oder ein Rückruf durch den Mitarbeiter zu vereinbaren.

214 Verhaltensweisen gegenüber „ausländischen" Mitbürgern – Interkulturelle Kompetenz

Zunächst vorweg die Anmerkung, dass, auch wenn hier die ausländischen Mitbürger gesondert angesprochen werden, all das, was bisher ausgeführt wurde, ebenfalls zutreffend ist.

215 Vielmehr soll eher in diesem Zusammenhang die zunehmende Notwendigkeit der interkulturellen Kompetenz der Mitarbeiter der öffentlichen Verwaltung aufgezeigt werden.

216 Wir haben bereits festgestellt, dass Organisationen (und auch Organisation) sich gesellschaftlichen Entwicklungen stellen müssen. In unserer Gesellschaft leben Einwanderer und Zuwanderer aus den verschiedensten Teilen der Welt. Sie haben die unterschiedlichsten kulturellen, sozialen und beruflichen Hintergründe. Viele leben bereits lange in Deutschland und haben sich integriert, aber viele sind auch erst vor kurzem zu uns gekommen. Die Verwaltungen mussten/müssen sich auf die Ein- und Zuwanderung einstellen, sich interkulturell öffnen. Da die Verwaltung als Dienstleister den Bürger/Kunden im Fokus hat und Dienstleistung und dienstleistungsorientiertes Verhalten auch entsprechende Kompetenzen bei den Mitarbeitern erfordern, sind, bezogen auf die genannte Gruppe, interkulturelle Kompetenzen bei den Mitarbeitern unumgänglich.

217 Der Begriff „interkulturelle Kompetenz" wird gegenwärtig breit diskutiert und in unterschiedlichster Weise definiert.

218 Nachfolgend die Definition der Kommunalen Gemeinschaftsstelle für Verwaltungsmanagement (KGSt):
„Interkulturelle Kompetenz bezeichnet die Befähigung zum positiven und situationsgerechten Umgang zwischen Menschen unterschiedlicher Kulturen, Milieus und Lebensweisen. Interkulturelle Kompetenz ist also die soziale Kompetenz des Einzelnen im Kontakt zu Menschen mit einer anderen Weltsicht (‚Kultur'), die Ziele des eigenen Handelns gegenüber dem Anderen zur wechselseitigen Zufriedenheit verfolgen zu können."

219 Der Begriff der interkulturellen Kompetenz geht über das Kommunizieren hinaus. Er beinhaltet das Vermögen sich in Menschen unterschiedlicher Herkunft, in ihre Gefühle und Gedanken hineinzuversetzen.

220 Diese Kompetenz kann zu dem Ergebnis führen, dass die Kommunikation sowohl für den Mitarbeiter als auch für den Bürger zielführend zu einem befriedigenden Ergebnis führt.

VI AUFBAUORGANISATION

6.1 BEGRIFF

In der Organisationslehre wird zwischen Aufbau- und Ablauforganisation unterschieden. Basierend auf den zu erfüllenden Aufgaben, beschäftigt sich die Aufbauorganisation mit dem Aufbau einer Verwaltung (eines Betriebes) und damit mit der Bildung bzw. Einrichtung der notwendigen Organisationseinheiten. Die Aufbauorganisation zeigt die Gliederung der Verwaltung beispielsweise in Fachbereiche/Ämter, Abteilungen, Sachgebiete/ Gruppen und Stellen auf. Somit werden die Struktur und der Aufbau einer Organisation und die Beziehungen zwischen den Organisationseinheiten in ihr festgelegt. Sie beschäftigt sich mit der Kernfrage nach dem Aufgabenträger „Wer erfüllt die Aufgaben?“. 221

Dabei ist die Verwaltungsgliederung statisch und eher langfristig ausgelegt und im Sinne einer optimalen Zielerreichung zu organisieren. Hierbei ist zu beachten, dass es eine enge Beziehung zwischen Aufbau- und Ablauforganisation gibt. 222

6.2 ORGANISATIONSHOHEIT

Bevor wir uns mit dem inneren Aufbau der Verwaltung befassen, sollte die Frage beantwortet werden, ob Städte, Gemeinden oder Kreise überhaupt das Recht haben, den inneren Aufbau und die Abläufe eigenverantwortlich zu organisieren. 223

Diese Frage kann mit „Ja“ beantwortet werden. Dieses Recht ergibt sich aus Art. 28 Abs. 2 Grundgesetz. Die sich daraus ableitende **Organisationshoheit** lässt den Kommunalverwaltungen weitestgehend die Freiheit der Selbstorganisation. 224

Die Behörden und Kommunalverwaltungen können also grundsätzlich die von ihnen wahrzunehmenden Aufgaben nach den jeweiligen örtlichen Gegebenheiten zusammenfassen und zum Vollzug die Aufgaben den jeweiligen Organisationseinheiten zuweisen.[32] 225

32 Vgl. Verwaltungsorganisation (Siepmann/Siepmann 2004, S. 42).

Bei der Aufbauorganisation sind jedoch Rechtsvorschriften zu beachten. So sieht die Gemeindeordnung NRW z. B. vor, dass Kreisfreie Städte, Große und Mittlere kreisangehörige Städte eine örtliche Rechnungsprüfung einzurichten haben.

6.3 INNERER AUFBAU DER VERWALTUNG

6.3.1 AUFGABENANALYSE UND AUFGABENSYNTHESE

226 Die Aufgabe, die eine öffentliche Verwaltung (oder ein Betrieb) zu erledigen hat, steht im Mittelpunkt organisatorischen Handelns. Um die Verwaltung organisieren zu können, ist es unumgänglich, die Aufgaben zu erfassen und zu analysieren.

227 Unter AUFGABENANALYSE wird die Zerlegung und Gliederung einer Gesamtaufgabe in Aufgaben, Teilaufgaben bis hin zu Unteraufgaben (Arbeitsvorgänge, Tätigkeiten) verstanden. Der Sinn der Aufgabenanalyse ist es, alle Aufgaben zu erfassen und sie geordnet (von der Gesamtaufgabe bis zur Unteraufgabe) darzustellen. Einzelne, bei der Erledigung der Aufgaben zu beachtende Bestandteile werden durch die Aufgabenanalyse sichtbar.

228 Die AUFGABENSYNTHESE folgt auf die Aufgabenanalyse. Sie ist die Zusammenfassung von Teilaufgaben zu Aufgabenkomplexen für die Bildung von Organisationseinheiten (Stellen, Abteilungen, Ämter, Dezernate – siehe Kapitel 8).

229 Um den Bestand der Aufgaben zu ordnen, werden in der Organisationslehre Prinzipien zur Gliederung angewendet.

230 Die Aufgaben können nach sachlichen Gliederungskriterien geordnet und zu Aufgabengruppen bzw. Aufgabenhauptgruppen zusammengefasst werden. Die wichtigsten Gliederungskriterien (nach Kosiol) sind in diesem Zusammenhang die **Gliederung nach der Verrichtung und nach dem Objekt**.

231 Gliederung **nach** der Verrichtung

Die Aktivitäten, die zur Erreichung eines Sachziels einer Organisationseinheit ausgeübt werden, können als Verrichtungen bezeichnet werden. Die Verrichtungen werden dabei an einem Objekt durchgeführt. Insofern ist ein Zusammenhang zwischen Verrichtung und Objekt zu sehen.

232 *Beispiel:*
Die Stadt X möchte eine Musikschule, bestehend aus einer Veranstaltungshalle, Unterrichtsräumen und einer Cafeteria, bauen und betreiben. Im Rahmen der Analyse sind damit beispielhaft u. a. die Verrich-

tungen (Tätigkeiten) Grundstück erwerben, Bauarbeiten öffentlich ausschreiben, Bauarbeiten überwachen verbunden. Zusätzlich soll die Musikschule auch mit Musikinstrumenten und Unterrichtsmaterial ausgestattet werden.

Anhand dieses Beispiels sollen die Gliederungsprinzipien erläutert werden. 233

Darstellung: Analyse der Aufgaben nach der Verrichtung 234

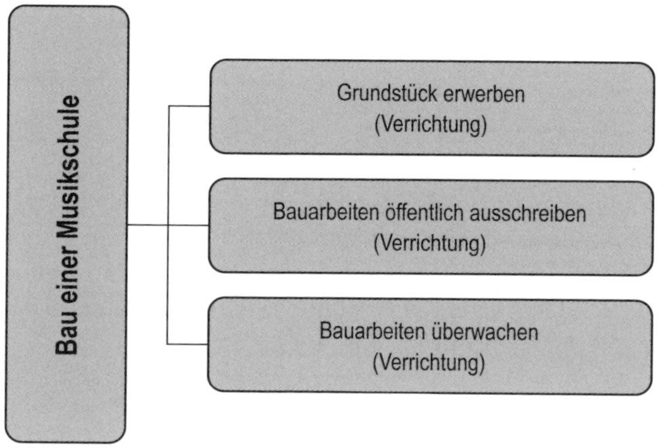

Der Abbildung ist – aus Gründen der Analyse – die differenzierte Betrachtung von Objekt und Verrichtung, aber auch der zwischen beiden bestehende Zusammenhang zu entnehmen. 235

Gliederung nach dem Objekt 236

Neben der Analyse der Aufgaben nach der Verrichtung ist ebenfalls die Gliederung nach dem Objekt möglich. Die Aufgabe wird hier nach den Objekten gegliedert, an denen sie durchgeführt wird. Beispielhaft die Darstellung der Analyse der Aufgaben nach dem Objekt.

Darstellung: Analyse der Aufgaben nach dem Objekt 237

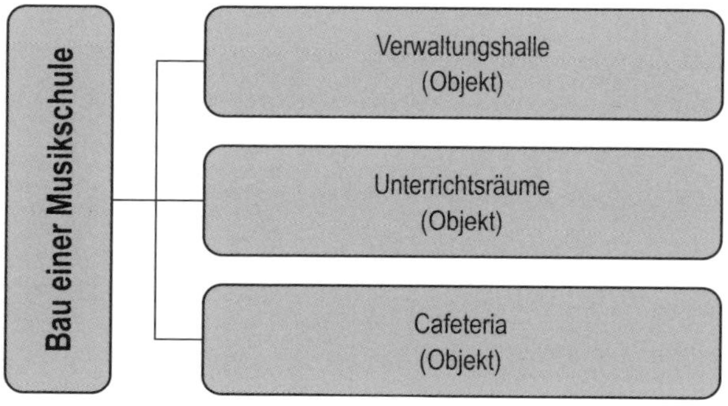

238 Ergänzend dazu wird bei der Gliederung unter den genannten Kriterien zwischen einer „Und-Gliederung“ und einer „Oder-Gliederung“ unterschieden.

239 Bezogen auf die Gliederung nach der Verrichtung bzw. nach dem Objekt, gibt es daher vier Gliederungsarten[33], die in der nachfolgenden Abbildung beschrieben sind:

240 ***Darstellung: Gliederungsarten***

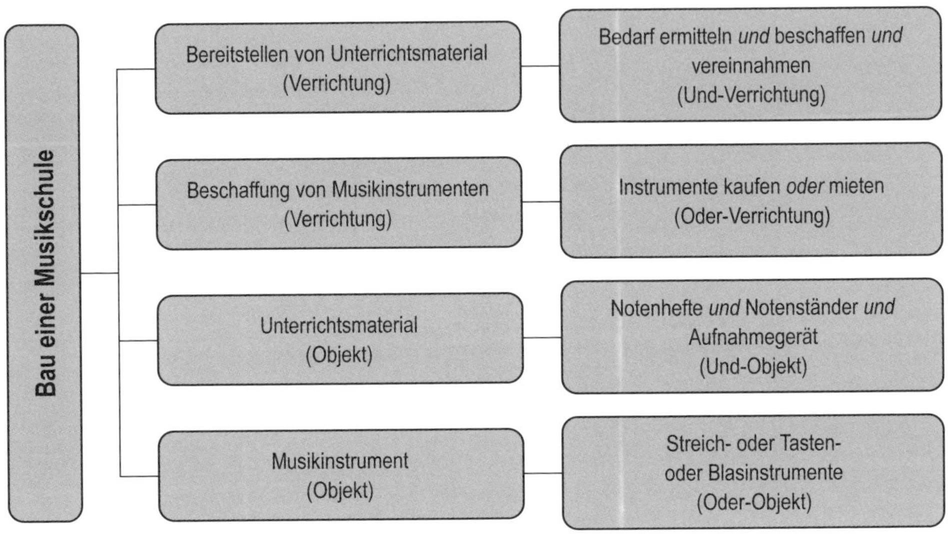

241 Abschließend soll darauf hingewiesen werden, dass bei dieser Gliederung **wesentliche Grundsätze** zu beachten sind.[34]

242 Zunächst einmal muss die Gliederung im Rahmen der Analyse ***vollständig*** sein. Vollständig ist sie dann, wenn sie sämtliche Möglichkeiten der Ausgliederung des vorangestellten Gliederungspunktes enthält.

243 *Beispiel:*

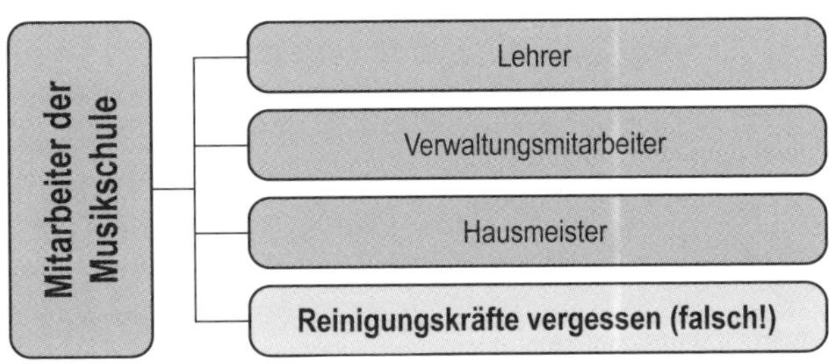

33 Vgl. Organisationsmanagement in Dienstleistung und Verwaltung (Bokranz/Kasten 4. Auflage, S. 41).
34 Vgl. Organisationslehre für Sozialmanagement und Sozialverwaltung – Kompakt (Moß 2012, S. 80–81).

Die Beachtung des Grundsatzes der ***Inhaltsgleichheit*** gewährleistet, dass auf jeder Gliederungsstufe die Summe der Teilaufgaben dem Inhalt der übergeordneten Aufgabe entspricht. 244

Beispiel: 245

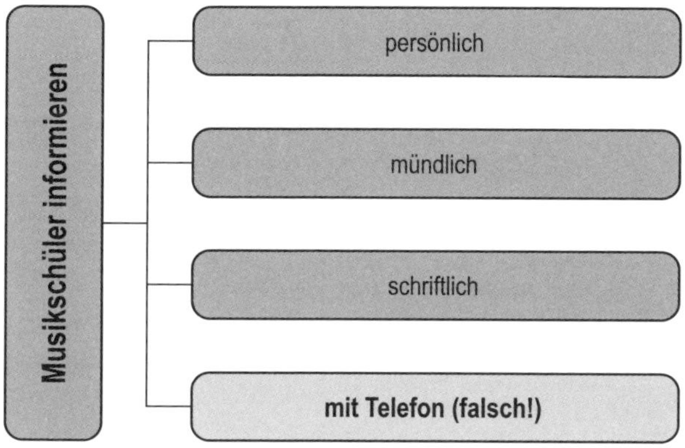

Mit dem Grundsatz der ***Einheitlichkeit*** soll erreicht werden, dass auf der gleichen Gliederungsstufe unter einem Gliederungspunkt nur nach einer Gliederungsart, nämlich Verrichtung oder Objekt bzw. Oder- oder Und-Gliederung gegliedert wird. 246

Beispiel: 247

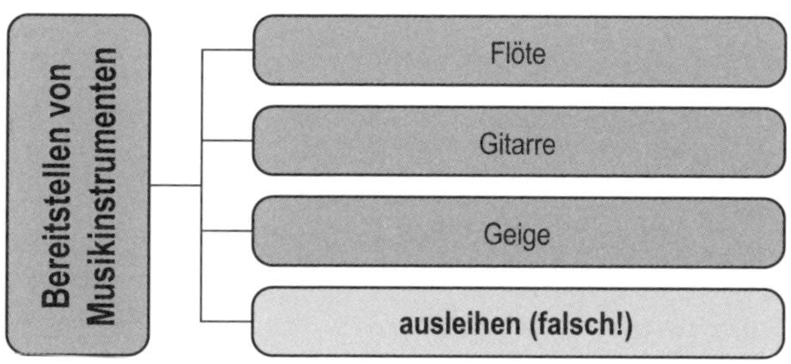

Weitere Beachtung ist dem Grundsatz ***Gliederungstiefe vor Gliederungsbreite*** zu schenken. Damit ist gemeint, dass an einem Gliederungspunkt eine Aufgabe nach Möglichkeit aus Gründen der Übersichtlichkeit in nicht in mehr als 7 Teile gegliedert werden sollte. Um Unübersichtlichkeit zu vermeiden, ist ggf. das Einfügen einer ZWISCHENSTUFE sinnvoll (siehe Schaubild). 248

249 *Beispiel (Gliederungsbreite):*

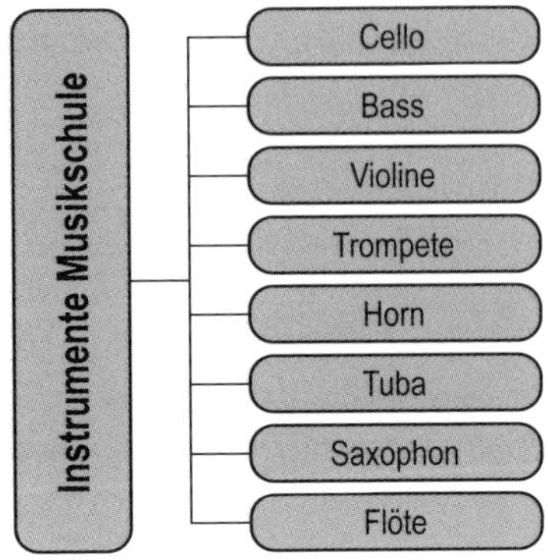

250 *Gliederungstiefe vor Gliederungsbreite*

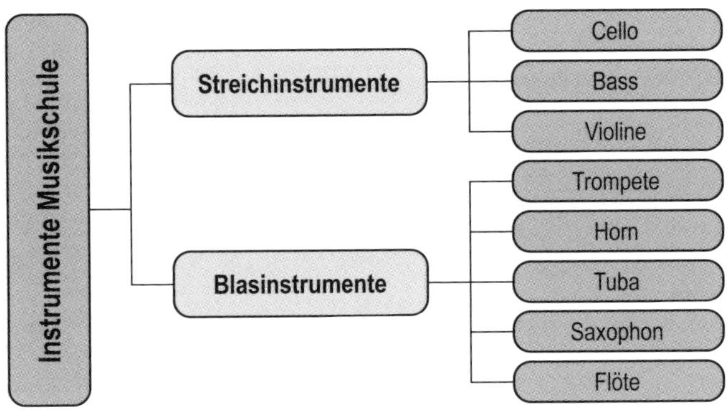

251 Ein weiteres in der Praxis relevantes **Kriterium zur Gliederung ist die Zweckbeziehung** der Aufgabe. Hier wird hinterfragt, ob die Teilaufgabe direkt (unmittelbar) oder indirekt (mittelbar) zur Aufgabenerfüllung beiträgt.[35]

252 *Beispiel:*
Die Aufgabe der Musikschule ist es u. a., die Schüler musikalisch an verschiedenen Instrumenten auszubilden. Für diese Aufgabe werden Ressourcen, nämlich Personal, Mittel und auch Finanzen (Geld) benötigt.

253 Die Bereitstellung dieser Ressourcen trägt nur mittelbar zur Aufgabenerfüllung (musikalische Ausbildung) bei. Während die unmittelbare Aufgabe die eigentliche FACHAUFGABE ist, wird diese mittelbare Aufgabe auch QUERSCHNITTSAUFGABE genannt.

---

35 Vgl. Verwaltungsorganisation (Siepmann/Siepmann 2004, S. 34 f.).

Zur Erfüllung von Querschnittsaufgaben können Organisationseinheiten gebildet werden. Es ist jedoch zu prüfen, inwieweit diese Zentralisierung der Aufgabe in eigens dafür gebildeten Organisationseinheiten sinnvoll bzw. zweckmäßig ist. 254

6.3.2 AUFGABENBESTAND / AUFGABENWANDEL / AUFGABENKRITIK

Dass den Aufgaben eine zentrale Bedeutung im Bereich des Organisationsmanagements zukommt, haben wir den bisherigen Ausführungen des Buches entnehmen können. 255

Auch die beschriebene Organisationstechnik der Aufgabenanalyse hat noch einmal verdeutlicht, wie wichtig es ist, die Aufgaben einer öffentlichen Verwaltung insgesamt zu erfassen. Die Erfassung aller Aufgaben einer Verwaltung bildet den AUFGABENBESTAND. 256

Jedoch ist der einmal ermittelte Aufgabenbestand nicht festgeschrieben, also unveränderbar. Die Aufgaben der Verwaltung sind einem ständigen WANDEL ausgesetzt. Dieser Wandel macht sich durch Aufgabenzuwächse oder durch den Wegfall von Aufgaben bemerkbar. Als Ursachen des Aufgabenwandels können veränderte oder neue Rechtsvorschriften, die politische Willensbildung, gesellschaftliche Entwicklungen oder interne Zwänge (finanzwirtschaftliche/personalwirtschaftliche Situation) der Verwaltung genannt werden. 257

Die öffentlichen Verwaltungen sind daher aufgefordert, ihre Aufgaben kontinuierlich zu überprüfen. Diese Überprüfung erfolgt durch die AUFGABENKRITIK. Bei der Aufgabenkritik wird zwischen der *Zweckkritik* und der *Vollzugskritik* unterschieden. 258

Bei der Zweckkritik ist zu hinterfragen, inwieweit die Aufgabe überhaupt noch wahrgenommen werden muss. Es ist zu prüfen, ob die Aufgabenerfüllung durch die Verwaltung zwingend erforderlich, politisch gewollt oder ggf. vom Bürger überhaupt erwünscht ist. 259

Die Vollzugskritik betrachtet die Art und Weise der Aufgabenerfüllung. Sie hinterfragt bestehende Arbeitsabläufe und Verfahrensweisen. 260

6.3.3 ORGANISATIONSPLÄNE

Beispiel: 261
Um zu wissen, welche Aufgaben die Stadt X hat, müssten alle Rechtsvorschriften und politischen Beschlüsse, vor dem Hintergrund der sich daraus ergebenden Aufgaben, analysiert werden.

Aufgabenanalyse bedeutet in diesem Zusammenhang, alle sich ergebenden Aufgaben (Gesamtaufgabe) in Teilaufgaben und in weitere Aufgabeneinheiten zu gliedern und nach dem sachlichen Zusammenhang zu ordnen (siehe oben). 262

263 Durch die Aufgabenanalyse können zwar alle Aufgaben systematisch in ihren Zusammenhängen erfasst werden, jedoch ist selbst für den Laien erkennbar, dass damit ein enormer Arbeitsaufwand verbunden ist. Da es bereits Gemeinden, Städte mit vergleichbaren Aufgaben gibt, kann man darauf zurückgreifen.

264 Für die Gestaltung der Aufbauorganisation der Verwaltung ist es dennoch erforderlich, sämtliche Aufgaben zu erfassen. Ein Ergebnis des Analyse-/Synthesemodells sind daher organisatorische Pläne, u. a. der AUFGABENGLIEDERUNGSPLAN.

265 Der Aufgabengliederungsplan weist die nach dem Sachgesichtspunkt geordneten Aufgaben einer Verwaltung nach einem Dezimalsystem **Aufgabenhauptgruppen**, **Aufgabengruppen und Teilaufgaben** zu. Es findet dabei jedoch keine Zuordnung von Einzelaufgaben auf Stellen statt.

266 Die KGSt (Kommunale Gemeinschaftsstelle für Verwaltungsmanagement in Köln) hat bereits vor vielen Jahren (1979) ein Muster eines Aufgabengliederungsplanes entwickelt, an dem sich teilweise heute noch Kommunen orientieren.

267 Es macht daher Sinn, den Musterplan der KGSt in seiner Systematik kurz vorzustellen.

268 Der Aufgabengliederungsplan gliedert sich in acht Aufgabenhauptgruppen, denen in einer unterschiedlichen Anzahl Aufgabengruppen mit wiederum mehreren Teilaufgaben zugeordnet sind.

269 ***Darstellung: Aufgabengliederungsplan (Muster)***

Aufgabenhauptgruppen	**Aufgabengruppe** Beispiel: Aufgabenhauptgruppe 1	**Teilaufgaben** Beispiel: Aufgabengruppe 11
1. Allgemeine Verwaltung 2. Finanzen 3. Recht, Sicherheit und Ordnung 4. Schule und Kultur 5. Soziales, Jugend, Gesundheit 6. Bauen 7. Öffentliche Einrichtungen 8. Wirtschaft und Verkehr	10 Zentrale Verwaltungsaufgaben 11 Personal 12 Statistik und Wahlen 13 Presse-/Öffentlichkeitsarbeit 14 Rechnungsprüfung	11 1. Personalgewinnung 11 2. Personaleinsatz 11 3. Personalentwicklung 11 4. Personalbetreuung

270 Beachtet man die unterschiedlichen Größen der Städte und Gemeinden in Deutschland, dann ist die logische Konsequenz, dass die unterschiedlichen Gegebenheiten und Bedürfnisse der Verwaltungen sich im Aufgabengliederungsplan widerspiegeln.

271 Ansonsten stellt der Aufgabengliederungsplan die Grundlage für andere organisatorische Pläne dar. An dieser Stelle erfolgt jedoch der Hinweis, dass die Produktsicht in der Ver-

waltung mehr und mehr Einzug gehalten hat und sich dieses auch durch veränderte Pläne (siehe an anderer Stelle) zeigt.

Der Aufgabengliederungsplan stellt zwar zusammenfassend die Aufgaben einer *Kommunalverwaltung* dar, beantwortet aber nicht die Frage, wer diese Aufgaben erfüllt. Als Resultat einer Aufgabensynthese werden die in der Verwaltung wahrzunehmenden Aufgaben durch den VERWALTUNGSGLIEDERUNGSPLAN entsprechenden Organisationseinheiten zugeordnet (Aufgabenverteilung). Legen wir die dem Aufgabengliederungsplan zu entnehmenden Stufen Aufgabenhauptgruppen, Aufgabengruppen und Aufgaben/Teilaufgaben zugrunde, so werden auf kommunaler Ebene den Aufgabenhauptgruppen Einzelverwaltungen (oft auch Dezernate genannt), den Aufgabengruppen Ämter (auch Fachbereiche genannt) und den Teilaufgaben Abteilungen oder Sachgebiete bzw. Gruppen zugeordnet. 272

Durch den Verwaltungsgliederungsplan lässt sich die Aufbauorganisation der Verwaltung erkennen. Der Verwaltungsgliederungsplan wird in der Regel in tabellarischer Form oder durch ein organisatorisches Schaubild, das Organigramm, grafisch dargestellt. Die Organisationseinheiten werden kurz bezeichnet und mit Organisationskennziffern (Dezimalsystem) versehen. 273

Folgend eine Kurzdarstellung eines Verwaltungsgliederungsplans, der sich an dem Muster der KGSt (siehe auch Aufgabengliederungsplan) orientiert, sich aber in diesem Beispiel nur auf zwei Einzelverwaltungen/Dezernate und die dazugehörigen Ämter beschränkt. 274

Darstellung: Auszug Verwaltungsgliederungsplan Kommunalverwaltung (Muster) 275

Aufgabenhauptgruppe	**Einzelverwaltung**	1. Allgemeine Verwaltung	2. Finanzverwaltung
Aufgabengruppe	**Ämter**	10 Hauptamt 11 Personalamt 12 Amt für Statistik und Wahlen 13 Presseamt 14 Rechnungsprüfungsamt	20 Kämmerei 21 Stadtkasse 22 Steueramt 23 Liegenschaftsamt

Nicht nur die Größe einer Kommunalverwaltung hat Einfluss auf den Behördenaufbau, sondern auch die verschiedenen staatlichen Verwaltungsebenen. So ist bei staatlichen Behörden oftmals ein anderer Behördenaufbau im Vergleich zu Kommunalbehörden zu finden. Hier können beispielsweise Aufgabenhauptgruppen Abteilungen oder Referate und Aufgabengruppen Sachgebiete oder Gruppen zugewiesen werden. 276

Während der Aufgabengliederungsplan die Aufgaben einer Verwaltung darstellt und der Verwaltungsgliederungsplan diesen Organisationseinheiten zuordnet, regelt der DEZER- 277

NATSVERTEILUNGSPLAN (lat. *decernere* – entscheiden) die Geschäftsverteilung. Deshalb wird im Sprachgebrauch der Dezernatsverteilungsplan auch als GESCHÄFTSVERTEILUNGSPLAN bezeichnet.

278 Auch hier wird die Begrifflichkeit in Abhängigkeit von der Größe der Behörde und der Verwaltungsebene unterschiedlich benutzt. So können sich auf Landesebene mehrere Dezernate in einer Abteilung befinden oder in Ministerien kann anstelle des Begriffs Dezernat auch der Begriff Referat verwandt werden. Bei der folgenden Betrachtung der Kommunalebene sind Dezernate die oberste Hierarchieebene.

279 Anhand der Darstellung eines Dezernatsverteilungsplans soll dieser kurz beschrieben werden.

280 ***Darstellung: Dezernatsverteilungsplan der Stadt X (siehe nächste Seite)***

281 Im Sinne der kommunalverfassungsrechtlichen Regelung leitet grundsätzlich der Oberbürgermeister bzw. Bürgermeister die Geschäfte einer Verwaltung. Die alleinige Leitung einer Einzelperson zuzumuten ist nicht vertretbar, sodass zur Entlastung Dezernate/Geschäftsbereiche gebildet werden, die von Dezernenten geleitet werden.

282 Der Dezernatsverteilungsplan legt also den Geschäftsbereich eines Dezernenten fest. Ihm ist demzufolge zu entnehmen, wer die Organisationseinheiten leitet. Wie oben erwähnt, bestimmt in der Regel die Größe der Verwaltung die sich aus der Hauptsatzung einer Kommune ergebende Anzahl der Dezernate und damit auch der Dezernenten (Beigeordneten). In diesem Zusammenhang sei erwähnt, dass Beigeordnete/Dezernenten kommunale Wahlbeamte auf Zeit sind und unter Beachtung der Kommunalverfassung[36] vom (Stadt-)Rat gewählt werden.

283 Erkennbar sind im Dezernatsverteilungsplan der allgemeine Vertreter des Oberbürgermeisters sowie die Dezernenten und deren Vertreter. Bei der Festlegung der Dezernate bzw. Zuordnung der Organisationseinheiten zu den Geschäftsbereichen ist nicht selten eine Abweichung von den bisher erläuterten Plänen zu erkennen. Die Gründe für mögliche Abweichungen können sich u. a. aus sachlichen bzw. fachlichen Zusammenhängen unterschiedlichster Aufgaben, der Qualifikation der Dezernenten und auch aus politischen Aspekten ergeben.

---

36 Siehe § 71 GO NRW.

Dezernatsverteilungsplan Leitung der Stadtverwaltung: Oberbürgermeister A. **Stadtverwaltung X**
Allgemeiner Vertreter: Stadtdirektor B. Stand:

Dezernat OB Dezernat des Oberbürgermeisters	**Dezernat I** Dezernat Bürgerservice, Personal, Organisation, Ordnung, Brandschutz und IT	**Dezernat II** Dezernat für Finanzen- und Beteiligungsmanagement	**Dezernat III** Dezernat für Planung , Bau und Wirtschaft	**Dezernat IV** Dezernat für Bildung, Jugend und Familie	**Dezernat V** Dezernat für Soziales, Integration, Kultur, Sport
Oberbürgermeister A Vertreter: Stadtdirektor B	Stadtrat C Vertreter: Stadtkämmerer D	Stadtkämmerer D Vertreter: Stadtrat C	Stadtbaurat E Vertreter: D	Stadtdirektor B Vertreterin: F	Stadträtin F Vertreter: B
11 Amt des Oberbürgermeisters 12 Presse- und Informationsamt 13 Rechnungsprüfung (dem Rat unterstellt) 16 Frauenbüro	10 Personal- und Organisationsamt 32 Ordnungsamt 33 Amt für Bürgerservice 34 Rechtsamt 37 Feuerwehr	20 Amt für Finanzen und Beteiligungen 17 Bezirksverwaltungen	61 Amt für Stadtplanung, Verkehrsplanung 62 Vermessungs- und Katasteramt 63 Bauordnungsamt 64 Tiefbauamt	40 Amt für Schule/Weiterbildung 51 Amt für Kinder, Jugendliche und Familien	35 Ausländeramt 41 Kulturamt 42 Stadtbücherei 43 Stadtmuseum 44 Stadtarchiv 50 Sozialamt 52 Sportamt 53 Amt für Gesundheit, Veterinärwesen

284 Ein weiterer organisatorischer Plan ist der DIENSTVERTEILUNGSPLAN. Im Dienstverteilungsplan werden die Aufgaben einer Organisationseinheit, in der Regel Ämter bzw. Fachbereiche, auf die zugeordneten Abteilungen, Sachgebiete, Gruppen und Stellen verteilt. Er enthält zusätzliche Informationen, wie Funktionsbezeichnungen (Amtsleiter, Abteilungsleiter, Sachgebietsleiter, Gruppenleiter), Zuordnung von Mitarbeitern zu den einzelnen Stellen sowie Vertretungsregelungen.

285 Parallel zum Dienstverteilungsplan haben die öffentlichen Verwaltungen bzw. Kommunalverwaltungen nach haushaltsrechtlichen Vorschriften bzw. der Gemeindeordnung und Gemeindehaushaltsverordnung einen *Stellenplan*, als Anlage zum Haushaltsplan und als Grundlage für die Personalwirtschaft, aufzustellen. Durch den Stellenplan werden alle Stellen, bezogen auf die Gesamtzahl in den unterschiedlichen Besoldungs- und Entgeltgruppen, dargestellt. Eine ergänzende Übersicht nimmt die Zuweisung der Stellen auf die Bereiche/Produktbereiche vor (Stellenübersicht).

286 Es ist nicht selten vorzufinden, dass Dienstverteilungs- und Stellenplan begrifflich miteinander verknüpft werden.

287 Durch die Einführung von **Organisations- und Personalmanagementsystemen** erfolgt die Erstellung dieses Plans technikunterstützt. Aus diesem Grunde finden wir, je nach Anwendungssoftware, unterschiedliche Bezeichnungen, sodass sich hinter der Begrifflichkeit Stellenplan oftmals, insbesondere in größeren Gemeinden und Städten, die angesprochene Zusammenfassung des Dienstverteilungs- und des eigentlichen Stellenplans verbirgt.

288 Bei den Ausführungen zum Aufgabengliederungsplan wurde bereits darauf hingewiesen, dass die ***Produktsicht*** in der Verwaltung Einzug gefunden hat. Die Verbindung vom Aufgabengliederungsplan hin zum Produktplan darzustellen hat auch seinen Grund.

289 Die Entwicklung der öffentlichen Verwaltung weist u. a. eine Erweiterung des Aufgabenspektrums auf, die neben den klassischen, hoheitlichen Aufgaben von immer mehr Dienstleistungen geprägt ist. Die Verwaltung von heute sieht sich also eher auch als Produzent von Dienstleistungen. Wie wir bereits erfahren haben, haben damit zugleich die Anforderungen an eine kunden- und serviceorientierte Verwaltung zugenommen. Das bedeutet auch, dass der Fokus auf eine ergebnisorientierte (outputorientierte) Steuerung gelegt werden sollte.

290 Deshalb ist es aus Sicht der modernen Verwaltung erforderlich, die Leistungen der Verwaltung für die Kunden (Bürger) als Produkte zu beschreiben und systematisch in einem Plan, dem PRODUKTPLAN, abzubilden.

291 Dabei werden die folgenden Ausführungen sich auf ein wesentliches Maß beschränken, da davon ausgegangen werden kann, dass diese inhaltliche Thematik im Bereich „Finanzwesen/Finanzmanagement" ausführlicher behandelt wird, weil mit der Produktorientierung die Einführung von *Produkthaushalten* verbunden ist.

Bevor wir näher auf den Produktplan eingehen, sollten wir den **Begriff Produkt** zunächst einmal klären. 292

Als Produkt wird eine Leistung oder eine Gruppe von Leistungen beschrieben, die von einer Organisationseinheit für Stellen innerhalb oder auch außerhalb der Verwaltung erstellt und i. d. R. auch nachgefragt werden.[37] Dabei sind Leistungen Arbeitsergebnisse durch die Ausübung von Arbeitsschritten bzw. Tätigkeiten im Rahmen einer Aufgabenerfüllung. Ein Produkt erfasst sachlich eng miteinander verbundene Leistungen. 293

In der Praxis wird zwischen **internen** und **externen** Produkten unterschieden. Interne Produkte sind oftmals als sogenannte Serviceleistungen an andere Organisationseinheiten innerhalb der Verwaltung gerichtet und verlassen diese daher nicht, während externe Produkte für Kunden (Bürger) außerhalb der Verwaltung bestimmt sind. 294

Beispiele:

Interne Produkte 295
Das Personalamt qualifiziert Personal für die Aufgabenwahrnehmung im Amt für Soziales.
Das Organisationsamt führt eine Organisationsuntersuchung im Amt für Soziales durch.
Die Zentralen Dienste reinigen die Räumlichkeiten im Amt für Soziales.

Externe Produkte 296
Das Amt für Soziales berät die Bürger im Rahmen der Antragstellung (Sozialleistung).
Das Tiefbauamt baut und unterhält Straßen im Stadtgebiet.
Die Musikschule bietet Klavierunterricht an.

Das Produkt (Output) ist die zentrale Steuerungsgröße im Rahmen einer outputorientierten Steuerung. Deshalb steht *am Anfang die Beschreibung der Produkte*. Das bedeutet, dass die Leistungen der Verwaltung in den Organisationseinheiten als Produkte definiert werden müssen; es müssen Produkte gebildet werden. 297

Die Bezeichnung, der Inhalt, die Ziele und Zielgruppen, die Leistungsquantität und -qualität, die damit verbundenen Ressourcen sowie der/die Verantwortliche(n) müssen der Produktdefinition ebenso zu entnehmen sein wie die Zuordnung zu Produktgruppen und Produktbereichen. Letztendlich enthält die Beschreibung alle steuerungsrelevanten Informationen. 298

---

37 KGSt-Bericht 1994, S. 11, leicht verändert.

299 *Beispiel (verkürzt) einer Produktbeschreibung (Jugendamt)*

Produkt: Beistandschaft/Amtsvormundschaft (51.01.03)
Produktgruppe: Hilfen für Familien, Minderjährige und junge Volljährige (51.01)
Produktbereich: Kinder-, Jugend- und Familienhilfe (51)
Produktverantwortliche(r): Frau/Herr …
***Produktbeschreibung (Kurzbeschreibung)*:** Beistandschaft: Bei der Beistandschaft handelt es sich um Tätigkeiten, die gem. §§ xxx für eine Vaterschaftsfeststellung und die Verwirklichung von Unterhaltsansprüchen erforderlich sind. (etc.) Vormundschaft: Die gerichtlich angeordnete Amtsvormundschaft gem. §§ xxx umfasst die Tätigkeiten der gesetzlichen Vertretung, Betreuung, Beratung des Kindes anstelle eines oder beider Elternteile. …
Auftragsgrundlage: Pflichtaufgaben nach SGB VIII, §§ xxx (siehe auch Beschreibung)
Zielgruppe: Familien, Minderjährige und junge Volljährige
Ziel: Vaterschaftsfeststellung und die Verwirklichung von Unterhaltsansprüchen …
Leistungsumfang: Beistandschaft Vaterschaftsfeststellung und die Verwirklichung von Unterhaltsansprüchen Vollstreckungsmaßnahmen Vormundschaft …
Budget (Finanzen) Jahr 1/Jahr 2/Jahr 3 Ausgaben insgesamt (Ausgaben aufgeschlüsselt – Personalkosten, Sachkosten …) Einnahmen … Überschuss/Defizit› Investitionen
Quantitäts-/Qualitätsdaten (Kennzahlen) Zahl der Fälle Beistandschaft pro Mitarbeiter Durchschnittliche Bearbeitungszeit pro Fall Kosten pro Fall Zahl der geltend gemachten Ansprüche Wartezeiten der Bürger …
Sonstige Hinweise:

Die Zuordnung zu Produktgruppen und -bereichen weist auf eine Produkthierarchie hin. 300
Die Produkthierarchie ist abhängig von der Größe der Verwaltung. Um eine übergeordnete Steuerung zu ermöglichen, sollen Produkte zu Produktgruppen und Produktgruppen zu Produktbereichen zusammengefasst werden.

Beispiel Produkthierarchie 301

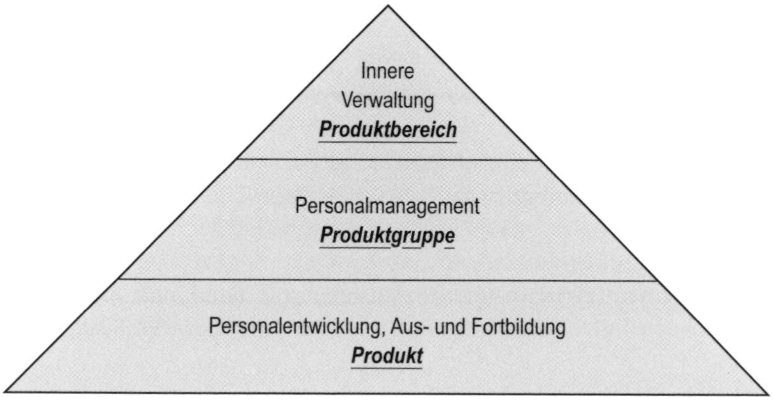

Die Produktbildung in ihrer Beschreibung und Hierarchie erfüllt gewisse Erwartungen an 302
die Verwaltung. Sie ist u. a. Bindeglied zwischen Kunden (Bürger) und Verwaltung, macht das Handeln der Verwaltung nachvollziehbarer, ermöglicht die Betrachtung von Ergebnissen und lässt Vergleiche mit anderen Institutionen zu.

Aus der Produktbildung entsteht der Produktplan. Der Produktplan ist ein von einer öf- 303
fentlichen Verwaltung erstellter, verwaltungsspezifischer Gliederungsplan, der die Produktstruktur festlegt. Der Produktplan untergliedert sich, wie oben dargestellt, in Produktbereiche, Produktgruppen und Produkte.
Die Ebene der Produktbereiche orientiert sich dabei an einem vorgegebenen Produktrahmen.

Produktbereiche (für Nordrhein-Westfalen) 304

01. „Innere Verwaltung"	10. „Bauen und Wohnen"
02. „Sicherheit und Ordnung"	11. „Ver- und Entsorgung"
03. „Schulträgeraufgaben"	12. „Verkehrsflächen und -anlagen, ÖPNV"
04. „Kultur und Wissenschaft"	13. „Natur- und Landschaftspflege"
05. „Soziale Leistungen"	14. „Umweltschutz"
06. „Kinder-, Jugend- und Familienhilfe"	15. „Wirtschaft und Tourismus"
07. „Gesundheitsdienste"	16. „Allgemeine Finanzwirtschaft"
08. „Sportförderung"	17. „Stiftungen"
09. „Räumliche Planung und Entwicklung, Geoinformationen"	

Von der Produktorientierung bzw. den Produkthaushalten wird auch die **Organisation** 305
der Verwaltung beeinflusst.

306 Die recht eingehende Beschreibung der Produkte lässt aus organisatorischer Sicht eine kritische Betrachtung zu (siehe auch Aufgabenkritik).

307 Bedeutsamer ist jedoch, dass durch die Produktsicht auch Veränderungen in der Aufbau- und Ablauforganisation entstehen können. Das Ziel sollte dabei sein, die Aufgaben kundenorientiert und möglichst wirtschaftlich zu erfüllen.

308 Ähnlich wie bei der analytischen Vorgehensweise zum Aufgabengliederungsplan müsste jede Verwaltung zunächst einmal erfassen, welche Produkte sie anbieten muss bzw. möchte. Der erste Schritt wäre also die Produktbildung. Der nächste Schritt beschäftigt sich dann mit der Gestaltung der produktbezogenen Arbeitsabläufe/Prozesse. Im Anschluss daran sollte in einem weiteren Schritt die Aufbauorganisation entsprechend der Produktstruktur angepasst werden.

309 **Folgt man dieser Vorgehensweise, so passt sich idealerweise die Organisation der Verwaltung der Produktstruktur an.** Daraus ergibt sich auch die Konsequenz, dass für einen Produktbereich bzw. eine Produktgruppe immer nur eine Organisationseinheit (z. B. Dezernat bzw. Amt) verantwortlich ist.

310 Diese Idealvorstellung praktisch umzusetzen erweist sich insbesondere in Großverwaltungen mit ihren bestehenden Strukturen als oftmals schwierig.

6.4 ORGANISATIONSEINHEITEN

311 Die formale Organisation der Verwaltung wird von ORGANISATIONSEINHEITEN als den grundlegendsten Elementen geprägt. Deshalb werden ergänzend zu den bisherigen Ausführungen die klassischen Organisationseinheiten der Verwaltung kurz erläutert.

312 In dem Abschnitt „Organisatorische Pläne“ wurde u. a. festgestellt, dass der Aufgabengliederungsplan zusammenfassend die Aufgaben der Kommunalverwaltung darstellt, nicht jedoch die Zuordnung der Aufgaben zu Organisationseinheiten vornimmt. Deshalb ist es in einem weiteren Schritt erforderlich, dass Mitarbeiter der Verwaltung zur Aufgabenerfüllung bzw. zur Erfüllung bestimmter Teilaufgaben den Organisationseinheiten zugeordnet bzw. in Organisationseinheiten zusammengefasst werden.

313 Der Begriff „**Organisationseinheit**“ erstreckt sich auf alle organisatorischen Einheiten, die durch eine Zusammenfassung von Teilaufgaben und die Zuordnung zu gedachten, abstrakten Personen entstehen.[38] Die Organisationseinheiten selbst stehen in horizontaler oder auch vertikaler Beziehung zueinander (siehe auch Kapitel „Lineare Strukturen“).

38 Vgl. Organisation (Vahs 2012, S. 63).

Die kleinste Organisationseinheit in einer Organisation und somit auch in der Verwaltung, ist die STELLE (siehe auch nachfolgendes Kapitel „Aufbau der Verwaltung"). Die Stelle als das Basiselement der Aufbauorganisation umfasst einen konkreten Aufgabenbereich/die dauerhaft wahrzunehmenden Tätigkeiten einer gedachten Person[39], die über die erforderlichen Qualifikationen und ein „normales" Leistungsvermögen verfügt. Die Stelle ist mit bestimmten Kompetenzen (Befugnissen) ausgestattet. Es kann insbesondere zwischen zwei unterschiedlichen Arten von Stellen, nämlich Ausführungsstellen (Stellen für Sachbearbeiter) und Leitungsstellen (Stellen für Führungskräfte), unterschieden werden. 314

Die Struktur einer Verwaltung ergibt sich somit aus der Summe aller Stellen, der Einordnung der Stellen in dem Liniensystem Verwaltung (siehe Kapitel „Lineare Strukturen") und der Ergänzung der Linienorganisation durch Gremienarbeit (siehe Kapitel „Kollegiale Strukturen"). Die Aufbauorganisation wird wesentlich durch die Zusammenfassung von Stellen unter einer Leitung bestimmt, wobei in diesem Zusammenhang zu entscheiden ist, in wie viele Hierarchieebenen die Gesamtorganisation überhaupt gegliedert werden soll. 315

Über der Stelle befindet sich hierarchisch in der Aufbauorganisation der Verwaltung häufig die Organisationseinheit eines SACHGEBIETES. In einem Sachgebiet werden Stellen – in Abhängigkeit von der Zusammengehörigkeit der Aufgaben – zusammengefasst. Die Erfüllung der Aufgaben einer Verwaltung findet überwiegend auf dieser Ebene statt. 316

Der hierarchisch darüber folgenden ABTEILUNG können die zusammengehörenden Sachgebiete zugeordnet werden. Die Abteilung ist die Ebene zwischen den darunterliegenden Organisationseinheiten und der oberen Verwaltungsebene (Zwischenhierarchie). Sie leitet die nachgeordneten Organisationseinheiten und stellt die Information und Kommunikation in vertikaler Linie sicher. 317

Den Abteilungen folgt als übergeordnete und bedeutende Organisationseinheit in Kommunen das AMT (bzw. der Fachbereich). Das Amt dient der Ausführung einer Aufgabengruppe (s. o.), hat oftmals eine eigenständige Außenwirkung und entlastet durch die Leitung den Dezernenten von seinen Leitungsaufgaben. Blicken wir auf die Gliederung der Aufgabe nach der **Zweckbeziehung** zurück, so wurde dort hinterfragt, ob die Teilaufgabe direkt (unmittelbar) oder indirekt (mittelbar) zur Aufgabenerfüllung beiträgt. Es wurde nach Fach- und Querschnittsaufgaben unterschieden, für die entsprechende Organisationseinheiten gebildet werden können. In diesem Zusammenhang kann deshalb eine Unterscheidung in FACHÄMTER (Facheinheiten) und QUERSCHNITTSÄMTER (auch sog. Dach- oder Zentraleinheiten) erfolgen, in denen Aufgaben zentralisiert werden, die in allen Organisationseinheiten anfallen. 318

Daraus ergibt sich, dass Ämter in der Regel nach dem Sachgesichtspunkt zu Geschäftsbereichen, die in Kommunalverwaltungen die Bezeichnung DEZERNAT haben (siehe auch Dezernatsverteilungsplan), zusammengeführt werden. 319

---

39 In Ausnahmefällen kann die Stelle sich auch auf eine konkrete Person beziehen.

320 Betrachten wir den aus den bisherigen Erläuterungen abzuleitenden Aufbau der Verwaltung, so ist festzustellen, dass Organisationseinheiten mithilfe von Leitungsbeziehungen zu einer hierarchisch gegliederten Organisation, der Linienorganisation (siehe nachfolgendes Kapitel). verbunden werden.

321 Als weitere Organisationseinheiten gibt es in Ergänzung zur Linienorganisation STÄBE sowie ARBEITS-, PROJEKTGRUPPEN UND TEAMS. Zwar werden sie in diesem Buch unter „Kollegialen Strukturen" eingehender beschrieben, jedoch gibt es unterstützende Stellen, die an dieser Stelle erwähnt werden sollten.

322 Eine solche Organisationseinheit ist die ZENTRALE STEUERUNGSUNTERSTÜTZUNG. Die Zentrale Steuerungsunterstützung ist eine Stabsgruppe oder -abteilung, die zur Unterstützung der obersten Verwaltungsleitung (Dezernentenebene in der Kommune) eingerichtet wird. Sie unterstützt die Leitung in ihren Führungsaufgaben bzw. bei der strategischen Aufgabenwahrnehmung, indem sie z. B. entscheidungsrelevante Informationen gewinnt und aufbereitet oder Vereinbarungen oder Richtlinien entwirft oder überarbeitet.

323 Neben der Zentralen Steuerungsunterstützung ist das ZENTRALE CONTROLLING als Stabsstelle oder -abteilung unterstützend für die Führungsstellen tätig, indem es Informationen gewinnt, den Zielerreichungsgrad ermittelt und Steuerungsmaßnahmen vorschlägt (siehe auch Ausführungen zu speziellen Steuerungsinstrumenten – Controlling).

324 Neben dem oben erwähnten klassischen Kommunalen Amt gibt es auch den FACHBEREICH als Organisationseinheit. Diese Bezeichnung wurde bereits bei der Nennung des kommunalen Amtes verwandt. Dieses liegt daran, dass die Begrifflichkeit in unterschiedlichen öffentlichen Verwaltungen auf unterschiedlicher Ebene nicht klar abgrenzbar ist. In Kommunalverwaltungen wird der Begriff nicht selten als Synonym für den Begriff „Amt" gebraucht, obwohl die KGSt diesen in Abgrenzung bereits beschrieben hat.

325 Der Fachbereich ist demnach eine Organisationseinheit, die hinreichend groß ist und auf der Grundlage von Fach- und Ressourcenverantwortung Leistungen mit Außenwirkung erbringt.[40] Da die Ressourcenverantwortung bei den Fachbereichen liegt, werden die o. g. Querschnittsämter geschwächt.

326 Des Weiteren finden wir in öffentliche Verwaltungen SERVICESTELLEN. Sie erbringen als Serviceeinheiten interne Leistungen für andere Organisationseinheiten der Verwaltung und verrechnen diese. Da die Produkte im Idealfall (intern) verrechnet werden, ist hier der Vergleich mit externen Anbietern gegeben. Deshalb sollte die abnehmende Organisationseinheit in ihrer Entscheidung frei sein und diese nur abhängig von dem Produkt und den Kosten machen können. Dieses führt dazu, dass die Aufgaben effizienter und effektiver durchgeführt werden. Als typische Beispiele sind Leistungen der Informationstechnik, der Druckerei oder Organisation zu nennen.

40 Vgl. KGSt 1999 (4, 48).

6.5 PRIVATISIERUNG

Nicht nur durch die angespannte Haushaltssituation ist ein Weg zu mehr Eigenverantwortung des Bürgers bzw. der Privatwirtschaft zu erkennen. Es hat sich ein Wandel bei der Erfüllung staatlicher Aufgaben vollzogen. Nicht alle bisherigen Tätigkeiten der öffentlichen Hand werden durch Mitarbeiter im öffentlichen Dienst ausgeübt, sondern private Firmen werden mit der Aufgabenwahrnehmung beauftragt. 327

Der Begriff der PRIVATISIERUNG ist kein eindeutiger Rechtsbegriff und nicht klar definiert. 328 Er beinhaltet unterschiedlichste Maßnahmen der öffentlichen Hand, mit dem Ziel, eine Verschiebung der Aufgabenverantwortung zugunsten einer gesellschaftlichen Übernahme vorzunehmen. Somit werden Aufgaben, die bisher von staatlicher Seite wahrgenommen wurden, auf private Unternehmen übertragen.

Bei der Privatisierung kommt es also zu einer Teilung bzw. Verschiebung der Verantwor- 329 tung, die in unterschiedlicher Intensität erfolgen kann. Die unterschiedliche Ausprägung der Übernahme von Aufgaben und Verantwortung führt zu den unterschiedlichsten Organisations- und Rechtsformen, die zum näheren Verständnis dargestellt werden.

Die wichtigsten Arten der Privatisierung sind die MATERIELLE und die FORMELLE PRIVATI- 330 SIERUNG.

Bei der MATERIELLEN PRIVATISIERUNG, die auch als **echte** Privatisierung bezeichnet wird, 331 werden die staatlichen Aufgaben auf private Unternehmen im vollen Umfang übertragen. Damit hat die öffentliche Hand keinen Einfluss mehr und überlässt die Verantwortung den „Privaten".

In Konsequenz bedeutet das, dass die öffentliche Hand sich mit ihren Ressourcen (Perso- 332 nal, Sachmittel, Finanzen) aus der Aufgabenwahrnehmung zurückzieht. Die Verantwortung ggf. verbunden mit Risiken geht auf den privaten Leistungserbringer (z. B. Einzelpersonen oder Unternehmen) über. Demzufolge entscheiden die privaten Unternehmen auch darüber, ob und in welcher Art und Weise sie die Aufgabe erfüllen. Dabei orientieren sie sich am Markt. Mit der Aufgabenverlagerung kann auch eine Übertragung des Eigentums auf Private verbunden sein. In diesem Zusammenhang wird dann von *Vermögensprivatisierung* gesprochen.

> *Beispiel:* 333
> *Ein in öffentlicher Trägerschaft befindliches Klinikum (Städtisches Klinikum) wird in vollem Umfang an einen privaten Klinikbetreiber veräußert.*

Folgt man den Ausführungen, so ist festzustellen, dass die materielle Privatisierung die 334 komplexeste Möglichkeit der Aufgabenübertragung darstellt. Der staatliche Einfluss ist nicht mehr gegeben.

335 Es bedarf daher einer sehr genauen Abwägung, ob und wann man diesen Schritt in Erwägung zieht. Letztendlich werden gesellschaftlich bedeutungsvolle Aufgaben kaum davon betroffen sein.

336 Eine weitere Art der Privatisierung ist die bereits angesprochene FORMELLE (ODER FORMALE) PRIVATISIERUNG. Im Vergleich zu der materiellen Privatisierung ist diese Art in Verwaltungen häufiger anzutreffen. Die formelle Privatisierung (auch Organisationsprivatisierung genannt) beinhaltet, dass eine juristische Person des Privatrechts[41] an die Stelle der öffentlichen Verwaltung tritt, die Aufgabe selbst jedoch staatlich bleibt.[42] Es verändert sich damit lediglich die Form der Organisation. In einer GmbH ist die öffentliche Hand dabei oftmals (Haupt-)Gesellschafterin und damit Träger der Organisation.[43]

337 *Beispiel:*
Das bisher in öffentlicher Trägerschaft befindliche Städtische Klinikum wird künftig in einer anderen Rechtsform (z. B. GmbH) betrieben. Die Stadt, als Hauptgesellschafterin, ist nach wie vor Träger des Klinikums.

338 Die wesentlichen Vorteile dieser Privatisierungsart sind, dass eine personelle und finanzielle Flexibilität gegeben ist, weil die Organisationsform es erlaubt, ggf. beamtenrechtliche und haushaltsrechtliche Zwänge zu umgehen, ohne dabei den Einfluss der öffentlichen Hand zu verlieren. Deshalb gibt es in der Literatur auch kritische Fragen dazu, ob es sich überhaupt um Privatisierung handelt. Diese können dahingehend beantwortet werden, dass diese Organisationsform eine eigene des Privatrechts ist und dadurch auch die Einfluss- und Kontrollmöglichkeiten reduziert werden. Zudem werden die Aufgaben nicht von Mitarbeitern der Verwaltung wahrgenommen.

339 Neben den bisher beschriebenen Möglichkeiten der Privatisierung ist noch die FUNKTIONELLE PRIVATISIERUNG (sog. Aufgabenteilprivatisierung) zu nennen. Hierunter fallen die Begrifflichkeiten **Outsourcing**[44] und **Contracting Out**.

340 Vereinfacht beschrieben geht es bei dem *Outsourcing* um die Aufgabenteilung zwischen Staat und Privaten. Die öffentliche Hand nimmt zwar Private in Anspruch, die Zuständigkeit und die Verantwortung verbleiben jedoch beim Staat. Insofern erstellt die öffentliche Hand letztendlich das Produkt, nutzt dabei aber (gegen entsprechende Bezahlung) private Institutionen/Einzelpersonen und deren Know-how.

341 *Beispiel:*
Die Stadtverwaltung gibt die eigene Werkstatt auf und vergibt die Aufträge an private Unternehmen.

---

41 Siehe z. B. GmbH.
42 Vgl. Weiß, Privatisierung von Staatsaufgaben, S. 30; Peine, DÖV 1997.
43 Vgl. Management im öffentlichen Sektor (Gourmelon/Mroß/Seidel, S. 397).
44 Outside Ressource Using.

Bei dem *Contracting Out* kommt es zu einer vertraglich (siehe contracting) geregelten Übernahme von Aufgaben der Verwaltung durch einen Privaten. Die vertragliche Regelung beschreibt dabei i. d. R. die zu erbringende Leistung in Quantität und Qualität. 342

> *Beispiel:* 343
> *Eine vertragliche Regelung zwischen der Stadtverwaltung und einem privaten Unternehmen sieht vor, dass Glasmüll künftig von dem privaten Unternehmen entsorgt wird.*

Unter dem Begriff der **Public-Private Partnerships (PPP)** werden zusätzliche Möglichkeiten bzw. Organisationsmodelle beschrieben, sich privates Wissen zunutze zu machen. Im Gegensatz zu den bisherigen Ausführungen muss hier nicht zwangsläufig eine Kompetenzübertragung auf Private erfolgen. 344

Die finanzwirtschaftlich defizitäre Lage und die damit verbundene fehlende Möglichkeit, Investitionen zu tätigen, führte dazu, Überlegungen anzustellen, wie dennoch angestrebte Vorhaben in die Tat umgesetzt werden können. Ein Ergebnis waren die PPP. 345

Voraussetzung einer PPP ist, dass die damit verfolgten Ziele sowohl der öffentlichen Verwaltung als auch des privaten Partners nicht gegensätzlich sind. Der Private strebt über PPP Gewinne an, während die öffentliche Verwaltung das Ziel hat, ihr Vorhaben zu verwirklichen. Beide Partner bringen hierzu Ressourcen ein. Dabei handelt es sich überwiegend um finanzielle, aber auch beispielsweise um personelle Ressourcen (s. o. Wissen). Durch diese Partnerschaft soll für beide im Ergebnis ein Nutzen entstehen, der allein so nicht möglich gewesen wäre. Es kommt idealerweise zu einer Win-win-Situation, von der letztendlich auch der Bürger profitieren soll. 346

Im Rahmen der PPP gibt es verschiedene Formen bzw. Modelle (Organisations-/Finanzierungsmodelle), auf die jedoch *hier nicht näher eingegangen wird*. Privatisierung ist in der Politik, die letztendlich darüber zu entscheiden hat, zunehmend ein Thema geworden. Vor dem Hintergrund der aufgezeigten Möglichkeiten ist kritisch abzuwägen, inwieweit eine Kommune diesen Weg in welcher Form geht. 347

Bei der Abwägung sollte zunächst die Aufgabe selbst hinterfragt werden (siehe auch Aufgabenkritik) und dann Überlegungen dahingehend angestellt werden, wer die öffentliche Aufgabe in welcher Organisationsform durchführen könnte bzw. sollte. 348

Die nachfolgende Abbildung[45] zeigt mögliche Formen der Aufgabenwahrnehmung hin zur Privatisierung. 349

45 Vgl. Management im öffentlichen Sektor (Gourmelon/Mroß/Seidel, S. 397, verändert).

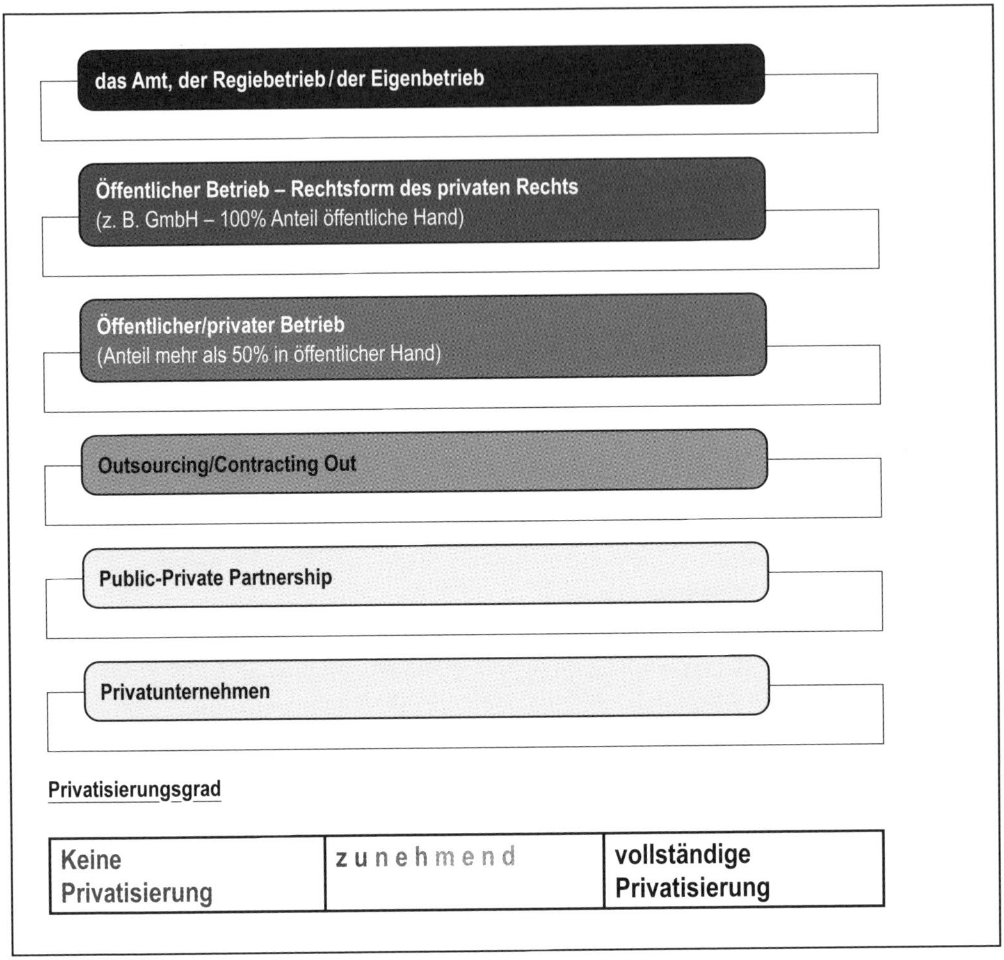

Ergänzende Kurzerläuterungen zum besseren Verständnis zu einigen Betriebs- und Rechtsformen.

350 *Der Regiebetrieb*

Der Regiebetrieb ist eine besondere öffentlich-rechtliche Unternehmensform. Grundlage hierfür ist die Gemeindeordnung. Durch diese Form sollen die öffentlichen Aufgaben wirtschaftlicher erfüllt werden. Sie sind Teil der Verwaltung und auch organisatorisch sowie finanzwirtschaftlich (Haushalt) der Verwaltung zugeordnet. Regiebetriebe sind in eine um die Kostenrechnung erweiterte Buchführung nach dem Bruttoprinzip mit allen Einnahmen und Ausgaben im Haushalt integriert. Im Unterschied zum Eigenbetrieb besitzen sie keine eigenen Organe.

Der Eigenbetrieb 351

Grundlage des Eigenbetriebes ist ebenfalls die Gemeindeordnung, die diesen als gemeindliches wirtschaftliches Unternehmen ohne Rechtspersönlichkeit bezeichnet. Nach der Eigenbetriebsverordnung entscheidet die Gemeindevertretung über dessen Errichtung und Auflösung sowie über bedeutende Angelegenheiten der strategischen und personellen Führung. Insofern sind Eigenbetriebe rechtlich nicht selbstständig. Der rechtliche Vertreter ist daher der (Ober-)Bürgermeister. Zur Entlastung kann ein Betriebsleiter bestellt werden. Im Gegensatz zum Regiebetrieb ist der Eigenbetrieb nicht im Haushalt einbezogen und bildet ein sog. Sondervermögen, welches wie eine Beteiligung an privatrechtlichen Kommunalunternehmen zu betrachten ist. Die Einnahmen eines Eigenbetriebes fließen direkt in das Sondervermögen und dienen zur Deckung der Ausgaben. Verluste werden durch die Körperschaft als Träger vorgetragen bzw. durch Einlagen im Haushalt gedeckt (Insolvenzunfähigkeit des Eigenbetriebes).

Rechtsform des privaten Rechts (Beispiel GmbH) 352

Neben anderen Rechtsformen des Privatrechts ist die GmbH (Gesellschaft mit beschränkter Haftung) als Kapitalgesellschaft eine nicht seltene Form. Eine GmbH kann durch Einzel- oder Personenmehrheiten für einen legitimen Zweck gebildet werden. Die Entstehung erfolgt durch Eintragung in das Handelsregister. Sie haftet als juristische Person des privaten Rechts mit ihrem sog. Gesellschaftsvermögen. Die Gesellschafter einer GmbH sind mit ihren Einlagen am Stammkapital beteiligt.[46]

6.6 VERWALTUNGSAUFBAU

Bevor im nächsten Abschnitt auf Linienstrukturen eingegangen wird, sollte der Verwaltungsaufbau einmal grundsätzlich dargestellt werden. 353

6.6.1 DARSTELLUNG DER AUFBAUORGANISATION

Im vorausgegangenen Abschnitt haben wir bereits Organisationspläne und Organisationseinheiten kennen gelernt. Dabei war ebenfalls festzustellen, dass die Organisationsstruktur, in Abhängigkeit von der Größe der Verwaltung, durchaus sehr umfassend sein kann. Umso wichtiger ist es, diese Organisationsstruktur einer Verwaltung für die Mitarbeiter, aber auch den Bürger und anderen Institutionen im Rahmen einer entsprechenden Dokumentation transparent zu machen. 354

Dieses kann u. a. in Form eines **Organigramms** erfolgen. 355

---

46 Vgl. Recht und Wirtschaft in der öffentlichen Verwaltung (Winklers, S. 587).

356 Unter Organigramm ist die Darstellung von Organisationen bzw. Organisationseinheiten in tabellarischer (siehe auch beispielhaft Dezernatsverteilungsplan) oder grafischer Form zu verstehen.[47] Dem Organigramm, welches auch als Organisationsplan oder -schaubild bezeichnet wird, sind mindestens die Bezeichnungen der Organisationseinheiten sowie hierarchische Beziehungen/eine hierarchische Ordnung zu entnehmen. Ergänzend hierzu können weitere Elemente der Struktur wie Stäbe, Arbeits- und Projektgruppen und deren Zuordnung zu den einzelnen Hierarchieebenen/Instanzen und die Zuordnung von Stellen und von Aufgaben/Produkten zu Organisationseinheiten dargestellt werden.

357 Es gibt mehrere Möglichkeiten zur Erstellung eines Organigramms. Zum einen kann mit unterschiedlichen grafischen Symbolen wie Tabellen-, Baum- oder Kreisformen gearbeitet werden, zum anderen kann das Organigramm, in Abhängigkeit von seinem Zweck, für unterschiedliche Organisationseinheiten wie Dezernat, Amt oder Abteilung erstellt werden.

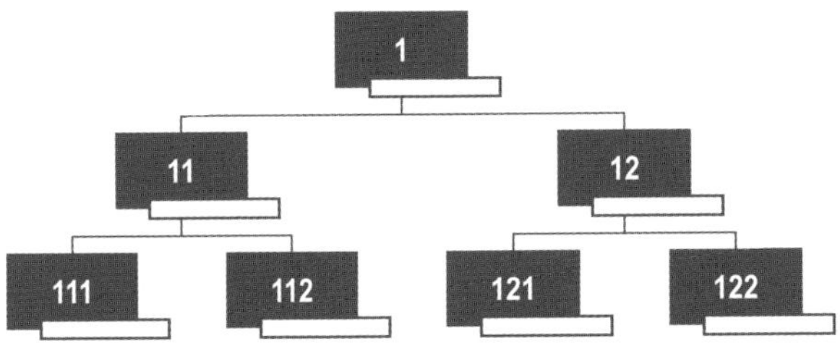

358 Gängigste Form der Darstellung ist neben der Tabellenform die Baumstruktur. Hierzu benötigt man im Prinzip nur Felder und Verbindungslinien. Die Anordnung und Verbindung der Organisationseinheiten erfolgt logisch unter entsprechender Zuordnung von Organisationsnummern/-kennzeichen.

6.6.2 DER (INNERE) AUFBAU DER VERWALTUNG

359 Die Verwaltungsorganisation soll letztendlich gewährleisten, dass die Aufgaben einer Verwaltung möglichst optimal erfüllt werden. Zur Erfüllung der Aufgaben werden Menschen (Mitarbeiter) Organisationseinheiten zugeordnet. Aus dem Organigramm in Form der Baumstruktur ist erkennbar, dass die Organisationseinheiten vertikal und horizontal miteinander verbunden sind.

360 Die kleinste Organisationseinheit in der Verwaltung ist die STELLE. Der Stelle ist mindestens eine Person als Aufgabenträger zugeordnet. Die Stelle, als das Basiselement der Aufbauorganisation, beschreibt sämtliche Tätigkeiten und Befugnisse einer mit normalem Leistungsvermögen ausgestatteten, fiktiven Person.[48] Sie wird zur Ausführung bestimmter Teilaufgaben eingerichtet (*nähere Ausführungen siehe „Stellenbildung"*).

---

47 Vgl. Organisationsmanagement in Dienstleistung und Verwaltung (Bokranz/Kasten 4. Auflage, S. 165).

48 Vgl. Organisation (Vahs 2009, S. 63); Recht und Wirtschaft in der öffentlichen Verwaltung (Winklers, S. 367).

Die Unterscheidung einzelner Stellen kann sowohl inhaltlich (unterschiedliche Aufgabenbereiche) als auch funktionsbezogen (unterschiedliche Befugnisse) erfolgen. 361

Aus dieser Unterscheidung lässt sich auch die Aufgabenverteilung auf horizontale bzw. vertikale Weise ableiten. Da man aufgrund der unterschiedlichen Schwierigkeitsgrade (siehe auch Befugnisse) nicht alle Aufgaben einer Verwaltung auf gleichrangige Stellen verteilen kann, werden – auch aus Koordinierungs- bzw. Steuerungsgründen – Aufgaben auch vertikal zugeordnet. Bei diesen Aufgaben handelt es sich in der Regel um Leitungsaufgaben. Es entstehen somit Leitungsstellen, die auch als INSTANZEN bezeichnet werden. 362

Die Instanzen nehmen also Leitungs-/Führungsaufgaben wahr[49], indem sie Entscheidungen treffen, Weisungen erteilen, die Aufgabenerfüllung überwachen und lenkend eingreifen. Leitungsstellen haben gegenüber den ihnen nachgeordneten Stellen ein Weisungsrecht. Sie sind sowohl mit Durchführungs- als auch mit Leitungskompetenzen ausgestattet. 363

Die einer Instanz nachgeordnete Stelle wird auch AUSFÜHRUNGSSTELLE genannt. Die Ausführungsstellen haben lediglich Kompetenzen im Rahmen ihres Verantwortungsbereiches zur *Ausführung* ihrer Arbeit (sog. Durchführungskompetenz). Sie haben keine Leitungsaufgaben. In der Hierarchie sind sie somit Stellen der untersten Ebene.[50] 364

Durch die Nachordnung von Stellen unter einer gemeinsamen Leitung entsteht somit eine ORGANISATIONSSTRUKTUR. Welche Instanzen (Hierarchieebenen) in einer Verwaltung gebildet werden bzw. wie die Struktur einer Verwaltung aussieht, ist unterschiedlich und abhängig von Entscheidungen der Verwaltungsführung. Die Bezeichnungen der Ebenen kann dabei differieren. 365

Beispiel für Bezeichnungen in unterschiedlichen Verwaltungsorganisationen[51] 366

Kommune	Bezirksregierung	Ministerium (Land)	Bundesbehörde
Oberbürgermeister/ Bürgermeister	Regierungspräsident	Minister (Staatssekretär)	Präsident
Dezernat	Abteilung	Abteilung	Abteilung
Amt	Dezernat	Referat	Gruppe
Abteilung			Referat
Sachgebiet			
Stelle	Stelle	Stelle	Stelle

49 Vgl. Organisation (Kieser/Walgenbach 2010, S. 82).
50 Vgl. Management im öffentlichen Sektor (Gourmelon/Mroß/Seidel, S. 124).
51 Vgl. Management im öffentlichen Sektor (Gourmelon/Mroß/Seidel, Tabelle S. 164, Auszug).

367 *Beispiel einer möglichen Struktur (Kommune)*

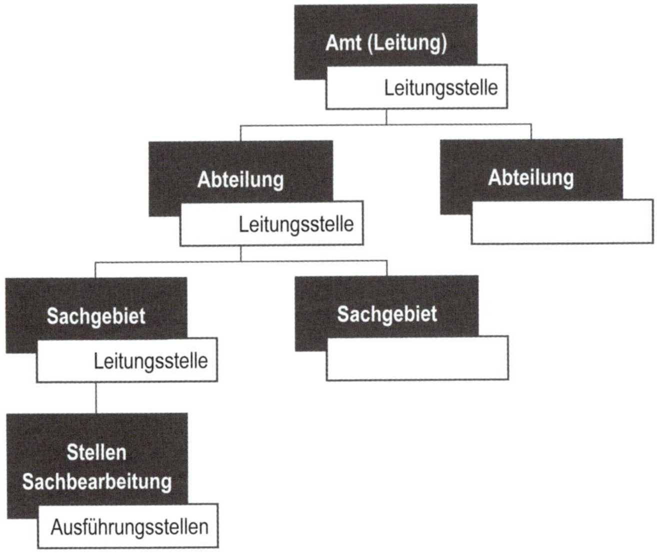

6.6.3 LINEARE STRUKTUREN

6.6.3.1 EINLINIENSYSTEM

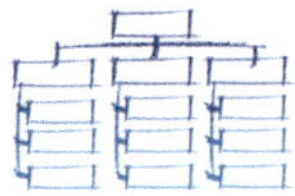

368 Im Rahmen der Aufbauorganisation ist in öffentlichen Verwaltungen, aber auch im privatwirtschaftlichen Sektor das Einliniensystem/die Einlinienorganisation sehr verbreitet.[52]

Was ist ein Einliniensystem?

369 Die Erreichung der Ziele einer Verwaltung setzt voraus, dass zwischen den einzelnen Organisationseinheiten, den über- und untergeordneten Stellen (siehe auch Leitungs- und Ausführungsstellen) Informations-/Kommunikations- und Weisungsbeziehungen festgelegt werden. Es entsteht dadurch eine Struktur, die die genannten Stellen mit einer Linie verbindet.

370 Dem Einliniensystem oder auch Einlinienorganisation genannt, liegt das von Henri Fayol formulierte Prinzip der Einheit der Auftragserteilung zugrunde.[53]

371 Es ist dadurch charakterisiert, dass von einer vorgelagerten Instanz nur eine Linie zur nachgeordneten Stelle führt und umgekehrt (s. o.). Die nachgeordnete Stelle erhält nur von einem direkten Vorgesetzten Weisungen und ist für sie/ihn im Rahmen der Aufga-

52 Vgl. Organisation (Steinbuch 1997, S. 172).
53 Vgl. Organisation (Vahs 2012, S. 114).

benerfüllung verantwortlich.[54] Dabei kann eine Instanz mehrere untergeordnete Stellen und die Einlinienorganisation selbst mehrere Hierarchieebenen haben. Sie lässt demzufolge klare Hierarchien erkennen.

Die Linie ist in der Regel der einzig zulässige formale Kommunikationsweg. Dabei darf über die einzelnen Hierarchien hinweg keine Instanz ausgelassen werden. 372

Da jede Leitungsstelle den ihr zugeordneten Aufgabenbereich insgesamt überblicken muss, ist die Spezialisierung der Leitungsstelle eher gering. 373

Die Stellen sind zwar in die Informationswege eingebunden, jedoch ist eine Abstimmung zwischen Stelleninhabern unter Umgehung der Instanzen im Einliniensystem nicht vorgesehen. Das bedeutet demzufolge bei Ausführungsstellen (z. B. Sachbearbeitern), dass die Abstimmung, mit Ausnahme der sog. **Fayolschen Brücke**[55], *auf dem Dienstweg* (über die Linie) zu erfolgen hat. Bei der Aufbauorganisation des Personalamtes (siehe Organigramm unten) bedeutet das, dass Weisungen der Amtsleitung über den zuständigen Abteilungsleiter und Sachgebietsleiter zu den Sachbearbeitern gelangen. 374

Grundsätzlich kann bei aller Klarheit, die diese Systemform bietet, gesagt werden, dass je höher die Zahl der Hierarchieebenen ist (sog. Instanzen-/Gliederungstiefe), je vielfältiger die Aufgaben der Mitarbeiter sind, desto größer die Probleme für die Führungskräfte werden. Sie haben dann die Schwierigkeit, die optimale Arbeitsteilung für die Mitarbeiter zu erkennen und für die Einhaltung von Regeln und Ermessensspielräumen zu sorgen. U. a. deshalb eignet sich dieses System, bei entsprechenden Delegationsregelungen, insbesondere für Routineaufgaben, also wiederkehrende, wohlstrukturierte und gleichartige Aufgaben (siehe Tabelle). 375

Die nachfolgende Tabelle zeigt einige Vor- und Nachteile dieser „Organisationsform" auf: 376

Vorteile	Nachteile
– Einfach, verständlich – Klare Hierarchien – Klare Verantwortlichkeiten/Zuständigkeiten – Klare Kommunikations-/Informations- und Entscheidungswege – Insbesondere geeignet für Routineaufgaben (strukturiert, gleichartig, wiederkehrend)	– Lange Kommunikations-/Informations- und Entscheidungswege (Gefahr Informationsverlust/-filterung) – Entscheidungen mit geringer Sachkenntnis – Abhängigkeit zwischen den Stellen – Demotivation der Mitarbeiter – Überlastung der Instanzen auf oberer Ebene, da diese eine Vielzahl von Informationen verarbeiten und weiterleiten, Entscheidungen treffen und Anordnungen erteilen müssen

54 Vgl. Organisation (Picot/Dietl/Franck/Fiedler/Royer 2012, S. 315, 316).

55 Fayolsche Brücke ist die häufig in der Praxis anzufindende, von der Linie abweichende, direkte Kommunikation/Koordination zwischen einzelnen Stellen (verkürzte Erklärung).

377 *Beispiel: Einliniensystem (Aufbau eines kommunalen Amtes – vereinfachte Darstellung)*

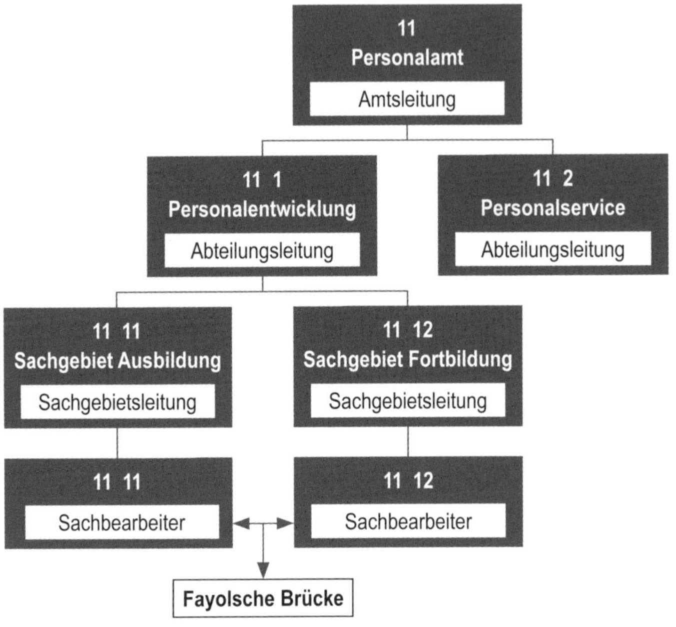

6.6.3.2 MEHRLINIENSYSTEM

378 Das Mehrliniensystem basiert auf dem sog. Funktionsmeistersystem von Taylor. In diesem Funktionsmeistersystem wird jeder Arbeiter mehreren Funktionsmeistern (daher der Name), von denen jeder für ein abgegrenztes Aufgabengebiet verantwortlich ist, unterstellt und erhält entsprechende Weisungen. Das Ergebnis ist eine Mehrfachunterstellung der nachgeordneten Stellen.[56] Die Einheit der Leitung ist somit nicht mehr gegeben. Herausgestellt wird dabei, dass die Führungsspitze dadurch entlastet wird.[57] Dadurch sind jedoch mehr Instanzen notwendig.

379 *Beispiel:*

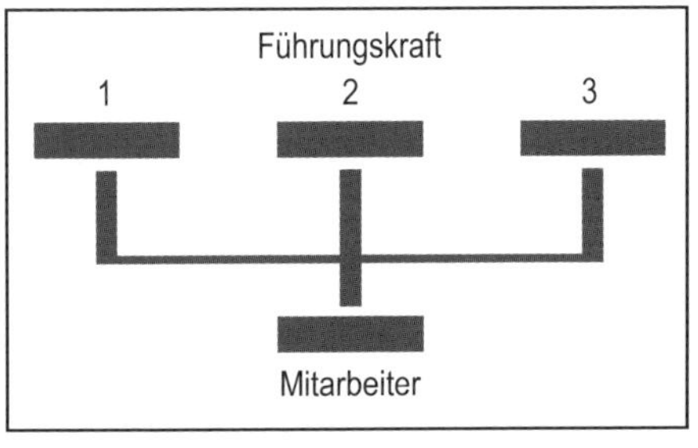

56 Vgl. Organisation (Picot/Dietl/Franck/Fiedler/Royer 2012, S. 319).

57 Vgl. Management in der öffentlichen Verwaltung (Hopp/Göbel 2008, S. 188).

Das Mehrliniensystem setzt dabei zumindest eine klare Aufgabenabgrenzung zwischen den Führungskräften voraus, da ansonsten bei Ergebnisdefiziten die Verantwortlichkeit der Instanzen nicht geklärt werden kann. 380

Als Beispiel kann hier eine Trennung zwischen dem Disziplinarvorgesetzten und Fachvorgesetzten für Controlling und für Qualitätsmanagement angeführt werden.[58] 381

Die Mehrlinienorganisation weist, im Gegensatz zu der Einlinienorganisation, eine Spezialisierung der Instanzen/Führungskräfte auf. Es geht davon aus, dass die Spezialisierung der Führungskräfte auch die Führungsleistung verbessert. 382

Dieser Organisationstyp bietet den Mitarbeitern die Möglichkeit, mit ihren Fragestellungen direkt auf die entsprechend zuständige und qualifizierte Führungskraft zuzugehen. Es verkürzt somit Kommunikations- und Entscheidungswege. Die Mehrlinienorganisation wird daher auch als **Prinzip des kürzesten Weges** bezeichnet. 383

Zusammenfassend Vor- und Nachteile eines Mehrliniensystems 384

Vorteile	Nachteile
– höhere Fachkompetenz der Führung – Entlastung der Führungsspitze – kurze Informations-/Kommunikations- und Entscheidungswege – höhere Akzeptanz der Leitung (durch Fachwissen, Spezialisierung)	– höherer Bedarf an Leitungskräften – konfliktträchtige Abgrenzung zwischen Aufgaben, Kompetenz und Verantwortung – Entstehung von Bereichsegoismen zu Lasten einer gesamtorganisatorischen Sicht

Abschließend kann gesagt werden, dass das Mehrliniensystem in Verwaltungen eher eine untergeordnete Rolle spielt.[59] Neben Mehrfachunterstellungen eines Mitarbeiters unter dem Aspekt der Arbeitsauslastung schildert das folgende Beispiel eine Möglichkeit dieses Strukturelements in der Verwaltung. 385

> *Beispiel* 386
> *Die kreisfreie Stadt X möchte künftig ihren Bürgern die Möglichkeit bieten, ihre Kraftfahrzeuge nicht nur im Straßenverkehrsamt, sondern auch in den Bezirksverwaltungsstellen vor Ort an-, ab- oder umzumelden.*

Aus dem Beispiel kann abgeleitet werden, dass der Leiter des Straßenverkehrsamtes Vorgesetzter seiner Mitarbeiter ist. Er führt die Mitarbeiter im Bereich der Personalführung, indem er Urlaub genehmigt, auf die Einhaltung der Arbeits- und Öffnungszeiten achtet oder ihre Leistungen beurteilt. Er übt in diesem Zusammenhang als **Dienstvorgesetzter** 387

---

58 Vgl. Betriebswirtschaftslehre für Städte und Gemeinden (Rau 2007, S. 485).

59 Das Gleiche gilt für die *Matrixorganisation*, die in der Verwaltung keine große Bedeutung hat und deshalb als besondere Form des Mehrliniensystems nicht ausführlich dargestellt wird.

die Dienstaufsicht aus. Gleichzeitig ist er aber auch für die Erfüllung der Fachaufgaben (Kfz-An-, Ab- und Ummeldungen) als **Fachvorgesetzter** im Rahmen der **Fachaufsicht** verantwortlich. Das bedeutet, dass der Mitarbeiter sowohl in meist schwierigen fachlichen als auch in dienstlichen Angelegenheiten Weisungen erhält.

388 Die in unserem Beispiel eingeräumte, bürgerorientierte Möglichkeit hat auch Auswirkungen in der Form, dass der Leiter des Straßenverkehrsamtes aufgrund der dezentralen Aufgabenwahrnehmung in den Bezirksverwaltungsstellen die Dienstaufsicht nicht mehr wahrnehmen und die Führungskraft der Bezirksverwaltungsstelle die mit der Aufgabenwahrnehmung einhergehende Fachaufsicht nicht ausüben kann.

389 Es kommt zur Mehrlinienorganisation (siehe Schaubild).

Kreisfreie Stadt X

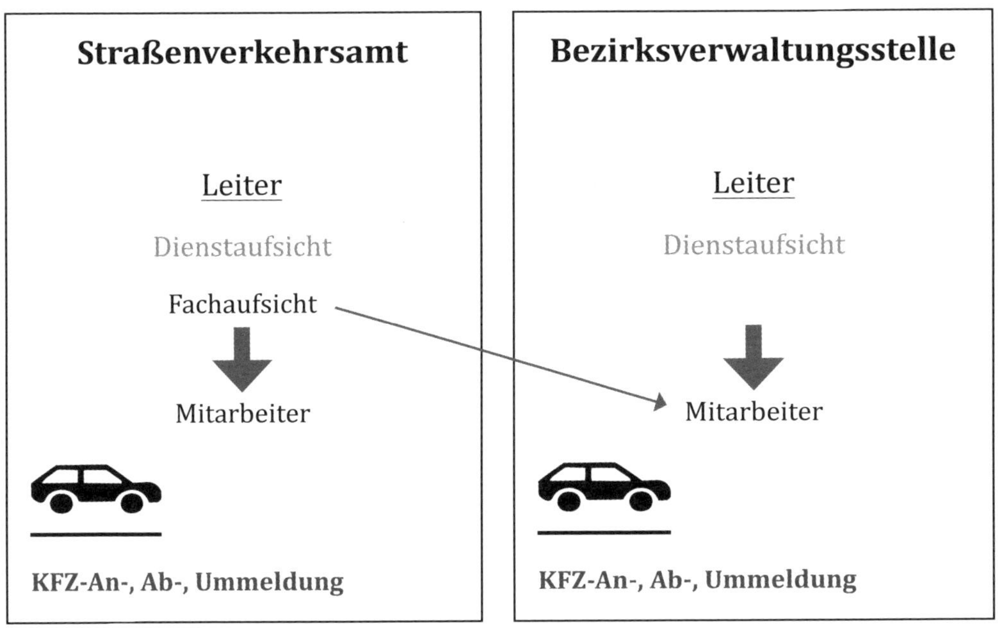

6.6.3.3 STABLINIENSYSTEM/STABLINIENORGANISATION

390 *Beispiel:*
Stellen Sie sich vor, Sie sind Amtsleiter des Sozialamtes einer größeren Stadt. Das Amt ist in Form einer Einlinienorganisation aufgebaut. Sie stellen mehr und mehr fest, dass Sie Ihre Führungsaufgaben ohne Unterstützung kaum noch bewältigen können. Sie müssen z. B. auf der Basis von vielen, unterschiedlichen Informationen das Amt zielorientiert führen. Dazu müssen Sie u. a. auch oftmals fachbezogene, rechtssichere Entscheidungen treffen. Was würden Sie tun?

Nachfolgend finden Sie eine organisatorische Lösung des geschilderten Problems – das Stabliniensystem/die Stablinienorganisation. 391

Zunächst einmal ist die Einlinienorganisation, wie in dem Beispiel beschrieben, die klassische Form des hierarchischen Aufbaus der Verwaltung. Das Beispiel zeigt aber auch, dass bestimmte Organisationsbereiche eine fachliche Unterstützung, also eine Erweiterung der Kompetenzen benötigen. Diese Erweiterung kann durch die Einrichtung von **Stäben bzw. Stabsstellen** erfolgen. 392

Das Stabliniensystem versucht die Vorteile des Einlinien- und des Mehrliniensystems miteinander zu kombinieren. Durch die Zuordnung von Stabsstellen zu den Instanzen/Führungsstellen soll eine stärkere Spezialisierung der Führung erreicht und eine fachliche Überforderung der Leitungskräfte vermieden werden.[60] 393

Demzufolge ergänzt die Stablinienorganisation das Einliniensystem mit Stäben oder Stabsstellen. Sie stellt damit eine besondere Form der Einlinienorganisation dar. Als geeignete Struktur hat sie sich bereits im militärischen Bereich herausgestellt. In der Verwaltung sind Stabliniensysteme *insbesondere in größeren Organisationseinheiten* zu finden. 394

Was sind Stäbe /Stabsstellen?

Bei Stäben/Stabsstellen handelt es sich um Organisationseinheiten, die aus einer oder mehreren Stellen (Stabsabteilungen) bestehen und **direkt** einer Hierarchieebene zugeordnet sind (siehe Organigramm unten). Die Zuordnung zu einer Hierarchie ist abhängig von der Aufgabe des Stabes. 395

Dennoch finden wir in der Praxis Stäbe/Stabsstellen in der Regel auf oberer Hierarchieebene. Sie befinden sich außerhalb der Linie und haben keine Weisungsbefugnisse gegenüber den in der Linie befindlichen Organisationseinheiten oder Mitarbeitern. Die Weisungen werden nach wie vor von der übergeordneten Leitungsstelle (Instanz) erteilt. 396

Es kann Stäben jedoch ein Weisungsrecht untereinander eingeräumt werden. So kann ein Stab in einer Kommunalverwaltung auf Dezernentenebene durchaus einem Stab auf Amtsleiterebene weisungsbefugt sein. Dadurch entsteht parallel zur Hierarchie der Linienstellen eine Stabshierarchie.[61] 397

Die Aufgaben der Stäbe/Stabsstellen sind die fachliche Unterstützung sowie Beratung der Führungskräfte, die Beschaffung und Aufbereitung von Informationen. Sie leisten somit einen Beitrag zur Entscheidungsfindung. Die Entscheidung selbst bzw. die Entscheidung, ob sie der Beratung folgt, liegt bei der Führungskraft. Damit sie ihre Aufga- 398

60 Vgl. Organisation (Vahs 2012, S. 117).
61 Vgl. Organisation (Vahs 2012, S. 117).

ben wahrnehmen können, verfügen Stäbe in der Regel über ausgeprägte fachspezifische Kenntnisse.

399 Zur Aufgabenerfüllung können den Stäben weitreichende Informationsrechte eingeräumt werden. Sie sind dadurch autorisiert, bei allen Linienstellen Informationen einzuholen, die sie für ihre Arbeit benötigen.[62] Es kann somit zu einem Konkurrenzdenken und Konflikten zwischen Linie und Stab kommen.

400 Bei dem o. g. Beispiel würde sich die Einrichtung von Stabsstellen in Form eines Controllers und eines Rechtsreferenten anbieten. Weitere Beispiele könnten ein Qualitätsmanagementbeauftragter oder ein Pressereferent sein. In Großstädten bzw. größeren Verwaltungen finden wir beispielsweise Stäbe (mehrere Stellen) mit der Bezeichnung „Steuerungsunterstützung".

401 *Beispiel Stabliniensystem*

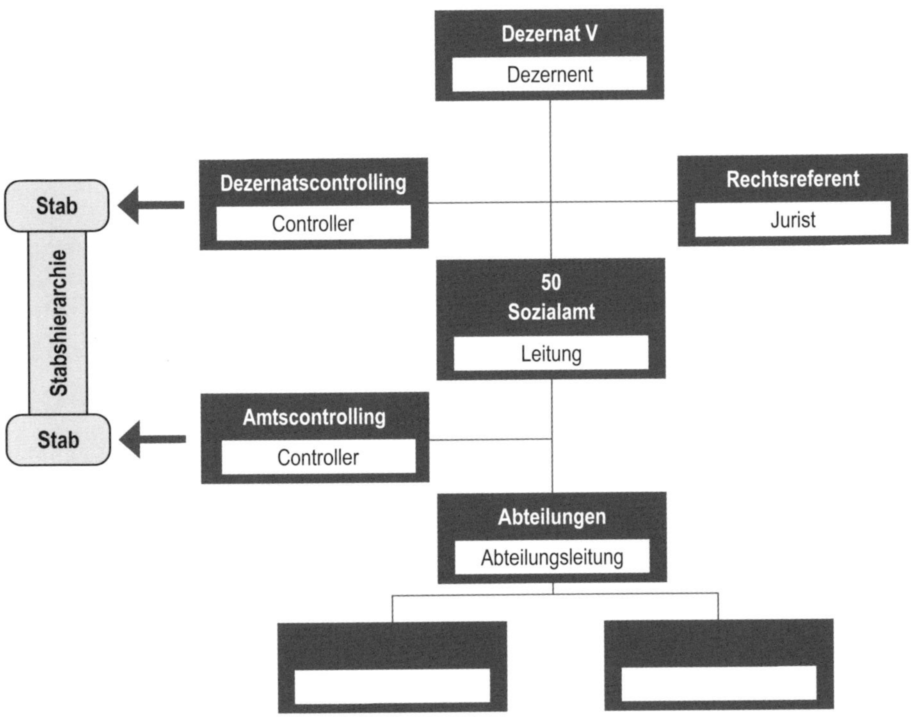

62 Vgl. Recht und Wirtschaft in der öffentlichen Verwaltung (Winklers, S. 373).

Zusammenfassend Vor- und Nachteile eines Stabliniensystems 402

Vorteile	Nachteile
– einfaches System – Spezialisierung der Leitung durch die Zuordnung von Stäben – Entlastung der Führungskräfte – ggf. bessere Entscheidungen durch qualifizierte Beratung – Vorteile des Einliniensystems	– Konkurrenz/Konflikt zwischen Linie und Stab und Stäben untereinander (Stabshierarchie) – Gefahr von Doppelarbeit (Linie-Stab) – Abstimmungsaufwand zwischen Linie und Stab – Stäbe sind kostenintensiv

6.6.3.4 *LEITUNGSSPANNE*

Wie wir bereits gesehen haben, verfügen alle Organisationen (also auch die Verwaltung) 403 über ein hierarchisches Stellengefüge.[63] In Abhängigkeit von der Tiefe der pyramidenförmigen Gliederung wird dieses steiler oder flacher.

Als *Gliederungstiefe* wird die Anzahl hierarchischer Ebenen bezeichnet (vertikale Span- 404 ne). Der *Gliederungsbreite* ist die Zahl der direkt den Instanzen unterstellten Stellen zu entnehmen (horizontale Spanne).[64]

In der Einlinienorganisation stellt sich häufig die Frage nach der optimalen LEITUNGS- 405 SPANNE (synonym: Kontrollspanne). Unter der Leitungsspanne wird die Anzahl der einer Instanz (Leitungsstelle) unmittelbar unterstellten Stellen verstanden. Es ist davon auszugehen, dass in der Regel die Anzahl der direkt unterstellten Stellen in der Hierarchie von oben nach unten zunimmt. Das bedeutet, dass Leitungsstellen der untersten Hierarchieebene, denen ausschließlich Ausführungsstellen (z. B. Stellen der Sachbearbeitung) zugeordnet sind, tendenziell die größte Leitungsspanne haben, während den oberen Führungsstellen nur wenige Mitarbeiter unterstellt sind.[65] Grundsätzlich kann die Leitungsspanne dann als optimal bezeichnet werden, wenn der Vorgesetzte die Anzahl der ihm unterstellten Mitarbeiter bei entsprechender Entlastung von Fachaufgaben *mit gutem Ergebnis* führen kann.

> *Beispiel:* 406
> *In der Großstadt X gibt es, insbesondere in den größeren Ämtern, bis zu vier Hierarchieebenen (Amtsleitung, Abteilungsleitung, Sachgebietsleitung und Gruppenleitung). Die Verwaltungsführung hat, u. a. um Personalkosten zu sparen, beschlossen, die Ebene der Gruppenleitung grundsätzlich abzubauen, sodass künftig von maximal drei Hierarchieebenen auszugehen ist (siehe vereinfachtes „Organigramm Amt 51" unten).*
> *Ist diese Entscheidung aus organisatorischer Sicht vertretbar?*

63 Vgl. Organisation (Kieser/Walgenbach 2010, S. 148).
64 Vgl. Organisationsmanagement in Dienstleistung und Verwaltung (Bokranz/Kasten 4. Auflage, S. 58).
65 Vgl. Organisation (Vahs 2012, S. 104).

407 *Organigramm Amt 51*

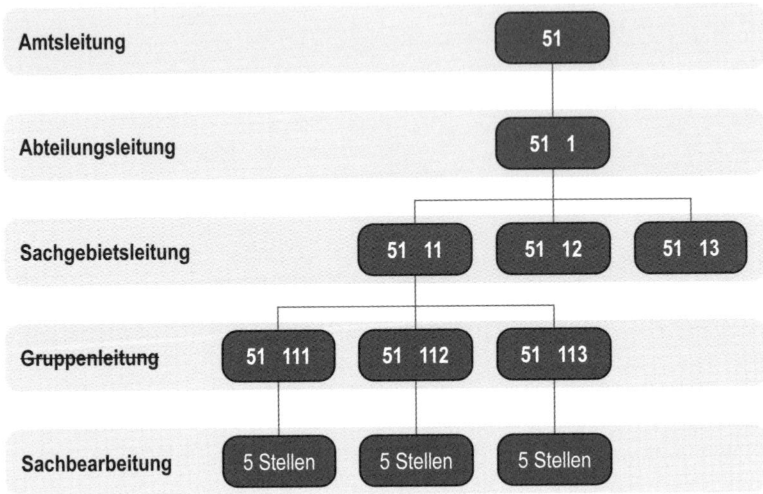

408 Zunächst einmal sollten wir uns die Auswirkungen der Entscheidung vor dem Hintergrund des „Organigramms Amt 51" vor Augen führen. Die gegenwärtige Situation (Ist-Zustand) weist 4 Hierarchieebenen und insgesamt 15 Ausführungsstellen (Sachbearbeitung) bei einer Leitungsspanne von 5 Stellen für die Gruppenleitungen auf. Bei dem Abbau der Ebene der Gruppenleitung unter Zuordnung der gleichen Anzahl von Stellen der Sachbearbeitung zur Sachgebietsleitung, würde sich die Leitungsspanne auf 15 Ausführungsstellen erweitern.

409 Diese Auswirkung zeigt, dass bei gleicher Größe einer Organisation offensichtlich eine Beziehung zwischen der Anzahl der Hierarchieebenen und den Leitungsspannen besteht. Je größer die Leitungsspannen sind, desto weniger Ebenen müssen gebildet werden.[66]

410 Dieses bedeutet im Umkehrschluss, je kleiner die Leitungsspannen sind, umso größer ist die Anzahl der Hierarchieebenen. Dieses wiederum führt aufgrund höherer Bewertung der Stellen zu mehr Personalkosten. Andererseits kann davon ausgegangen werden, dass je kleiner die Leitungsspanne ist, die Führungskraft desto besser ihre Führungsaufgaben, u. a. die Koordination der Arbeit der Mitarbeiter, wahrnehmen kann.

411 Ob die Entscheidung der Verwaltungsführung organisatorisch vertretbar ist, ist also mit der Beantwortung der Frage nach der *optimalen Leitungsspanne* (s. o.) verbunden.

412 Mit dieser Frage beschäftigt sich die Organisationslehre in Theorie und Praxis schon seit vielen Jahren. In diesem Zusammenhang werden und wurden Diskussionen unter den

66 Vgl. Organisation (Kieser/Walgenbach 2010, S. 149).

Überschriften „Flache Hierarchien“ oder „Lean Management“ geführt, die bis heute ihre Berechtigung haben.

Jedoch lässt sich die Frage nicht so allgemein beantworten. Denn welche Leitungsspanne im Einzelfall angemessen ist, hängt von unterschiedlichen Variablen ab (siehe Tabelle unten).[67] Hierbei handelt es sich um Aufgaben/Aufgabenmerkmale, Führungsprinzipien/Führungsverhalten und organisatorische bzw. personelle Einflüsse (siehe Tabelle).[68] 413

Die Abhängigkeit von unterschiedlichen Einflussgrößen zeigt, dass eine fixe Leitungsspanne bzw. die Vorgabe einer konstanten Anzahl von zu führenden Mitarbeitern eher nicht der Organisationspraxis entspricht. Vielmehr finden wir unterschiedliche Leitungsspannen, die von Instanz zu Instanz und unter den Organisationseinheiten differieren können. 414

Auch in der Verwaltung sind die Variablen/Einflussgrößen in den unterschiedlichsten Organisationseinheiten mehr oder weniger stark ausgeprägt zu finden. 415

Deshalb kann die Antwort auf die Frage, ob die Entscheidung der Verwaltungsführung organisatorisch vertretbar ist, nicht allgemeingültig gegeben werden. 416

Die Entwicklung in den öffentlichen Verwaltungen zeigt, dass die Leitungsspanne zwischen 5 und 20 Mitarbeitern schwankt und auch eher die Neigung besteht, die Leitungsintensität (Verhältnis Anzahl der Instanzen zu Anzahl der Ausführungsstellen) zu senken und ganze Hierarchieebenen abzubauen.[69] 417

Die vorausgehend erwähnte Tendenz zur produktorientierten Aufbauorganisation und die damit einhergehende Bildung von entsprechenden Organisationseinheiten (häufig Fachbereiche genannt) verfolgt ebenfalls das Ziel der Verringerung der Gliederungstiefe – einer schlankeren öffentlichen Verwaltung. 418

---

67 Vgl. u. a. auch Verwaltungsorganisation (Siepmann/Siepmann 2004, S. 62 f.).

68 Vgl. u. a. auch Organisationsgestaltung (Schanz 1994, S. 126 f.); Organisation (Schulte-Zurhausen 2010, S. 214 f.); Organisation (Vahs 2012, S. 104 f., verändert).

69 Thom/Ritz 2008.

419 *Tabelle Variablen/Einflussgrößen der Leitungsspanne*

Variable/Einflussgröße	Beschreibung/Kurzerläuterung	tendenzielle Bedeutung für die Leitungsspanne	
		größer	**kleiner**
Aufgabe	hohe Anzahl		X
	schwierige Aufgaben		X
	heterogene Aufgaben		X
	einfache Aufgaben	X	
	gleichartige bzw. standardisierbare Aufgaben	X	
	Aufgabenabhängigkeit von anderen Stellen (sog. Interdependenzen)		X
Führungsprinzipien/ Führungsverhalten	kooperative, situative (demokratische) Führung/Führung über Ziele	X	
	autoritäre Führung (Anweisungen/Kontrolle)		X
organisatorische/ personelle Einflüsse	weitgehende Delegation	X	
	Einrichtung von Stabsstellen	X	
	hohe Kompetenz und Motivation der Mitarbeiter	X	
	hohe Kompetenz und Motivation der Führungskraft	X	
	Einsatz von Managementsystemen	X	
	größere örtliche Nähe	X	

6.6.4 PRINZIPIEN/GRUNDSÄTZE DER ORGANISATIONSGESTALTUNG

420 Wie eine Organisationsstruktur entsteht und wie sie später aussieht, ist von unterschiedlichen Einflussgrößen abhängig. Dabei haben die mit der Organisation beauftragten Mitarbeiter sowohl organisatorische Grundsätze (Organisationsprinzipien) als auch Rechtsvorschriften, politische Einflüsse und organisatorische Trends zu beachten.

Folgend werden wesentliche, zu beachtende Organisationsgrundsätze dargestellt, die u. a. bei der Bildung von Strukturen zum Ziel haben, eine wirtschaftliche und zielorientierte Aufgabenerfüllung unter gleichmäßiger Auslastung und Vermeidung von Überlastungen (Beherrschbarkeit) sowie Reduzierung von Abstimmungsaufwänden sicherzustellen. 421

PRINZIP DER HOMOGENITÄT DER AUFGABEN 422

Dieses Prinzip wurde bereits bei der „Aufgabengliederung" einer Verwaltung, nämlich nach dem Sachgesichtspunkt, angesprochen. Organisatorisch sind die Aufgaben in gleichen Organisationseinheiten zusammenzufassen, die auch erkennbar sachlich zusammenhängen. Die Organisationseinheiten können dadurch die Aufgaben möglichst eigenständig bzw. unabhängig von anderen Organisationseinheiten wahrnehmen. Im Ergebnis wird dadurch der Abstimmungsaufwand (s. o.) reduziert.

MINIMALEBENENPRINZIP 423

Das Minimalebenenprinzip zielt auf die Bildung möglichst flacher Hierarchien ab. Die Organisationsstruktur weist demnach möglichst wenige Leitungsebenen auf (*vertikales Minimum* einer Organisationsstruktur).

Die Beziehung zwischen flachen Hierarchien und der Leitungsspanne wurde bereits oben erläutert indem festgestellt wurde, dass eine Hierarchieverflachung zur Konsequenz hat, dass die Leitungskräfte mehr Mitarbeiter zu führen haben. Dieses wiederum kann zur Überforderung der Führungskräfte führen. Dennoch werden dadurch die Informations-, Kommunikations- und Entscheidungswege verkürzt, Informationsfilterung wird vermieden und die Organisation insgesamt übersichtlicher gestaltet. Der Wegfall von Führungsstellen hat auch Einsparungen im Bereich der Personalkosten zur Folge, schränkt aber gleichzeitig auch die Karrieremöglichkeiten der Mitarbeiter ein (demotivierende Wirkung). 424

Beispiel „Minimalebenenprinzip" 425

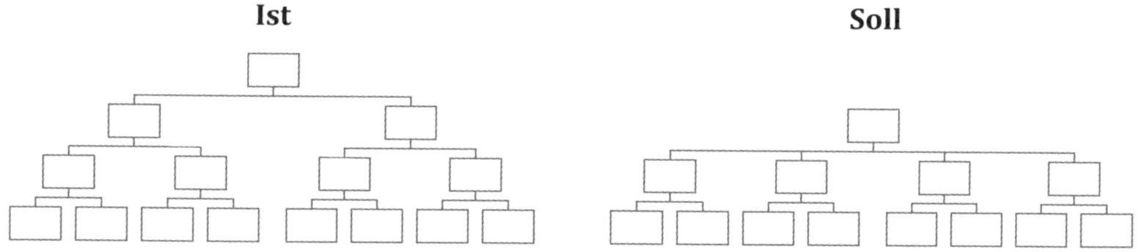

ORGANISATORISCHES MINIMUM 426

Während das Minimalebenenprinzip sich auf die vertikale Ebene bezieht, zielt das Prinzip des organisatorischen Minimums auf die *horizontale Ebene* einer Struktur ab. Die Gliederungsbreite, nämlich die Anzahl der Organisationseinheiten auf einer Hierarchieebene, soll möglichst klein gehalten werden, aber die einzelnen Organisationseinheiten selbst sollen möglichst groß sein. Bei diesem Prinzip sind größere Leitungsspannen möglich. Zudem wird die Koordination zwischen den Stellen auf einer Ebene erleichtert, da die Anzahl der Stellen auf einer Ebene auf ein Minimum reduziert wird. Durch den Abbau von Leitungsstellen kommt es auch hier zu Kosteneinsparungen mit den oben geschilderten Auswirkungen.

427 *Beispiel „Prinzip organisatorisches Minimum"*

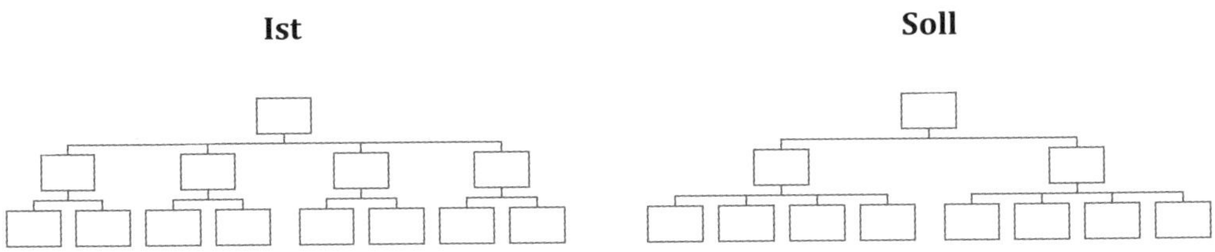

6.6.5 BILDUNG VON ORGANISATIONSEINHEITEN

428 Auch wenn auf die Stelle und die Bildung von Stellen als die kleinste und wichtigste Organisationseinheit in einem gesonderten Kapitel noch eingegangen wird, ist es, nachdem die linearen Strukturen aufgezeigt worden sind, an dieser Stelle sinnvoll, wesentliche Möglichkeiten der Bildung von Organisationseinheiten kurz darzustellen.

429 Um den Aufgabenbestand zu gliedern, haben wir zwei wesentliche Gliederungskriterien kennengelernt: die Gliederung nach der Verrichtung oder nach dem Objekt. So können auch die Stellen sowohl nach der Verrichtung als auch nach dem Objekt zu Organisationseinheiten zusammengefasst werden.

430 Fasst man Stellen nach der Verrichtung zu Organisationseinheiten zusammen, so handelt es sich dabei um Stellen mit vergleichbaren Tätigkeiten, die zur Zielerreichung notwendig sind. In einer Verwaltung finden wir beispielhaft auf Abteilungsebene Organisationseinheiten wie *Rechnungsannahme*, *Rechnungsbearbeitung* oder *Einspruchsbearbeitung*. Die speziellen Verrichtungen haben auch einen hohen Grad der Spezialisierung zur Folge.

431 Bei der Bildung von Organisationseinheiten nach dem Objekt sind unterschiedliche Ausrichtungen bzw. Objekte (Dinge, auf die sich Verrichtungen beziehen) möglich. Hier kann es sich z. B. um Kunden, Aufgaben oder Produkte der Verwaltung handeln. Die aufgabenorientierte Bildung von Organisationseinheiten ist bereits bei den organisatorischen Plänen deutlich geworden, indem ein Baudezernat, Sozialdezernat oder Kulturdezernat gebildet wurde. Kundenorientiert wäre eine bürgerorientierte bzw. unternehmerorientierte Beratung. Im Gegensatz zur Verrichtungsorientierung mit der einhergehenden Spezialisierung steht hier die ganzheitliche Bearbeitung im Vordergrund. Sie ist kundenorientierter und erhöht durch die Aufgabenvielfalt die Motivation der Mitarbeiter.

Im Rahmen der Bildung von Organisationseinheiten kommt der zweiten Hierarchieebene eine besondere Bedeutung zu. Sind die Organisationseinheiten der zweiten Hierarchieebene nach der Verrichtung gegliedert, so wird sie als **funktionale Organisation** bezeichnet. Sind sie nach dem Objekt gegliedert, so spricht man von einer **divisionalen Organisation** oder auch Geschäftsbereichs-, Fachbereichs- oder Spartenorganisation (häufig produktorientiert). 432

Bei der funktionalen Organisation wie als auch bei der divisionalen Organisation beruht das Leitungssystem auf dem Einliniensystem, das heißt, die nachgeordneten Organisationseinheiten erhalten ihre Anweisungen auch jeweils nur von einer übergeordneten Leitungs-/Führungsstelle.[70] 433

Bei der Bildung einer Organisationsstruktur, die der geschilderten divisionalen Organisation entspricht oder vergleichbar ist, wird häufig davon ausgegangen, dass die „Fachbereiche" eigenständig für ihre zugewiesenen Produkte verantwortlich sind. Die Verantwortung erstreckt sich auf die Quantität, Qualität und Art und Weise der Leistungserbringung. Demzufolge ist es nur konsequent, dass die Fachbereiche auch die mit der Leistungserbringung (mit den Produkten) notwendige Ressourcenverantwortung bekommen. In diesem Zusammenhang erhalten die Fachbereiche ein Budget zur eigenständigen Bewirtschaftung (**siehe auch Kapitel Steuerungsinstrumente**).[71] 434

6.7 KOLLEGIALE STRUKTUREN

Das Einliniensystem – als die prägende Organisationsform in öffentlichen Verwaltungen – ist, wie wir erfahren haben, insbesondere für Routineaufgaben geeignet. Die Verwaltung hat aber zunehmend Aufgaben zu erfüllen, die die Leistungsfähigkeit einzelner Organisationseinheiten überfordern.[72] Für komplexe, organisationsübergreifende Aufgaben und Probleme ist die Einlinienorganisation zu unflexibel, wenig kreativ und innovativ. Zudem wäre der Abstimmungsaufwand zwischen den Organisationseinheiten zu hoch und würde ggf. zur Überforderung der Führungskräfte führen. 435

Zur Erfüllung solcher Aufgaben und Problemstellungen bedarf es häufig qualifizierten Personals in Form von mehreren Spezialisten. Es ist daher sinnvoll, solche Aufgaben nicht einer einzigen Person zu übertragen, sondern dafür eine Personengruppe vorzusehen.[73] 436

70 Vgl. Organisation (Vahs 2012, S. 165).
71 Vgl. Neues Steuerungsmodell (KGSt 12/1991, KGSt 5/1993).
72 Vgl. Verwaltungsorganisation (Siepmann/Siepmann 2004, S. 65).
73 Vgl. Organisation (Vahs 2012, S. 83).

437 Es ist daher sinnvoll, die Linienorganisation in bestimmten Fällen zu ergänzen. Hierbei kommen folgende Strukturelemente[74] als Ergänzung in Betracht[75]:

- Teamarbeit/Teams
- Arbeitsgruppe
- Projektgruppe
- Projektmanagement
- Qualitätszirkel

6.7.1 TEAMARBEIT/TEAMS (ALLGEMEIN)

438 Im Sprachgebrauch hat der Begriff „Team“ unterschiedliche Bedeutungen. Wir kennen ihn aus dem Sport als Synonym für Mannschaft.

439 Wir sollten das Team in unserer Arbeitswelt als wesentliches Strukturelement von Organisationen verstehen. Allgemein ist das Team eine Gruppe aus Mitarbeitern, die für einen bestimmten Zweck zusammengesetzt ist.[76] **Demzufolge sind auch die Arbeits- sowie Projektgruppen Formen der Teamarbeit und werden in der Praxis auch Arbeits-/Projektteams genannt.**

440 Die wesentlichen Kriterien können wie folgt definiert werden[77]:

- Ein Team hat mindestens zwei Mitglieder (Mehrheit von Personen).
- Die Mitglieder tragen zur Erreichung der Teamziele mit ihren jeweiligen Fähigkeiten und den daraus entstehenden gegenseitigen Abhängigkeiten bei.
- Das Team hat eine Team-Identität, die sich von den individuellen Identitäten der Mitglieder unterscheidet (siehe auch Wir-Gefühl/Zusammenhalt und Attraktivität der Gruppe – sog. Gruppenkohäsion).
- Das Team hat Kommunikationspfade sowohl innerhalb des Teams als auch zur Außenwelt entwickelt.
- Die Struktur des Teams ist aufgaben- und zielorientiert beschrieben.
- Ein Team überprüft periodisch seine Effizienz.

441 In der Praxis wird davon ausgegangen, dass die Teamarbeit (Gruppenarbeit) zu einem verbesserten Leistungsverhalten bei Mitarbeitern führt.[78] Ebenfalls wird die Leistung eines Teams von der Anzahl der Mitglieder beeinflusst. So sind kleine Gruppen besser in der Lage, eine Aufgabe zeitnah zum Abschluss zu bringen, als große Gruppen.[79]

---

74 Vgl. Verwaltungsorganisation (Siepmann/Siepmann 2004, S. 65, verändert).

75 Die Betrachtung beschränkt sich auf wesentliche Strukturelemente.

76 Die nachfolgenden allgemeinen Erläuterungen zur Teamarbeit/Bildung von Teams beschränken sich auf wesentliche Aspekte – ergänzende Erläuterungen unter Arbeits-/Projektgruppe.

77 Mabey u. Caird 1999, *Building Team Effectiveness*, Open University, Milton Keynes, S. 7 ff.

78 Vgl. L. v. Rosenstiel (2000, S. 251).

79 Vgl. Management im öffentlichen Sektor (Gourmelon/Mroß/Seidel, S. 94).

Fazit: 442
Die Entwicklung in den öffentlichen Verwaltungen und das daraus resultierende Erfordernis, flexibler zu sein, um auf veränderte Bedingungen reagieren zu können, erfordert zunehmend interdisziplinäre Problemlösungen. Deshalb werden die Teamarbeit bzw. die Bildung von Teams mehr und mehr an Bedeutung gewinnen.

Kritisch sei an dieser Stelle angemerkt, dass die Teamarbeit in den öffentlichen Verwaltungen auch als „Trend" zugenommen hat und nicht immer ihre Berechtigung findet. Sie sollte nur dann in Erwägung gezogen werden, wenn die Merkmale von Teamarbeit auch tatsächlich gegeben sind, da ansonsten die Vielzahl von parallelen Strukturelementen zur eigentlichen Organisationsstruktur diese in ihrem Bestand und ihrer Funktionalität gefährden kann. 443

Beispiel Teamarbeit 444

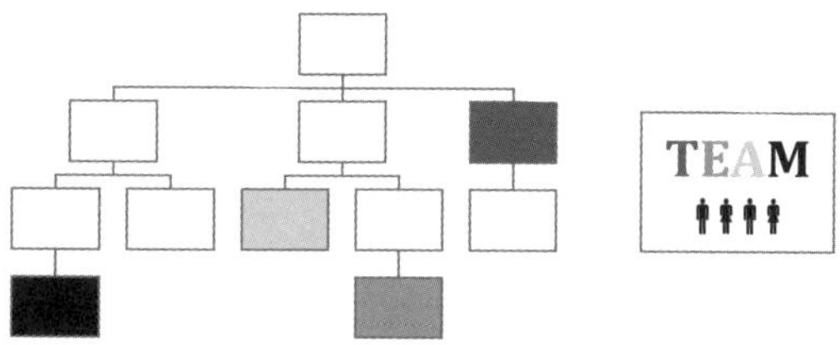

6.7.2 ARBEITSGRUPPE

Beispiel: 445
Jedes Jahr veranstaltet die Stadt X das über die Grenzen hinaus bekannte Musikfestival „X-Music". Das Kulturamt ist federführend mit der Planung und Durchführung dieses Festivals beauftragt. Die Aufgabe wird Ihnen als Mitarbeiter des Kulturamtes übertragen.

Zunächst werden Sie sich Gedanken machen, wie Sie diese Aufgabe angehen bzw. bewältigen könnten. Sie könnten sicherlich versuchen, sich dieser komplexen Aufgabe allein zu stellen. Sie werden aber schnell merken, dass Sie an Ihre Grenzen stoßen, da diese Aufgabe nicht nur das Kulturamt betrifft, sondern mehrere Organisationseinheiten innerhalb der Stadtverwaltung, und Sie allein nicht über das notwendige Wissen verfügen. 446

Um die komplexe Aufgabe zu erfüllen, wären Sie gut beraten, die beteiligten Organisationseinheiten einzubeziehen und das Wissen und die Kreativität von Fachleuten zu nutzen. Eine solche Möglichkeit bietet das aufbauorganisatorische Strukturelement in Form der **Arbeitsgruppe**. 447

Was ist eine Arbeitsgruppe?

Die Ausführungen in der Literatur lassen sich kurz zu der folgenden Definition zusammenfassen: 448

449 Eine Arbeitsgruppe ist eine Anzahl von Mitarbeitern aus unterschiedlichsten Organisationseinheiten (und ggf. unterschiedlichen Hierarchieebenen), denen fachübergreifende Daueraufgaben zur Erfüllung oder Koordination übertragen worden sind.[80]

450 Es erfüllen also mehrere Mitarbeiter ganz oder teilweise gemeinsam eine Arbeitsaufgabe.[81]

451 Die Mitarbeiter aus den verschiedenen Organisationseinheiten vertreten als Mitglied der Arbeitsgruppe ihre Organisationseinheit und sind daher gegenüber ihren Vorgesetzten nach wie vor weisungsgebunden. Da die Arbeitsgruppe nur in gewissen Zeitabständen tätig ist, gehen die entsandten Mitarbeiter in der übrigen Zeit ihren Aufgaben in ihren Organisationseinheiten nach.

452 Im Rahmen der Arbeit in der Arbeitsgruppe sind die Ziele und Aufgaben, die Zusammensetzung, die Zuordnung und der Vorsitz (siehe o. g. Beispiel Federführung) sowie die Arbeitsweise abzustimmen. Die Arbeitsgruppe selbst muss also entsprechend organisiert sein.

Warum ist die Einrichtung einer Arbeitsgruppe sinnvoll?

453 Anknüpfend an den bisherigen Ausführungen ist festzustellen, dass die Bildung von Arbeitsgruppen dann sinnvoll ist, wenn die Aufgabenerfüllung und die damit verbundenen Entscheidungen sich ebenfalls auf andere Organisationseinheiten auswirken. Diese Arbeitsform sollte jedoch nur dann in Erwägung gezogen werden, wenn die zu erledigende Aufgabe nicht von einem einzelnen Mitarbeiter erfüllt werden kann.

454 Die Vorteile der Arbeitsgruppe lassen sich aus den Vorteilen einer Gruppen-/Teamarbeit allgemein ableiten[82]:

- Umfangreicheres Wissen und Kreativität durch mehrere Fachleute
- Berücksichtigung unterschiedlicher fachlicher Gesichtspunkte
- Beschleunigung der Arbeit durch unmittelbaren Austausch/die unmittelbare Kommunikation
- Erhöhung der Motivation/Leistungsbereitschaft durch Mitarbeit in einer Gruppe
- Minimierung des Risikos von Fehlentscheidungen

Wie viele Mitglieder sollte eine Arbeitsgruppe haben?

455 Die Frage kann nicht pauschal beantwortet werden (siehe auch Teamgröße). Die Zahl der Mitglieder ist abhängig von dem zu erfüllenden Arbeitsauftrag. Jedoch hat die Gruppen-

80 Vgl. u. a. Innere Behördenorganisation und Verwaltungstechnik (Fritsch/Wiedemann, Band 16, S. 48).
81 Vgl. Ulrich 1998, S. 190 f.
82 Vgl. u. a. Verwaltungsorganisation (Siepmann/Siepmann 2004, S. 66); Innere Behördenorganisation und Verwaltungstechnik (Fritsch/Wiedemann, Band 16, S. 48 f.).

größe nicht zu unterschätzende Auswirkungen sowohl auf den Kommunikationsprozess als auch auf den Gruppenzusammenhalt (sog. Kohäsion) und damit letztendlich auch auf das Arbeitsergebnis.

Häufig wird eine Zahl zwischen 3–9 Mitgliedern genannt, da größere Gruppen die Arbeit 456
bzw. die Entscheidungsprozesse verlangsamen, den o. g. Gruppenzusammenhalt gefährden und demotivierende Auswirkungen haben können.

Zurück zu unserem Beispiel ...

Die Einrichtung einer Arbeitsgruppe unter Ihrer Federführung (Kulturamt) ist hier also 457
sinnvoll. Bei dem Musikfestival, welches jährlich stattfindet, handelt es sich um eine sich wiederholende Aufgabe, die einige Organisationseinheiten der Stadtverwaltung, wie z. B. das Ordnungsamt, die Feuerwehr, das Tiefbau- und Straßenverkehrsamt sowie die Straßenreinigung betrifft. Bei der komplexen Aufgabe, die u. a. umfangreiches Wissen, Erfahrungen, aber auch Kreativität erfordert, hat eine Koordination zwischen den unterschiedlichen Organisationseinheiten zu erfolgen.

6.7.3 PROJEKTGRUPPE

> *Beispiel:* 458
> *Die Stadt X hat entschieden, ein neues Kulturzentrum zu bauen. In diesem Gebäude sind künftig sowohl die Musikschule als auch die Stadtbücherei und die Volkshochschule untergebracht. Die Fertigstellung bzw. Eröffnung des Kulturzentrums ist in 1 ½ Jahren vorgesehen.*

Ähnlich wie bei der Arbeitsgruppe werden Sie auch hier ebenfalls zu dem Ergebnis kom- 459
men, dass die sehr komplexe Aufgabe „Bau eines Kulturzentrums" in der Planung und Durchführung nicht im Rahmen des Einliniensystems bzw. durch Einzelpersonen zu bewältigen ist.

Bei diesem Vorhaben kommt auch nicht die Einrichtung einer Arbeitsgruppe in Betracht, 460
da es sich um **ein Projekt** handelt.

Was ist ein Projekt?

Ein Projekt ist gekennzeichnet von folgenden spezifischen Merkmalen[83]: 461

- Zielorientierung 462
  (Ein Projekt ist stets auf ein bestimmtes Ziel ausgerichtet, das in der Projektdefinition/im Projektauftrag als Ergebnis definiert wird.)

83 Vgl. Organisation (Vahs 2012, S. 98 f., teilweise verändert).

463 - Neuartigkeit
(Die Aufgabe/das Problem ist neu und liegt außerhalb der üblichen Tätigkeiten.)

464 - Begrenzung
(Bei Projekten liegt ein definierter Anfangs- und Endzeitpunkt vor. In diesem Zeitraum ist die Verwirklichung des Vorhabens möglich. Es ist also zeitlich klar begrenzt und gegenüber anderen Aufgaben inhaltlich abgrenzbar. Für die Projektarbeit stehen begrenzte finanzielle, sachliche und personelle Ressourcen zur Verfügung. Nach Beendigung des Projekts wird die Projektgruppe/-arbeit aufgelöst.)

465 - Komplexität
(Projekte sind sowohl organisatorisch als auch fachlich von einer Komplexität gekennzeichnet. Sie haben oftmals einen hohen Schwierigkeitsgrad, der zu einer sinnvollen Unterteilung des Projekts in Teilprojekte und Arbeitspakete führt.)

466 - Interdisziplinäre Zusammenarbeit
(Projekte erfordern das Fachwissen von mehreren Spezialisten aus unterschiedlichen Bereichen/Organisationseinheiten. Deshalb sind mit der Projektarbeit auch Anforderungen an die Beteiligten verbunden, die in der Lage sein müssen, miteinander zu kooperieren und zu kommunizieren.)

467 Die der Literatur zu entnehmenden Definitionen sind vergleichbar und lassen sich auch hier wie folgt zusammenfassen:

468 Ein Projekt ist ein komplexes, zielorientiertes sowie einmaliges[84] und neuartiges Vorhaben mit einem definierten Anfang und Ende, das eine Zusammenarbeit der betroffenen Bereiche erfordert.

Zurück zu unserem Beispiel ...

469 Bei dem Bau des Kulturzentrums handelt es sich um ein Projekt. Das Vorhaben ist komplex, einmalig und neuartig sowie zeitlich befristet. Es erfordert die Zusammenarbeit mehrerer Bereiche. Somit sollte dieses Vorhaben auch in Form einer Projektorganisation durchgeführt werden.

470 **Beispielhafte Organisation eines Projektes**

Die Organisation eines Projektes ist grundsätzlich situationsangemessen und aufgabenspezifisch (siehe auch Projektauftrag) vorzunehmen. Sie ist nicht vorgeschrieben. Die Abbildung zeigt ein Beispiel für eine Projektorganisation.

---

84 Vgl. auch Deutsches Institut für Normung (2009b, S. 14).

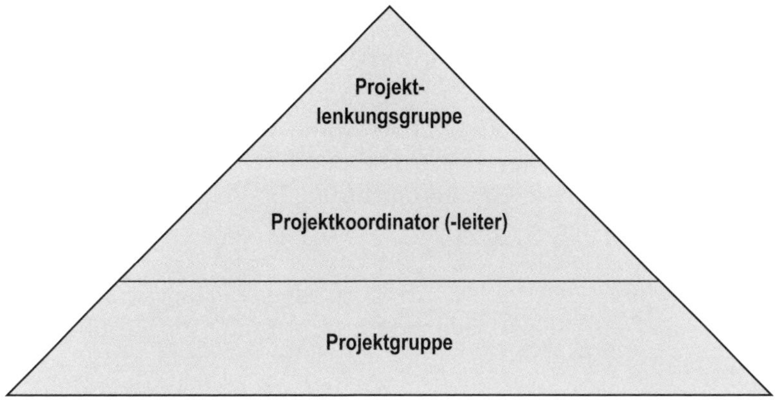

Die **Projektlenkungsgruppe** ist, wie der Abbildung zu entnehmen, als „oberstes" Gremium für die Steuerung des Projektes verantwortlich und genehmigt z. B. Konzepte. Die Einrichtung einer Projektlenkungsgruppe ist überwiegend nur bei komplexen Projekten erforderlich. 471

Der **Projektkoordinator** ist in dieser Struktur für die Koordination der Gruppe sowie die Planung des Projektes verantwortlich. Er stellt den Informationsfluss zur Projektlenkungsgruppe und ggf. anderen Stellen sicher. Ist eine Projektlenkungsgruppe nicht vorhanden, so können weitere Aufgaben als Projektleiter hinzukommen (siehe weitere Ausführungen zur Projektgruppe). 472

Für die Projektarbeit selbst ist die Projektgruppe zuständig. Somit ist eine Form der Projektorganisation die **Projektgruppe**. 473

Was ist eine Projektgruppe?

Vergleichbar mit der Arbeitsgruppe ist auch die Projektgruppe (auch als Projektteam bezeichnet) eine Gruppe von Personen, der jedoch, **nicht wie bei der Arbeitsgruppe dauerhaft, sondern nur für einen begrenzten Zeitraum**, die Planung oder ggf. auch die Durchführung eines bestimmten Projektes übertragen wird. 474

Bei den Mitgliedern handelt es sich in der Regel um Personen, die über besondere Qualifikationen bzw. Kompetenzen verfügen.[85] Bei der Zusammensetzung der Projektgruppe sollte daher auf eine gewisse Qualifikationsbreite (Mitglieder mit unterschiedlichen Qualifikationen und Erfahrungen, aber auch sozialen und ggf. methodischen Kompetenzen) geachtet werden. Sie kommen aus unterschiedlichen Organisationseinheiten und sind für die Projektarbeit aus der Linie herausgelöst. Sie sind somit für die Projektarbeit weisungsunabhängig gegenüber ihren Linienvorgesetzten und können daher ihr Potenzial entsprechend einbringen. Die Herauslösung kann sich dabei auf die volle Arbeitszeit oder 475

85 Die Berufung als Mitglied einer Projektgruppe kann in Einzelfällen auch aus Personalentwicklungsaspekten (Bsp. Führungskräftequalifizierung) erfolgen.

auf nur einen Teil der Arbeitszeit beziehen. Die Tatsache, dass es sich um kompetente Mitarbeiter handelt, führt auch zu Konflikten. Die Mitarbeiter sind häufig auch Leistungsträger in der Linie und nur schwer aus ihrer Linientätigkeit für die Projektarbeit, insbesondere im vollen Arbeitszeitumfang, zu gewinnen. Zudem sind die Mitarbeiter selbst nicht immer an einer Projektarbeit interessiert, da diese durchaus eine zusätzliche Belastung darstellen und – insbesondere bei der Herauslösung in „Vollzeit" – die Perspektive nach Beendigung des Projektes ungewiss ist.

476 Die **Größe der Gruppe** ist, wie bei der Arbeitsgruppe, abhängig von dem Projektziel/-auftrag und daher nicht festgelegt. Jedoch finden auch hier die Ausführungen zu einer Teamgröße allgemein ihre Beachtung.

477 Betrachten wir die innere hierarchische Struktur, so finden wir Projektgruppen häufig mit, aber auch ohne **Projektleitung**. Ausgehend vom Wortlaut, nimmt die Projektleitung innerhalb des Projektes Leitungsaufgaben wahr und kann ggf. mit Weisungsbefugnis gegenüber den Projektmitgliedern ausgestattet sein. Sie steuert und koordiniert das Projekt und ist für den Ressourceneinsatz verantwortlich. Bei fehlender Projektleitung werden diese Aufgaben gleichberechtigt vom Gremium übernommen.

Warum ist die Einrichtung einer Projektgruppe sinnvoll?

478 Da es sich bei der Projektgruppe ebenfalls um die Form einer Gruppenarbeit handelt, kann hier auf die damit verbundenen Vorteile verwiesen werden (s. o.).

6.7.4 PROJEKTMANAGEMENT

479 Treffen die Merkmale eines Projektes zu, dann ist es auch sinnvoll, die Aufgaben im Rahmen der Projektorganisation außerhalb der Linienorganisation zu bewältigen. Ein weiteres Element der Projektorganisation ist das Projektmanagement.

480 Nach der bereits erfolgten Klärung des Begriffs „Projekt" ist in der logischen Folge unter Projektmanagement die Gesamtheit von Führungsaufgaben, -organisation, und -mitteln für die Initiierung, Definition, Planung, Steuerung und den Abschluss von Projekten zu verstehen.[86]

481 Das Projektmanagement hat u. a. zum Ziel, gegenüber der Linienorganisation die Projektsicht zu vertreten.

482 Das Projektmanagement ist eine neben der üblichen Linienorganisation eingerichtete Organisationseinheit, der für ein bestimmtes Projekt entsprechende Befugnisse übertragen

86 Vgl. auch Deutsches Institut für Normung (2009b, S. 14).

wurden. Die Bearbeitung des Projektes verbleibt bei den Linienstellen. Ziel ist es, die Planung und Durchführung des Projektes unter Beachtung des Zeitrahmens sicherzustellen und einzelne Projektvorgänge aufeinander abzustimmen sowie ggf. Kosten zu senken.[87]

Wurde hierfür eine Organisationseinheit eigens eingerichtet, spricht man auch vom *reinen Projektmanagement.* 483

Diese Organisationseinheit wird von einem Projektmanager, der mit unterschiedlichen Befugnissen ausgestattet werden kann, geleitet. Er ist für die zielgerichtete und ordnungsgemäße Abwicklung des Projektes verantwortlich und vertritt dieses auch gegenüber dem Projektauftraggeber.[88] 484

Beispiel Projektmanagement 485

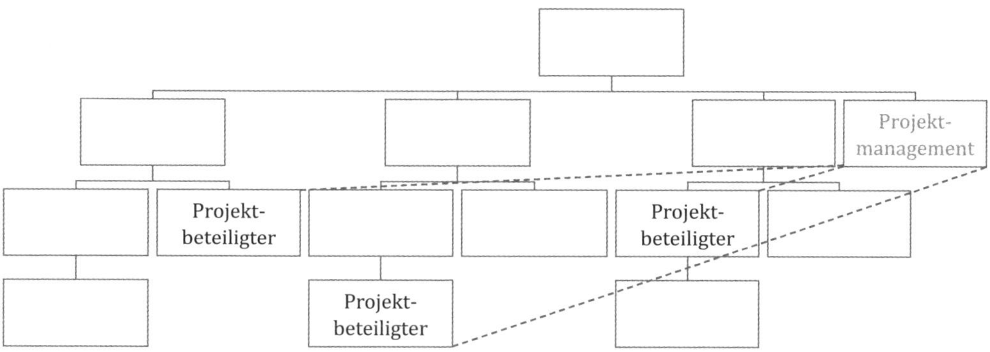

Die Zielsetzung des Projektmanagements ist es, für eine effiziente Projektdurchführung zu sorgen. Wesentliche Voraussetzung hierfür ist in diesem Zusammenhang die Beachtung verschiedener **Projektphasen**: 486

- Ziel des Projektes festlegen 487
- Chancen und Risiken analysieren
- wesentliche Inhalte festlegen, Kosten, Ausmaß und Zeit schätzen
- formeller Projektantrag

- Team organisieren 488
- Aufgabenpläne, Ablaufpläne, Terminpläne, Kapazitätenpläne, Kommunikationspläne, Kostenpläne festlegen
- Risikomanagement festlegen (Meilensteine festlegen – zentrale Ergebnisse im Verlauf, die den Projektfortschritt erkennen lassen)

---

87 Vgl. Verwaltungsorganisation (Siepmann/Siepmann 2004, S. 67).
88 Vgl. Organisation (Vahs 2012, S. 203).

489 

- die Durchführung selbst, tatsächliche Umsetzung der Planung
- Ist-Vergleich mit Soll-Planung/ggf. Analyse der Abweichungen/ ggf. Gegensteuerung

490 

- Ergebnisse feststellen und präsentieren
- Projekt evaluieren
- Entlastung durch den Auftraggeber

491 Es soll an dieser Stelle nicht unerwähnt bleiben, dass es in Einzelfällen auch zu einem **Projektabbruch** kommen kann.

6.7.5 QUALITÄTSZIRKEL

492 Die Dienstleistungsqualität[89] und das Qualitätsmanagement[90] und damit auch die Einrichtung von Qualitätszirkeln haben in den öffentlichen Verwaltungen an Bedeutung gewonnen. Deshalb sollen sie auch im Rahmen dieses Abschnitts nicht unerwähnt bleiben.

493 Bei Qualitätszirkeln handelt es sich um Gruppen (nicht zu verwechseln mit den beschriebenen Arbeitsgruppen) bzw. Gesprächskreisen, die aus ca. 5–10 Mitgliedern bestehen und die vergleichbare Arbeiten verrichten. Insofern beschränkt sich die Arbeit von Qualitätszirkel auf den eigenen Bereich.

494 Diese Gruppen tagen in gewissen Zeitabständen unter Leitung eines Moderators, um Schwachstellen zu analysieren, verbesserungsbedürftige Probleme anzusprechen und diese zu lösen. Die Mitarbeit in einem Qualitätszirkel ist in der Regel freiwillig. Innerhalb dieser Gruppe gibt es keine hierarchische Struktur.

495 Die möglichen Probleme bzw. Schwachstellen, die im Rahmen eines Qualitätszirkels bearbeitet werden können, reichen von Verkürzung der Wartezeiten für die Kunden bis zu Kosteneinsparungen oder optimaler Arbeitsplatzgestaltung.

496 Die Umsetzung möglicher Verbesserungsvorschläge liegt bei der Gruppe selbst. Um die Akzeptanz der Vorschläge zu erhöhen und damit die Umsetzung realistischer zu gestal-

89 Dienstleistungsqualität ist die Fähigkeit, eine aus Sicht des Kunden notwendige Leistung nach seinen Erwartungen auf einem bestimmten Anforderungsniveau zu erstellen. Sie bestimmt sich aus der Summe der Eigenschaften bzw. Merkmale der Dienstleistung, um bestimmten Anforderungen gerecht zu werden (vgl. auch Bruhn 2006, S. 38).

90 Qualitätsmanagement umfasst die aufeinander abgestimmten Tätigkeiten zum Leiten und Lenken einer Organisation, bezogen auf Qualität. Dies beinhaltet das Festlegen der Qualitätspolitik und -ziele (vgl. Din EN ISO 9000-2005).

ten, werden die Optimierungsvorschläge vorab dem betroffenen Kollegenkreis und den Führungskräften vorgestellt und diskutiert.

Da die Teilnahme auf Freiwilligkeit beruht, werden nicht selten Anreize zur Mitarbeit in 497
Qualitätszirkeln z. B. in Form von Prämien geboten.

Abschließend ist festzustellen, dass Qualitätszirkel den Mitarbeitern die Möglichkeit bie- 498
ten, ihren Arbeitsbereich zu organisieren bzw. zu optimieren. Die einzelnen Mitglieder lernen andere Sichtweisen kennen und erweitern somit themenbezogen ihren Blickwinkel. Durch diese Form der Zusammenarbeit kann zusätzlich die Motivation durch Beteiligung an Entscheidungsprozessen und die Zusammenarbeit gefördert werden. Zudem profitiert die Organisation selbst vom Wissen und den Erfahrungen der Mitarbeiter, die mit den Problemen im Alltag tagtäglich konfrontiert werden. Deshalb trifft die Aussage „Qualitätszirkel können Betroffene zu Beteiligten machen" durchaus zu.

VII ABLAUFORGANISATION (PROZESSORGANISATION)

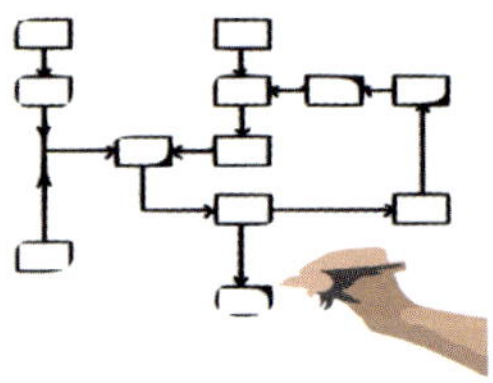

7.1 BEGRIFF

499 Im vorausgegangenem Kapitel haben wir die Aufbauorganisation, die die Strukturen einer Verwaltung und deren Beziehungen festlegt, kennengelernt. Dabei handelt es sich um eine längerfristige Festlegung (statische Organisationsdimension).

500 Im Vergleich dazu bezeichnet die Ablauforganisation die dynamischen Arbeitsabläufe/ Prozesse und deren Gestaltung (funktionale Organisation), die zur Aufgabenerfüllung und Erreichung von bestimmten Zielen notwendig sind. Im Blickpunkt stehen dabei unterschiedliche Faktoren wie Zeit, Raum, Personen und Sachmittel.

501 Dabei ist in der Verwaltung zu beobachten, dass die Bezeichnung Ablauforganisation zunehmend dem Begriff Prozessorganisation weichen muss. Dieses wird in diesem Kapitel noch dargestellt werden.

502 In der Organisationslehre und -praxis können Aufbau- und Ablauforganisation nicht getrennt voneinander betrachtet werden, sondern bedingen sich gegenseitig.[91]

503 Die folgenden Kapitel befassen sich insbesondere mit der Gestaltung von Arbeitsabläufen, mit dem Geschäftsprozess, einigen wesentlichen Steuerungsinstrumenten sowie Ausführungen und Regelungen zur Büroorganisation und dem Geschäftsverkehr.

> *Hinweis:*
>
> *Weitere Ausführungen zu Arbeitsabläufen und deren Darstellung finden Sie in Abschnitt IX des Buches.*
>
> *Das Thema „E-Government" wird in dem Abschnitt XI des Buches behandelt.*

---

91 Vgl. Organisation (Vahs 2012, S. 33 f.).

7.2 ABLAUFORGANISATION (ARBEITSABLÄUFE UND DEREN GESTALTUNG)

Die Ablauforganisation beschäftigt sich mit dem Prozess der Erstellung von Leistungen 504
innerhalb der Verwaltung. Die in der Verwaltung erzeugten Leistungen bzw. Produkte richten sich sowohl an externe als auch an interne Kunden. Das Leistungsspektrum ist äußerst umfassend und reicht von der Ausstellung eines Reisepasses bis zur ärztlichen Untersuchung.

Der Grund für die Erstellung einer Leistung/eines Produktes ist häufig eine *Anreizinfor-* 505
mation, z. B. in Form eines Antrages, eines Anrufs, einer E-Mail oder eines persönlichen Kontakts. Aufgrund dieser Information wird die Verwaltung i. d. R. tätig und es kommt zur Leistungs- bzw. Produkterstellung. Dieses Handeln von der Anreizinformation (Input) bis zur Leistungserstellung (Output) ist von einer Abfolge von Tätigkeiten bzw. Aktionen bestimmt, die in der Organisation als Arbeitsablauf bezeichnet wird (siehe Abbildung).

Dabei ist Hauptaufgabe der Ablauforganisation, die Abläufe möglichst effektiv und wirt- 506
schaftlich zu gestalten. Die einzelnen Tätigkeiten/Arbeitsschritte werden dabei unter einem zeitlichen und räumlichen Aspekt betrachtet.

Bei dem räumlichen Aspekt liegen die Schwerpunkte auf dem Ort, an dem die Leistung 507
verrichtet wird (Arbeitsplatz/Arbeitsplätze), und darauf, welche Wege zu beschreiten sind (Wechsel der Organisationseinheiten, Wechsel der Sachbearbeiter).

Der zeitliche Aspekt zielt im Wesentlichen auf die Zeitdauer der einzelnen Arbeitsvor- 508
gänge, die Reihenfolge der Arbeitsschritte und die Reihenfolge der an der Leistung beteiligten Personen ab, mit dem Ziel, die Anzahl der Übergänge zwischen den einzelnen Arbeitsstellen möglichst gering zu halten (Schnittstellen).[92]

An den Ausführungen zur zeitlichen Komponente ist bereits zu erkennen (siehe Schnitt- 509
stellen), dass der Leistungs-/Produkterstellungsprozess durch mehrere Organisationseinheiten erfolgen kann. Dadurch werden in den einzelnen Organisationseinheiten Teilaufgaben wahrgenommen, die zu einem Abschlussprodukt zusammengeführt werden müssen. Die dadurch entstehende Schnittstellenproblematik führt i. d. R. zur zeitlichen Verlängerung der Produkterstellung. Es erhöhen sich die Durchlaufzeiten.

92 Vgl. Management im öffentlichen Sektor (Gourmelon/Mroß/Seidel, S. 193,194).

510 *Da die Betrachtungen und Ermittlungen unterschiedlicher Zeiten in der Organisation eine immer wiederkehrende Rolle spielen, werden die unterschiedlichen „Zeitbegriffe" (siehe Schaubild) an dieser Stelle kurz erläutert.*

	**Schaubild Zeiten**
Rüstzeit	Zeit zur Vor- und Nachbereitung der Leistungserstellung
Liegezeit	Zeit, ohne dass eine Bearbeitung oder ein Transport stattfindet
Transportzeit	Zeit, die durch die Notwendigkeit des Transports oder der Übermittlung (auch elektronisch) an einen anderen Ort verstreicht
Bearbeitungszeit	Nur die Zeiten, in denen Arbeit zur Herstellung des Produkts/zur Erbringung der Dienstleistung aufgewendet wird
Durchlaufzeit	Zeit von Beginn bis zur Fertigstellung eines Produkts Die Durchlaufzeit setzt sich zusammen aus Rüstzeit + Bearbeitungszeit + Liegezeit + Transportzeit (+ Kontrollzeiten)

511 Um die *Ablaufgestaltung* möglichst effektiv und wirtschaftlich vornehmen zu können, sollte eine analytische Bewertung nach den unterschiedlichsten Gesichtspunkten erfolgen.

512 Es ist darauf zu achten, dass der Arbeitsablauf keine hohen Kosten verursacht, eine hohe Ergebnisqualität gewährleistet, kurze Durchlaufzeiten und – im Sinne der Kundenorientierung – geringe Wartezeiten ermöglicht.

513 Um dies zu erreichen, sind die Tätigkeiten, der Einsatz der Sachmittel und Technik, der Grad der Arbeitsteilung, die zeitlichen und räumlichen Aspekte (s. o.) sowie das Nutzen der vorhandenen Mitarbeiterpotenziale organisatorisch zu hinterfragen.

514 In der Folge werden einmal exemplarisch häufig in der Praxis vorkommende DEFIZITE/MÄNGEL IN DER GESTALTUNG VON ABLÄUFEN/PROZESSEN genannt:

- Ausübung von Tätigkeiten, die nicht zwingend erforderlich sind
- keine sinnvolle chronologische Reihenfolge der Tätigkeiten
- Nichterkennen eventueller Parallelarbeiten
- unterschiedlicher Auslastungsgrad einzelner Mitarbeiter (Stau im Ablauf)
- unzureichende Ausstattung
- unzureichender Mittel-/Technikeinsatz
- häufige Wechsel zwischen Mitarbeitern bei der Bearbeitung
- hoher Grad der Arbeitsteilung (fehlende ganzheitliche Sachbearbeitung)
- hohe Anzahl von Kontrollen
- fehlende Selbstorganisation der Mitarbeiter

Es ist anzumerken, dass es in der Verwaltungspraxis oftmals schwierig ist, die optimale, effiziente und effektive Gestaltung des Ablaufs/des Prozesses (s. u.) vor dem Hintergrund der zu beachtenden Ziele[93] zu erreichen. Nicht selten konkurrieren auch hier Ziele wie Kundenorientierung und Wirtschaftlichkeit (siehe z. B. übergeordnetes Ziel der Organisation „Haushaltskonsolidierung"). Bei solchen Zielkonflikten sind dann ggf. Prioritäten zu setzen. 515

Zusammenfassend kann gesagt werden, dass die klassische, funktionsorientierte Ablauforganisation[94] durch verschiedene Merkmale (s. u.) gekennzeichnet ist. 516

Merkmale der Ablauforganisation (Arbeitsorganisation): 517

- Die Ablauforganisation findet im Rahmen der Aufbauorganisation statt, d. h., dass aufbauorganisatorische Aspekte den Rahmen für die Abläufe bilden.
- das Hierarchieprinzip/viele Hierarchien
- aufgrund gesetzlicher Vorgaben an Regelungen gebunden
- vorhandene Trennung von Fach- und Ressourcenverantwortung
- viele Schnittstellen,
- Die Ablauforganisation ist eher nach innen gerichtet und sieht die räumliche, zeitliche Gestaltung (s. o.) von Arbeitsabläufen in einer vorhandenen Aufbauorganisation.

7.3 DER (GESCHÄFTS-)PROZESS

Der Veränderungs- und Modernisierungsdruck der öffentlichen Verwaltungen ist, wie bereits einigen Ausführungen dieses Buches zu entnehmen, seit längerer Zeit spürbar. Die wirtschaftliche Situation und die gewachsenen Anforderungen der Kunden an die Dienstleistungen machen ein Umdenken erforderlich. Eine Auswirkung ist der Weg von der Funktionsorientierung (s. o.) zur **Prozessorientierung**, der verschiedene Schritte erforderlich macht. 518

In der Literatur wird dieses Thema umfassend behandelt. Dieses Kapitel beschäftigt sich mit dem Prozess und gibt einen Überblick über die prozessorientierte Sicht in den öffentlichen Verwaltungen. 519

Diese prozessorientierte Steuerung (Prozessmanagement) verfolgt dabei die wesentlichen Ziele[95] 520

- der Verkürzung von Durchlaufzeiten
  (baut Schnittstellen ab und führt zur Verkürzung des Gesamtprozesses),
- der Optimierung der Prozesskosten
  (siehe zum Beispiel Abbau von nicht erforderlichen Aktivitäten/nicht wertschöpfenden Tätigkeiten, s. u.),

93 Vgl. auch Formalziele.
94 In der Literatur auch als Arbeitsorganisation bezeichnet.
95 Vgl. Organisation (Vahs 2012, S. 242 f., verändert).

- der Erhöhung der Prozessqualität
  (Ziel ist es, eine Übereinstimmung zwischen Kundenanforderungen und tatsächlichem Produkt zu erreichen. Letztendlich bestimmt, da wo es möglich ist, der „Kunde“ - extern und intern - i. d. R. die Anforderungen an das, was geliefert/geleistet werden soll, aber er bezahlt es dann auch!),
- und der Steigerung der Innovationsfähigkeit
  (Innovative, kreative Potenziale der Mitarbeiter werden genutzt, indem sie aktiv bei der Gestaltung und Durchführung der Prozesse eingebunden werden).

Was ist ein Prozess/Geschäftsprozess[96]?

521 In der Literatur gibt es einige Ausführungen zur Begriffsklärung, wobei sich hier auf die folgenden zwei Definitionen beschränkt werden kann:

522 Ein Prozess ist durch die zielgerichtete Verknüpfung von Aktivitäten, die innerhalb eines festgelegten Zeitraums zu einem definierten Ergebnis führen, charakterisiert. Die Erstellung dieser Leistung erfolgt dabei nach bestimmten Regeln.[97]

523 Ein Prozess ist eine Abfolge von Aktivitäten zur Leistungserstellung. Er wird durch ein auslösendes Ereignis (Auslöser/Impuls) in Gang gesetzt. Am Prozessende steht ein Ergebnis, in der Verwaltung in Form einer Leistung oder eines Produkts, welche(s) einem oder mehreren (internen/externen) Abnehmern zur Verfügung gestellt wird.[98]

524 Bei der Betrachtung der beiden Definitionen ist eine inhaltliche Abweichung kaum erkennbar, wobei die KGSt verständlicherweise bereits einen Bezug zur Verwaltung herstellt.

525 Im Fokus der Prozessorientierung steht das Ergebnis. Weil das so ist, gibt es auch einen direkten Zusammenhang zwischen der Kundenzufriedenheit und dem damit verbundenen Prozess der Leistungserstellung. Der Prozess beinhaltet sämtliche erforderliche Aktivitäten zur Erzielung des Ergebnisses.

526 Charakteristisch für einen Prozess ist ebenfalls, dass dieser von mehreren oder einem Mitarbeiter in einer Organisationseinheit ausgeführt werden kann. Dabei kann der Prozess auch organisationsübergreifend[99] (über mehrere Organisationseinheiten) abgewickelt werden.

---

96 Beide Begriffe werden in der Praxis nebeneinander verwandt (in der Literatur an einigen Stellen nicht ganz unstrittig).

97 Vgl. Organisation (Vahs 2012, S. 233) sowie Management in der öffentlichen Verwaltung (Hopp/Göbel 4. Auflage, S. 171).

98 KGST-Bericht Nr. 3/2011, S. 9.

99 Organisationsübergreifende Prozesse werden in der Literatur dann häufig als Geschäftsprozesse bezeichnet.

Die nachfolgenden Merkmale beschreiben die Prozesse als inhaltlich abgeschlossene Vorgänge näher[100]: 527

- Im Vorfeld wurde für jeden Prozess ein zu erreichendes Ziel, aus dem sich die Aufgabe und die damit verbundenen Tätigkeiten ableiten lassen, formuliert.
- Ein äußerer Anstoß ist der Beginn (Auslöser) des Prozesses.
- Ein Prozess beschreibt die Transformation vom Input in einen Output. Dabei können der Input und der Output materieller oder immaterieller Natur sein.
- Der Input eines Prozesses stammt von mindestens einem „Sender"; der Output geht an mindestens einen „Empfänger".
- Dabei kann zwischen internen und externen Sendern/Empfängern, je nachdem, ob sie innerhalb oder außerhalb der zu betrachtenden Organisation einzuordnen sind, unterschieden werden.
- Die Abwicklung selbst erfolgt durch die Verknüpfung zweckgerichteter Aktivitäten.
- Zur Leistungserstellung sind Ressourcen (Menschen, Sachmittel, Informationen, Methoden/Steuerungsmechanismen) notwendig.
- Die Zeitspanne zwischen Beginn und Ende eines Prozesses bestimmt die Durchlaufzeit.

Die bisherigen, vielleicht etwas kompliziert klingenden oder nicht ganz greifbaren Ausführungen werden zum besseren Verständnis durch das Schaubild „Grundstruktur des Prozessmodells" ergänzt und mithilfe eines einfachen Beispiels verdeutlicht. 528

Grundstruktur des Prozessmodells 529

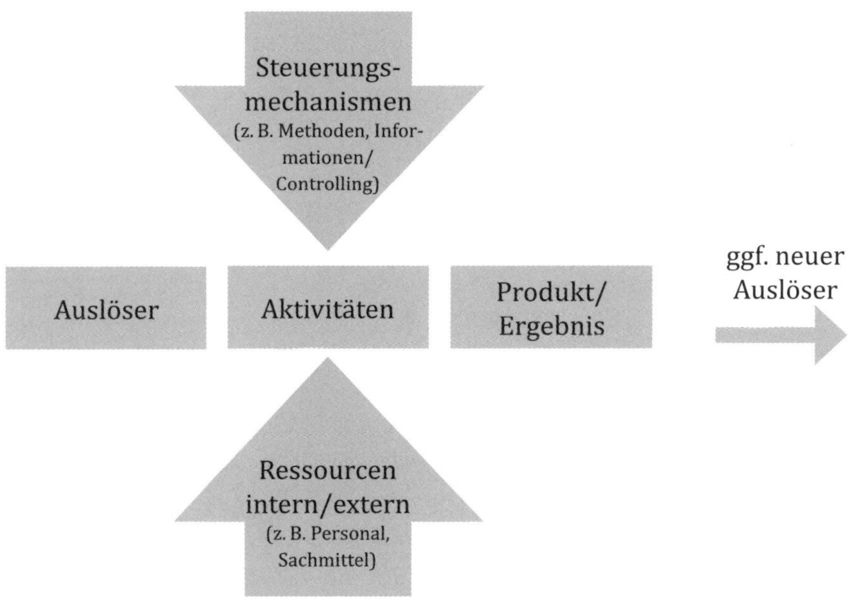

100 Vgl. Organisation (Schulte-Zurhausen 2010, S. 52 f.) sowie Organisation (Vahs 2012, S. 235 f.), verändert.

530 *Beispiel:*
Da Sie beabsichtigen, ein Haus zu bauen, stellen Sie einen Antrag auf Erteilung einer Baugenehmigung.

531 In Anlehnung an die Ausführungen gilt es zunächst einmal für den „Prozess Baugenehmigung“ das Ziel festzulegen. Das Ziel in dem Beispiel ist, über den von Ihnen gestellten Antrag rechtmäßig zu entscheiden.

532 Der Anstoß bzw. Auslöser des Prozesses ist der von Ihnen (als Sender) gestellte Antrag, der gleichzeitig als Input bezeichnet werden kann.

533 Jetzt erfolgt der eigentliche Prozess mit seinen zweckgerichteten, wahrscheinlich umfangreichen Aktivitäten. Dazu werden sowohl Personal als auch Sachmittel (der Einsatz von Ressourcen) benötigt. Wie der Prozess selbst durchzuführen (zu steuern) ist, kann durch entsprechende Methoden und Informationen (z. B. Gesetze, Verfahrensregelungen) vorgegeben bzw. beeinflusst sein.

534 Das Ergebnis bzw. der Output ist die Baugenehmigung, die an Sie als Empfänger geht. Ein Output kann aber auch neuer Anstoß/Auslöser für einen „Folgeprozess“ sein, z. B. bei Nichterteilung einer Baugenehmigung ein Rechtsverfahren.

535 Die Durchlaufzeit ist dabei die Gesamtzeit des eigentlichen Prozesses, also ausgehend vom Input über alle Aktivitäten bis zum Output.

536 Ziel ist es auch hier, wie im vorausgegangenen Kapitel, den Prozess optimal zu gestalten, indem Mängel erkannt und beseitigt werden. Im Rahmen der Prozesse liegt, neben den bereits aus dem Kapitel 7.2 bekannten Mängeln, ein Hauptaugenmerk auf der differenzierten Betrachtung von *wertschöpfenden und nicht wertschöpfenden Tätigkeiten.*

537 Wertschöpfende Tätigkeiten sind die Aktivitäten zur Erfüllung der Anforderungen der Kunden, bei denen Material/Informationen etc. verarbeitet bzw. verändert werden. Es sind die eigentlichen, inhaltlichen Arbeiten zur Erstellung des Prozessergebnisses.

538 Nicht wertschöpfende Tätigkeiten (in Abhängigkeit von dem Produkt zu betrachten) bieten primär Optimierungsansätze. Hierbei handelt es sich beispielsweise um Kontrollen, mehrfaches Abzeichnen, Lagern und Transport.

539 *Noch einmal zurück zu der Baugenehmigung.* Bei den Erläuterungen wurde erwähnt, dass es sich bei dem Prozess „Baugenehmigung“ um viele, umfangreiche Aktivitäten handelt. Demzufolge kann an dieser Stelle davon ausgegangen werden, dass sich dieser Prozess organisationsübergreifend, über mehrere Organisationseinheiten hinweg, erstreckt.

540 An diesem Prozess können beispielsweise in einer Kommune das Bauordnungsamt (60), das Umweltamt (61), das Vermessungs- und Katasteramt (62) und damit auch

Mitarbeiter in unterschiedlichen Funktionen sowie Hierarchien beteiligt sein (siehe Abbildung).

Abbildung „Organisationsübergreifender Prozess“ 541

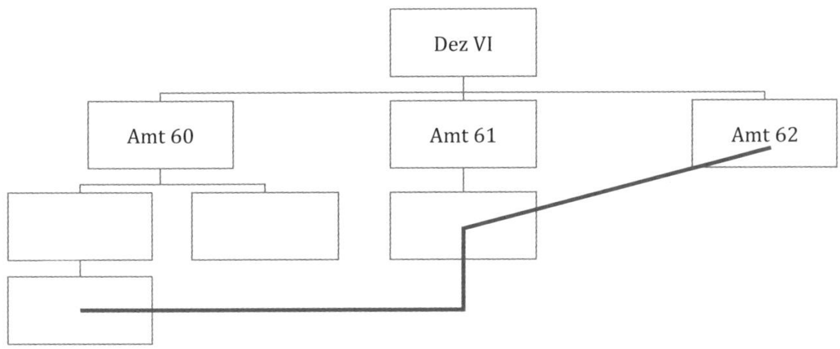

Die Abbildung zeigt, dass mehrere Mitarbeiter bzw. Organisationseinheiten Teilaktivitäten im Sinne des Prozesses an unterschiedlichen Orten verrichten. Mit Bezug zu den Ausführungen des Kapitels ist unschwer zu vermuten, dass es dadurch zu Schnittstellen oder auch Doppelarbeiten kommen kann. 542

Deshalb ist hier die Frage berechtigt, warum die an dem Prozess beteiligten Akteure innerhalb der Verwaltung nicht organisatorisch zusammengeführt werden. 543

Deshalb sind ein wesentliches Ziel und eine wesentliche Forderung bei der Optimierung von Prozessen, von den **Prozessen zu den Organisationsstrukturen** zu kommen und nicht umgekehrt.[101] 544

Ergänzend ist anzumerken, dass in der Praxis und Literatur zwischen unterschiedlichen **Prozessarten** unterschieden wird, mit denen sich Prozesse differenziert betrachten lassen. In der öffentlichen Verwaltung ist die Unterscheidung zwischen *Kernprozessen, Unterstützungsprozessen und Führungsprozessen* ausreichend. 545

Bei Kernprozessen wird eine Leistung für den Kunden erbracht. Es handelt sich somit um die Aktivitäten zur Erfüllung des Kundenwunsches. Unterstützungsprozesse beinhalten unterstützende Leistungen, die für den Kernprozess notwendig sind (z. B. IT, Personal). Den Führungsprozessen sind die Managementaufgaben Planung, Steuerung und Kontrolle zugeordnet. 546

Abschließend sei erwähnt, dass auch oder gerade bei der prozessorientierten Organisation ein kontinuierlicher Verbesserungsprozess anzustreben ist, indem die Prozesse ständig überwacht und ggf. optimiert werden. 547

101 Vgl. Verwaltungsorganisation (Siepmann/Siepmann 2004, S. 77).

Künftig wird dabei die zunehmende Automatisierung von Prozessabläufen im Vordergrund stehen. In diesem Zusammenhang fällt ebenfalls der Begriff *Workflow*. Unter einem Workflow wird ein formal beschriebener, ganz oder teilweise automatisierter Prozess verstanden. Genauer bedeutet dies, dass innerhalb eines solchen Prozesses die anfallenden Aufgaben, Dokumente oder Informationen zwischen den beteiligten Organisationseinheiten teil- bzw. automatisiert übermittelt werden.[102]

548 Die Digitalisierung in den öffentlichen Verwaltungen und damit auch von Prozessen wird in dem Kapitel „E-Government" aufgegriffen.

549 Zusammenfassend noch einmal die primären Merkmale einer prozessorientierten Organisation:

- übergreifende Sicht-/Denkweise in Prozessen
- Kundenorientierung hat Priorität (siehe auch Ergebnis)
- weniger Schnittstellen
- flachere Hierarchien
- Aufbauorganisation orientiert sich an den Prozessen.
- Fokus liegt auf der Leistungs-/Ergebnisorientierung; die Prozessorganisation ist daher nach außen gerichtet.

7.4 STEUERUNGSINSTRUMENTE

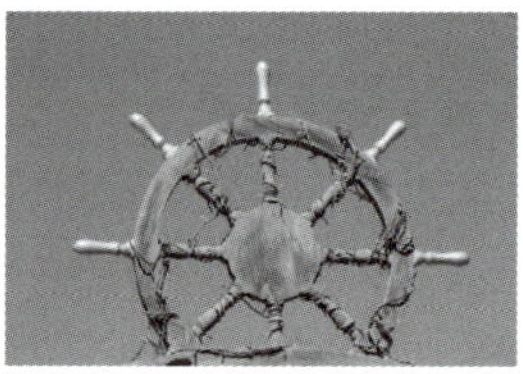

550 In staatlichen und kommunalen Verwaltungen ist die Bedeutung von Steuerungsinstrumenten der Betriebswirtschaft mit der Verwaltungsreform gewachsen.

551 Nachfolgend wird ein Überblick über einige Steuerungsinstrumente gegeben.

552 Öffentliche Verwaltungen waren und sind teilweise noch durch eine bürokratische und zentralistische Steuerung geprägt. Die Unzufriedenheit der Bürger und Mitarbeiter mit der öffentlichen Verwaltung (Kommunalverwaltung) insgesamt führte die KGSt in der Vergangenheit u. a. auf vorhandene Steuerungslücken zurück.

553 Im Sinne einer angestrebten Verwaltungsreform sollte dieses möglichst durch eine ergebnisorientierte (outputorientierte) und dezentrale Steuerung abgelöst werden. Mit der Reformbewegung in öffentlichen Verwaltungen war und ist daher auch die Einführung neuer Steuerungsinstrumente verbunden, die zu organisatorischen, aber auch personalwirtschaftlichen Veränderungen führen.

102 Vgl. Verwaltungsmanagement und Organisation (Paulic 2014, S. 162).

Dieser Ansatz der Verwaltungsmodernisierung und die damit verbundenen Strategien haben wesentliche Auswirkungen auf die Bereiche Organisations-, Personal- und Finanzmanagement. Dadurch wird auch deutlich, dass die Organisationsstrukturen sich an den herrschenden Strategien zu orientieren haben.[103] 554

Im Zusammenhang mit der Einführung neuer Steuerungsinstrumente wird auf folgende Themen näher eingegangen: 555

- dezentrale Ressourcenverantwortung
- Controlling
- Berichtswesen
- Steuerung über Kennzahlen
- Kontraktmanagement
- Dienst- und Arbeitsanweisungen

Dezentrale Ressourcenverantwortung 556

Beispiel: 557
Ein Bürger beschwert sich beim Leiter des Straßenverkehrsamtes der Stadt X über zu lange Wartezeiten. Der Leiter führt das Problem auf einen Personalmangel zurück und fügt hinzu, dass für organisatorische bzw. personalwirtschaftliche Dinge das Amt für Organisations- und Personalentwicklung zuständig sei. Insofern sei er der falsche Adressat der Beschwerde. Der Bürger nimmt diesen Hinweis auf und beschwert sich beim genannten, zuständigen Querschnittsamt und bekommt die Antwort, dass die Zuständigkeit für die Aufgabenerledigung vor Ort beim Fachamt liegt. Letztendlich verfasst er einen Beschwerdebrief an den Oberbürgermeister als Chef der Verwaltung.

In der bisherigen Verwaltungsorganisation sind bzw. waren die Fachämter für ihre Fachaufgaben verantwortlich, während die Querschnittsämter (siehe Ausführungen Organisationseinheiten – Querschnittsamt) für die Ressourcen Organisation, Personal, Finanzen Verantwortung tragen und damit den Ressourceneinsatz steuern. Einen Gesamtverantwortlichen (neben der Verwaltungsspitze) für das Gesamtergebnis, nämlich die fachliche Leistung unter entsprechendem Ressourceneinsatz, gibt bzw. gab es nicht. Der oftmals gehörte Begriff der „organisatorischen Unverantwortlichkeit" ist daher nicht abwegig. 558

103 Vgl. Management in der öffentlichen Verwaltung (Hopp/Göbel 4. Auflage 2013, S. 100 f.).

559 **Abbildung „Trennung von Fach- und Ressourcenverantwortung“**[104]

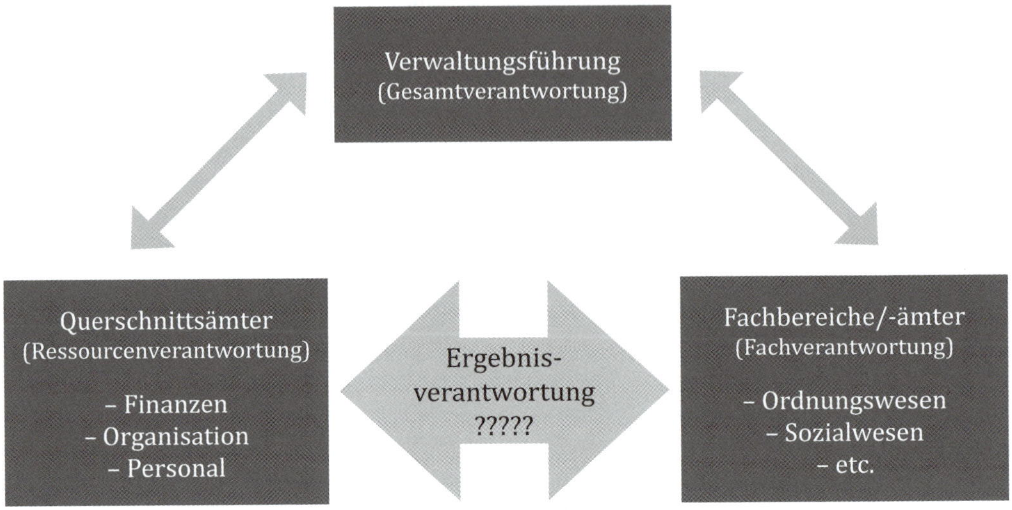

560 Das Bestreben nach einer outputorientierten Steuerung wurde bereits im Rahmen der Produktbildung (Produktorientierung) angesprochen. Die output-/produktorientierte Steuerung beinhaltet eine umfassende Verantwortlichkeit der entsprechenden Organisationseinheiten für ihre Leistungen und damit Erreichung der Ziele.

561 Die Übernahme dieser Verantwortung setzt jedoch voraus, dass die Organisationseinheiten über die entsprechenden Kompetenzen verfügen und über die mit der Produkterstellung notwendigen Mittel selbst entscheiden können. Dieses ist Inhalt der dezentralen Ressourcenverantwortung.

562 Dezentrale Ressourcenverantwortung beinhaltet demnach die Verlagerung der Verantwortung für die Ressourcen Personal, Finanzen und Organisation in der öffentlichen Verwaltung von den zentral gesteuerten sogenannten Querschnittsämtern (Personalamt, Kämmerei, Hauptamt) auf die *dezentral* angesiedelten Fachämter.

563 Durch die Einführung der Budgetierung haben Verwaltungen den Aspekt der Finanzen im Rahmen der Dezentralität aufgegriffen.

564 Bei Betrachtung der Definition ist festzustellen, dass die dezentrale Ressourcenverantwortung, die sich möglichst auf viele Bereiche erstrecken soll, maßgebliche Auswirkungen auch auf die **Organisation** und das **Personalwesen** bzw. die erwähnten sog. Querschnittsämter hat. Diese möglichen Auswirkungen werden folgend einmal kurz beschrieben.

565 Bisher wurde die **Organisation** eines Fachamtes in einem erheblichen Maße durch das Querschnittsamt (mögliche Bezeichnung: Organisations-/Hauptamt), das Organisations-

104 Vgl. C. Reichard (1994, S. 18).

aufgaben wie Stellenbedarfsermittlung/Personalbemessungen für die Fachämter/-bereiche wahrnimmt, bestimmt. Dieses führte zu Konflikten zwischen den Fachämtern und Querschnittsämtern, z. B. was den Personalbedarf angeht.[105] Bei der Dezentralisierung der Kompetenzen sind die Fachbereiche/-ämter künftig allein für die Gestaltung der Organisation (Aufbau-/Ablauforganisation) verantwortlich.

Im Bereich der IT-Organisation wird die Kompetenzverlagerung problematischer gesehen[106], da ggf. der Fachbereich über die Beschaffung entscheidet, die zentrale IT-Organisationseinheit in diesem Zusammenhang nur als Serviceleister/Berater fungiert. Um unterschiedliche IT-Lösungen in den Fachbereichen zu vermeiden, sind zentral Rahmenbedingungen festzulegen. 566

Auch im Bereich des **Personalwesens** sind Auswirkungen in der Form festzustellen, dass im Gegensatz zu den bisherigen, zentralen Verfahrensweisen (z. B. in den Bereichen Personaleinsatz und -gewinnung) letztendlich konsequent die damit einhergehenden Kompetenzen auf die Fachbereiche, die nicht selten nur teilweise ein Entscheidungsrecht hatten, verlagert werden. 567

Auch wenn die Sinnhaftigkeit der dezentralen Ressourcenverantwortung deutlich wurde, ist dennoch abschließend fraglich, ob alle Aufgaben der Querschnittsämter dezentralisiert werden sollten. In der Literatur ist die Tendenz zu einer sinnvollen Ausgewogenheit zu erkennen, indem gesagt wird, dass die dezentrale Ressourcenverantwortung nicht zur vollständigen Auflösung der Querschnittsämter führen soll und kann. Die Aufgaben sollten in einer ausgewogenen Integration in den Fachbereichen vorgenommen werden. Aufgaben, die aus Gründen der Gesamtlenkung besser zentral erbracht werden sollen, sollten zentralisiert bleiben.[107] Die Erfüllung von bestimmten Querschnittsaufgaben von zentralen Organisationseinheiten kann auch aus ökonomischen Gründen, z. B. unter Betrachtung der Größe einer Verwaltung, sinnvoll sein.[108] 568

Controlling 569

Die Einführung des Controllings in öffentlichen Verwaltungen hatte unterschiedliche Ursachen. Mit der Finanznot und dem Vorwurf, nicht wirtschaftlich zu sein, sowie der nicht ausreichenden Kundenorientierung bei der Leistungserbringung sind nur einige genannt.

Ein Controlling (Verwaltungscontrolling) sollte als „Managementinstrument" zu mehr Wirtschaftlichkeit und Kundenorientierung führen. Was als Instrument in der Privatwirtschaft selbstverständlich ist, wurde in der Verwaltung zunächst durch Politik und Verwaltung selbst durchaus skeptisch betrachtet. 570

---

105 Vgl. Management in der öffentlichen Verwaltung (Hopp/Göbel 4. Auflage 2013, S. 102 f.).
106 Vgl. Management in der öffentlichen Verwaltung (Hopp/Göbel 4. Auflage 2013, S. 102 f.).
107 Vgl. Schedler/Pröller (2011, S. 123, verändert).
108 Vgl. KGSt-Bericht 5/2006

571 Heutzutage ist das Controlling als betriebswirtschaftliches „Managementinstrument" nicht mehr wegzudenken. Dabei bedeutet Controlling, nicht wie oftmals angenommen, nur Kontrolle, sondern auch vom Wortlaut abgeleitet (to control – steuern, lenken) mehr als das. Jedoch ist Kontrolle Teil eines Controllings.

572 Bei dieser angesprochenen Kontrolle handelt es sich nicht um eine personenbezogene, individuelle Verhaltenskontrolle, sondern um die zielbezogene Kontrolle einer Maßnahme durch einen Soll-Ist Vergleich (s. u.). Die tabellarische Gegenüberstellung verdeutlicht noch einmal den Unterschied.[109]

Kontrolle	Controlling
– vergangenheitsbezogen – Fehler suchen – Fehlerverursacher suchen – sanktionieren	– zukunftsbezogen – planen – steuern – überwachen – begleiten (helfen)

573 Kurz gesagt sind Aufgabe des Controllings die Entwicklung, die Implementierung und die Anwendung geeigneter Instrumente, die eine systematische Planung und Kontrolle des Verwaltungshandelns durch die Verwaltungsführung zulassen.[110] Deshalb kann das Controlling in der öffentlichen Verwaltung auch als Führungsinstrument zur Bewältigung der zunehmend umfangreichen Steuerungsaufgaben in der Verwaltung bezeichnet werden. Es werden zwei Arten von CONTROLLING unterschieden. Hierbei handelt es sich um **das strategische und das operative Controlling**.

574 Bereits mehrfach konnten wir in diesem Buch lesen, dass öffentliche Verwaltungen Entwicklungen ausgesetzt sind. Ihre Aufgabe ist es, sich diesen Entwicklungen zu stellen, indem die Ziele und die sich daraus resultierenden Aufgaben an die Entwicklungen anzupassen sind. Im Kern geht es dabei um die Definition von *strategischen Zielen*, die mittel- oder langfristig erreicht werden sollen. Das **strategische Controlling** leistet einen Beitrag im Rahmen der Zielfindung. Es stellt die hierfür benötigten Informationen bereit. Des Weiteren ist es Aufgabe des strategischen Controllings, die bisherigen Zielsetzungen und die Erfüllung der Aufgaben, z. B. im Sinne der weiteren Notwendigkeit, kritisch zu hinterfragen und Chancen und Risiken, ggf. mit entsprechenden Handlungshinweisen, abzuwägen (Controlling als Warnsystem). Insofern kommt dem Controlling auch eine innovative Funktion bei der strategischen Weiterentwicklung zu.

575 Zusammenfassend kann gesagt werden, dass das strategische Controlling also der Unterstützung der Verwaltungsführung bei der strategischen Planung, Kontrolle und Informationsversorgung dient und langfristig ausgerichtet ist. Die Aufgabe besteht in dem Erkennen von Veränderungen in der Umwelt der Verwaltung, der Analyse möglicher Auswirkungen

109 Vgl. Management in der öffentlichen Verwaltung (Hopp/Göbel 2013, S. 61, verändert).
110 Vgl. Management in der öffentlichen Verwaltung (Hopp/Göbel 2013, S. 60 f.).

auf die Verwaltung und der Entwicklung geeigneter Maßnahmen zur Reaktion auf die Veränderungen, um die dauerhafte Erfüllung der Verwaltungsaufgaben zu garantieren.[111]

Mit der dezentralen Ressourcenverantwortung (siehe oben) wurden den Fachbereichen Aufgaben der Querschnittsämter (Organisation, Personal, Finanzen) übertragen. In diesem Zusammenhang ist es u. a. Aufgabe der Führungskräfte, bei der Produkterstellung (Leistungserbringung) einen optimalen Ressourceneinsatz zu gewährleisten. Der Verbrauch der Ressourcen spiegelt sich letztendlich in den Kosten des Verwaltungsprodukts (Output) wider. Der Output selbst orientiert sich an den Bedürfnissen des Bürgers und lässt sich aus den Verwaltungszielen ableiten. 576

Aufgabe des **operativen Controllings** ist es, eine möglichst richtige, effektive und effiziente Wahrnehmung der Verwaltungstätigkeiten unter Berücksichtigung der strategischen Ziele zu gewährleisten. Im Rahmen des operativen Controllings wird das Verwaltungshandeln mittelbar unterstützt, werden Soll-Ist-Vergleiche vorgenommen und bei Abweichungen im Sinne der Ziele korrigiert. Das operative Controlling setzt sich somit mit der Art und Weise der Aufgabenerfüllung auseinander. 577

Beispiel: 578
Das Straßenverkehrsamt der Stadt X hat die Zielsetzung, noch kunden- bzw. serviceorientierter zu arbeiten und in diesem Zusammenhang die Wartezeit künftig auf max. 30 Minuten (zz. durchschnittliche Wartezeit 45 Minuten) zu reduzieren. Dieses soll durch einen gezielten Personaleinsatz und mit zwei zusätzlichen Mitarbeitern erreicht werden. Nach 6 Monaten wird festgestellt, dass die Wartezeit um 10 Minuten verringert werden konnte. Dennoch wurde das Ziel nicht ganz erreicht. Es gilt, weitere Überlegungen anzustellen.

Die beschriebenen Aufgaben lassen sich mit Bezug zu dem Beispiel in Form eines **Kreislaufes** darstellen[112]: 579

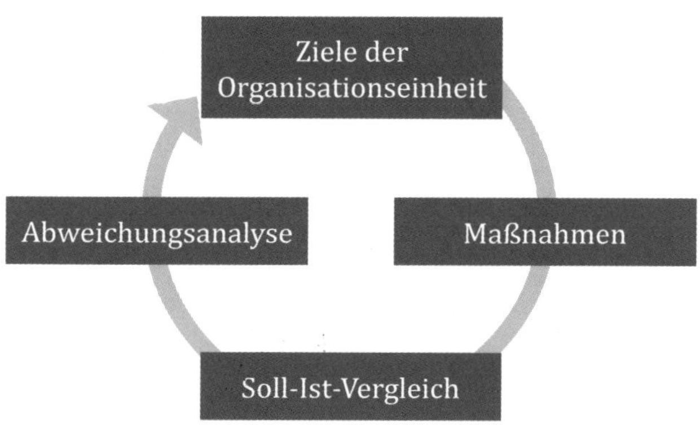

111 Vgl. Homann, K.: Verwaltungscontrolling – Grundlagen, Konzept, Anwendung, Wiesbaden 2005, S. 17.
112 Vgl. Management im öffentlichen Sektor (Gourmelon/Mroß/Seidel, S. 448).

580 Dazu benötigt das Controlling auf der einen Seite ständig Informationen über Leistungen/Produkte und den damit im Zusammenhang stehenden Ressourcenverbrauch, wobei in diesem Zusammenhang die Kosten- und Leistungsrechnung, aufgrund der häufig im Fokus stehenden Wirtschaftlichkeit, eine bedeutende Rolle einnimmt. Auf der anderen Seite versorgt es die Verwaltungsführung (ggf. auch die Mitarbeiter) mit den relevanten Informationen. Dieses geschieht durch ein *Berichtswesen* (siehe an anderer Stelle).

581 Die nachfolgende Abbildung[113] veranschaulicht noch einmal zusammenfassend die differenzierte Betrachtung von strategischem und operativem Controlling.

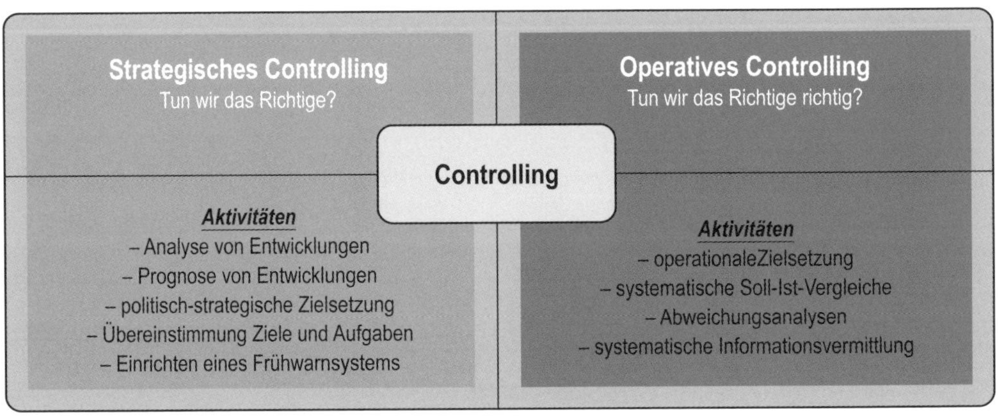

582 <u>Berichtswesen</u>

Die Aufgabe des Controllings ist es, die Führungskräfte auf den unterschiedlichsten Hierarchieebenen dabei zu unterstützen, ihre Leitungsaufgaben noch effektiver und effizienter wahrzunehmen (siehe Controlling). Dieses geschieht, indem steuerungsrelevante Informationen beschafft, aufbereitet und in Form von Berichten weitergegeben werden.

583 Die Einrichtung eines Berichtswesens (auch Reporting genannt) ist daher i. d. R. erforderlich.

584 Im Rahmen des Berichtswesens haben die Berichte einige Anforderungen zu erfüllen. Sie sollten in zusammengefasster Form (unwichtige Informationen weglassen), in dem erforderlichen Ausmaß und zum richtigen Zeitpunkt an den richtigen Adressaten erfolgen sowie durch Soll-Ist Vergleiche Entwicklungen aufzeigen.

585 Für die Gestaltung von Berichten sind folgende Leitfragen hilfreich:

113 Vgl. Management in der öffentlichen Verwaltung (Hopp/Göbel 2013, S. 62, verändert).

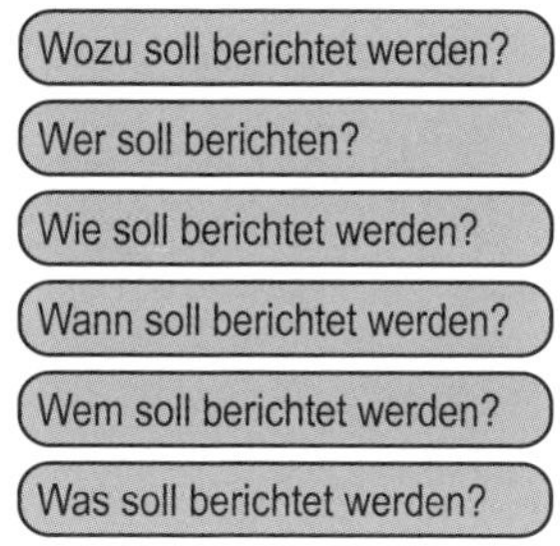

Im Rahmen des Berichtswesens können unterschiedliche Formen unterschieden werden. 586

Standardberichte 587

Bei dem Standardbericht sind die zu berichtenden Informationen zwischen Berichterstatter und -empfänger im Vorfeld festgelegt sowie Form und Zeitpunkt der Berichterstattung vorgegeben. Im Rahmen von Zielvereinbarungen (Kontraktmanagement – siehe unten) sind sie die bedeutendste Form, da sie die Entscheider regelmäßig über relevante Sachverhalte informieren.

Abweichungsberichte 588

Abweichungsberichte werden *anlassbezogen* bei einem Abweichen (Soll-Ist-Vergleich) von einem vorher festgelegten Standard (Qualitätsstandard) bzw. beim Überschreiten einer eingeräumten Toleranzgrenze erstellt.

Sonderberichte 589

Sonderberichte sind situationsbezogene Berichte, deren Auslöser nicht planbare Entwicklungen oder neue Veränderungen (z. B. neue Rechtsvorschriften) sind und einen Informationsfluss erfordern. Sonderberichte können ergänzend die Qualität der Entscheidungen unterstützen.

Bezogen auf die kurz erläuterten drei Formen, sollte noch auf die Möglichkeiten eines 590
Berichtswesens eingegangen werden. Während Abweichungs- und Sonderberichte nicht zwingend an eine Form und bestimmte Inhalte gebunden sind, sollten Standardberichte empfängerorientiert im Rahmen einer konkreten Aufbereitung erfolgen.

In diesem Zusammenhang sind insbesondere Kennzahlensysteme/Kennzahlenberichte 591
erwähnenswert (siehe auch Kennzahlen). Mithilfe von Kennzahlen können die relevanten Informationen kurz und aussagekräftig dargestellt werden.

Die richtigen Adressaten für Berichte in einer Kommunalverwaltung sind i. d. R. die Ver- 592
waltungsführung (Oberbürger-/Bürgermeister) sowie die Führungskräfte unterschiedler Hierarchieebenen und ggf. die Politik.

Während die Verwaltungsspitze i. d. R. Informationen über alle Dezernate bzw. Ämter be- 593
kommt, werden die Amtsleitungen oder ggf. Abteilungsleitungen über ihre Organisationseinheiten im Rahmen des Berichtswesens informiert.

594 Berichtet wird von der unteren Hierarchieebene an die übergeordneten Hierarchieebenen, sodass je nach Struktur der Organisationseinheit, die Leitungskraft Berichte erhält, aber auch erstellt und in aggregierter Form weitergibt. Die eigentliche Gestaltung des Berichtswesens wird i. d. R. durch das Zentrale Controlling vorgenommen.

595 **Abbildung Berichtswesen in Kommunalverwaltungen** (vereinfacht)

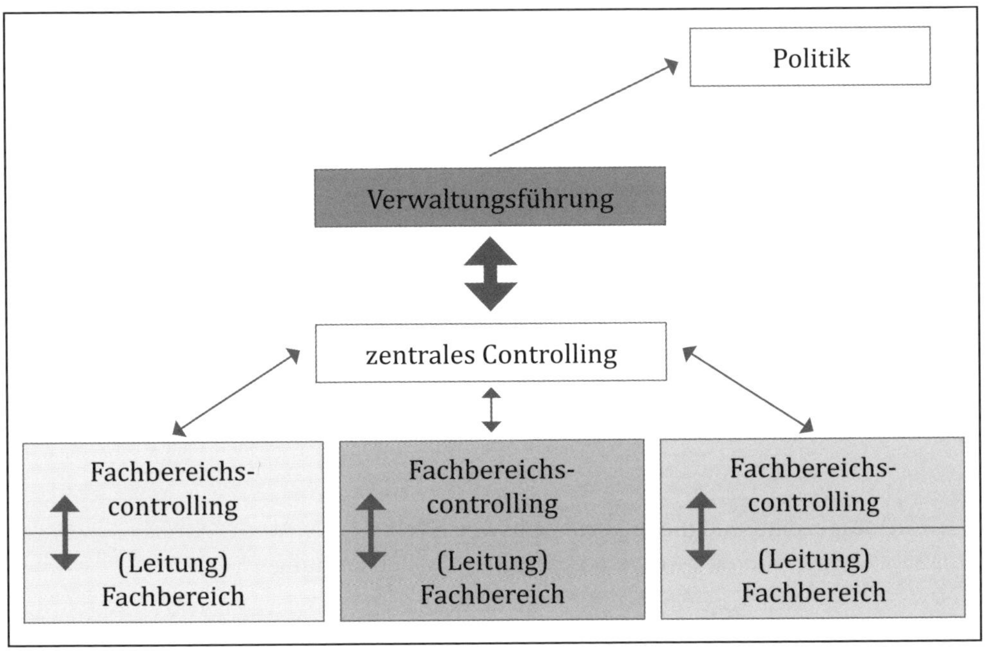

596 Kontraktmanagement

Die Steuerung der Verwaltung soll möglichst über ein Kontraktmanagement erfolgen. Auf der Basis einer produktorientierten Steuerung sind über den unterschiedlichen Ebenen der Verwaltung (Stadt- bzw. Gemeinderat, Verwaltungsführung und Ämter/Fachbereiche) möglichst Leistungs- und Budgetvereinbarungen (Kontrakte) zu treffen.

597 Kontraktmanagement hat demnach zum Ziel, zwischen demjenigen, der die Herstellung bestimmter Produkte mit einem festgelegten Leistungsumfang unter entsprechender Bereitstellung der dafür benötigten Mittel (einschl. des Budgets) beauftragt (Auftraggeber), und demjenigen, der die Produkte erstellt (Auftragnehmer), Einvernehmen zu erzielen. Das Einvernehmen ist dabei die Voraussetzung für die Übernahme von Verantwortung.[114]

598 Der Kontrakt ist somit leitend für die Erstellung eines Produkts. Aussagen über die Quantität und Qualität sowie darüber, wann das Produkt verfügbar ist, werden in der Leistungsvereinbarung getroffen.

114 Vgl. Verwaltungsorganisation (Siepmann/Siepmann 2004, S. 284).

In Abhängigkeit von den Beteiligten auf verschiedenster Ebene gibt es unterschiedliche Möglichkeiten, Vereinbarungen zu schließen[115]: 599

1) Vereinbarungen zwischen Rat und Verwaltungsführung
2) Vereinbarungen zwischen Ausschuss/Verwaltungsführung und dem Fachbereich
3) Vereinbarungen zwischen Führungskräften und Mitarbeitern

Wie kann man sich ein Kontraktmanagement in einer Kommunalverwaltung vorstellen?

Die Politik (der Stadt-/Gemeinderat und Ausschüsse) verständigt sich und gibt ihre ver- 600
bindlichen Vorstellungen an die Verwaltungsführung. Die Verwaltungsführung tritt an die Fachbereiche heran und trifft die notwendigen Absprachen zur Aufgabenerfüllung bzw. Zielerreichung. Die Führungskräfte in den Fachbereichen geben den Sachbearbeitern (siehe Ausführungsstellen) produktbezogen verbindlich die Ziele vor.

Im Gegenzug ist es Aufgabe der Ausführungsstellen, über die Leistungen und Kosten an 601
die Führungskräfte, z. B. über das Fachbereichscontrolling (siehe Controlling und Berichtswesen), zu berichten. Die Führungskräfte berichten nun z. B. über ein zentrales Controlling (Steuerungsunterstützung), welches die Berichte analysiert, aufbereitet und Empfehlungen abgibt (s. o.), an die Verwaltungsführung, die die Politik im entsprechenden Umfang informiert.

Durch die aufgezeigte mögliche Verfahrensweise ist zu erkennen, dass das Kontraktma- 602
nagement eine Trennung zwischen politischer „Willensbildung", die über das „Was" entscheidet und der Verwaltung, die verbindlich über das „Wie" der Aufgabenerfüllung bzw. Zielerreichung bestimmt, vornimmt.[116]

Mit dem Kontraktmanagement bzw. der o. g. Trennung ist ein Rückzug der Politik aus dem 603
operativen Geschäft verbunden, der aus politischer Sicht nicht immer unkritisch gesehen wird, da die Gefahr der Zunahme der Selbstständigkeit der Verwaltung im Verhältnis zur Politik gegeben ist.

Kennzahlen 604

Wenn man keine Ergebnisse misst, kann man Erfolg nicht von Misserfolg unterscheiden.[117] 605

Im Rahmen des Controllings bzw. Berichtwesens wurde die Bedeutung von bereitzustel- 606
lenden, entsprechend aufbereiteten steuerungsrelevanten Informationen herausgestellt. Eine wesentliche Möglichkeit, Informationen entsprechend abzubilden und darzustellen, sind Kennzahlen.

115 Vgl. Management in der öffentlichen Verwaltung (Hopp/Göbel 2013, S. 98, leicht verändert).
116 Vgl. H. Hill (2011, S. 53).
117 Osborne/Gaebler, Reinventing Government, 1992.

607 Mithilfe von Kennzahlen (Datengrößen) erhalten Politik, Verwaltungsführung sowie Führungskräfte und Mitarbeiter relevante Informationen, durch die Planungen und Entscheidungen erleichtert und verbessert werden.

608 Kennzahlen sind Informationen (Daten), die in einem gewissen Zeitraum die Ergebnisse und Wirkungen des Verwaltungshandelns abbilden. In kurzer Form werden im Prinzip Sachverhalte dargestellt (z. B. Qualität, Kosten). Kennzahlen lassen verwaltungsinterne, aber auch externe Vergleiche (s. u.) zu und ermöglichen die Kontrolle des Verwaltungshandelns. Sie helfen bei der Planung, Steuerung und Kontrolle der Produkterstellung und geben Informationen über den Zielerreichungsgrad.

609 Bereits unter Betrachtung der kurzen Ausführungen lassen sich den Kennzahlen unterschiedliche **Funktionen** zuordnen. Hierbei handelt es sich um die

- Wahrnehmungsfunktion
  (Kennzahlen machen leicht verständlich auf besonders wichtige Aspekte aufmerksam),
- Anreizfunktion
  (Kennzahlen sind – bezogen auf Zielsetzungen – herausfordernd),
- Kommunikationsfunktion
  (Kennzahlen animieren zu Diskussionen über unterschiedliche Aspekte und Entwicklungen),
- Controllingfunktion
  (Kennzahlen lassen eine Überprüfung der Zielerreichung und Vergleiche zu),
- Marketingfunktion
  (Kennzahlen zeigen Erfolge und haben somit einen werbenden Charakter).

610 Aus einzelnen Kennzahlen selbst lässt sich nicht *richtig* oder *falsch* bzw. *gut* oder *schlecht* ableiten. Eine Bewertung ergibt sich erst, wenn das Ziel (Soll) mit dem Erreichten (Ist) **verglichen** wird.

611 In diesem Zusammenhang kann zwischen dem Zeitvergleich (Was hat sich im Vergleich zu Vorjahren verändert?), dem Vergleich mit anderen (Wo stehen wir im Vergleich zu anderen Organisationen/Organisationseinheiten? Sog. Benchmarking[118]) und dem Soll-Ist-Vergleich (Haben wir die Ziele erreicht bzw. in welchem Grad nicht?) unterschieden werden.

612 Zudem lassen sich Kennzahlen in absolute und relative Kennzahlen untergliedern (siehe Abbildung).[119]

---

118 Benchmarking (engl.) – das Durchführen von Vergleichen sowie Analysieren und Verwerten der Ergebnisse.

119 Vgl. Management im öffentlichen Sektor (Gourmelon/Mroß/Seidel, S. 452, verändert).

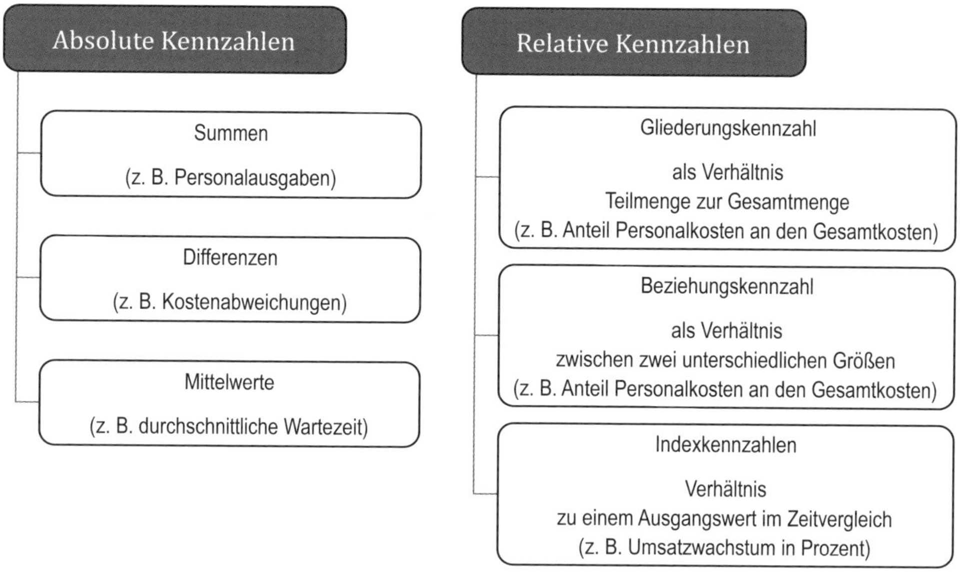

In der Praxis gibt es oft Schwierigkeiten bei der Bildung von Kennzahlen, da es keine all- 613
gemeingültige Vorschrift gibt, welche Kennzahlen zu verwenden sind. Es ist sinnvoll, sich auf einige wichtige, aussagekräftige Kennzahlen mit wesentlichem Informationsgehalt für die entsprechende Steuerungsebene zu beschränken.

Häufig findet Kennzahlenbildung, in Abhängigkeit von dem jeweiligen Produkt, in den 614
Bereichen Leistung (Quantität, Qualität, Wirkung), Wirtschaftlichkeit, Kunden- und Mitarbeiterzufriedenheit (sog. Zielfelder – siehe Abbildung[120]) statt.

Abbildung Zielfelder 615

Zielfeld/Berichtsfeld	Ziele (Beispiele)
Auftragserfüllung (Leistung)	Quantität, (Produkt-)Qualität, Zeit, Wirkung (Outcome)
Kundenzufriedenheit	Öffnungszeiten, Freundlichkeit, Beratung
Mitarbeiterzufriedenheit	Zufriedenheit mit den Arbeitsbedingungen, Klima, Ausfallzeiten
Wirtschaftlichkeit (Finanzziele)	insbesondere Stückkosten, Kostendeckungsgrad (Anmerkung: hier ist nicht „Wirtschaftlichkeit“ im Sinne des Haushaltsrechts gemeint.)

120 Vgl. Zielfelder in der Konzeption von KGSt und Bertelsmann Stiftung (verändert).

616 Dienst-/Arbeitsanweisungen

Oftmals werden die beiden Begriffe synonym verwendet. Grundsätzlich wird der Begriff Arbeitsanweisung eher in der Privatwirtschaft (Unternehmen) gebraucht, während in öffentlichen Verwaltungen von Dienstanweisungen gesprochen wird.

617 Dienstanweisungen haben den Charakter einer abstrakt-generellen Vorschrift und sind im Bereich der Ablauforganisation einzuordnen. Sie werden von der Verwaltungsspitze erlassen, sind verbindlich und haben keine Außenwirkung.

618 Dienst- und Arbeitsanweisungen stellen einen möglichst reibungslosen und konstanten Arbeitsablauf sicher.[121] Sie regeln die Arbeitsabläufe und ggf. den Einsatz von Mitteln für eine Vielzahl von Fällen. Im Einzelnen können beispielsweise Aufgaben, Kompetenzen und Verantwortung sowie die Zusammenarbeit einzelner Organisationseinheiten geregelt werden. Dienst- und Arbeitsanweisungen stellen dadurch eine einheitliche Aufgabenerfüllung sicher und verringern die Fehlerquote, sichern damit eine Ergebnisqualität und tragen ggf. zur Kostenersparnis bei.

619 Auch wenn Dienstanweisungen die Flexibilität einschränken können, so sind sie aufgrund der komplexen Aufgaben (ggf. verbunden mit einer Arbeitsteilung), der Arbeitssicherheit und der Qualitätssicherung in einigen Fällen erforderlich.

620 Insgesamt können Dienstanweisungen somit einen Einfluss sowohl auf die Organisation als auch auf das Verhalten von Mitarbeitern haben.

621 *Beispiele:*
In der Stadt X gibt es die Dienstanweisung „Schriftverkehr", die u. a. regelt, wie externe Schreiben zu fertigen sind (Kopfbogen, Schriftart und -größe, Zeilenabstand ...)

Die Dienstanweisung „Arbeitssicherheit/Arbeitsschutz Bau" regelt u. a. die Handhabung von Maschinen und das Tragen von Schutzkleidung.

7.5 GESCHÄFTSVERKEHR UND BÜROORGANISATION

622 

Ein System wie die öffentliche Verwaltung braucht – neben Regeln zur Büroorganisation – insbesondere Regelungen zum Geschäftsverkehr bzw. Geschäftsgang, um Geschäftsvorfälle[122] bearbeiten zu können.

121 Einführung in die Organisationslehre (H. Kreikebaum 1975, S. 49).
122 Geschäftsvorfall = kleine Bearbeitungseinheit im Rahmen der Aufgabenwahrnehmung – aus der Bearbeitung des Geschäftsvorfalls entsteht der Vorgang.

Diese Regelungen spiegeln sich in einer Geschäftsordnung oder Dienstanweisung (z. B. zum Schriftverkehr) einer öffentlichen Verwaltung wider. 623

Sie sind zwar nicht einheitlich, aber in ihren Inhalten vergleichbar. 624

Deshalb sind die in diesem Abschnitt zu lesenden Ausführungen und Erläuterungen ein ***Extrakt*** aus unterschiedlichen Geschäftsordnungen und -anweisungen in unserer Behördenlandschaft. 625

Sie haben u. a. den Zweck, die Aufgaben schnell, wirksam, wirtschaftlich und kundenorientiert zu erfüllen. 626

Solche Regelungen sind in der Praxis oft unbeliebt, da sie relativ starr wirken und oftmals durch die Art der Darstellung nicht gerade großes Interesse wecken. 627

7.5.1 GESCHÄFTSVERKEHR

GRUNDSÄTZE FÜR DEN DIENSTBETRIEB 628

Aus dem oben geschilderten Zweck der Regelungen lassen sich allgemeine **Grundsätze für den Dienstbetrieb** (Bearbeitungsgrundsätze) ableiten, die im Rahmen des Geschäftsverfahrens/Geschäftsgangs zu beachten sind. 629

Hierbei handelt es sich insbesondere um folgende Grundsätze: 630

- GESETZMÄSSIGKEIT DER VERWALTUNG 631
  Bei der Sachbearbeitung müssen Rechtsvorschriften beachtet und ggf. Verwaltungsvorschriften eingehalten werden. Gibt es für das Handeln keine Rechtsvorschriften, so ist nach richtiger Ausübung nach freiem Ermessen vorzugehen.

- ZEITNAHE UND RICHTIGE BEARBEITUNG 632
  Der zuständige Mitarbeiter erledigt seine Aufgaben/Dienstgeschäfte möglichst zeitnah. Zeitnah bedeutet, dass sie in einer zu bestimmenden Reihenfolge ohne Verzögerung zu erledigen sind. Dieser Grundsatz wird auch durch die Rechtsprechung konkretisiert, wonach die öffentliche Verwaltung Vorgänge/Anträge in einem vertretbaren Zeitfenster zu bearbeiten hat.

  Des Weiteren soll in einem Verwaltungsverfahren bei Bedarf (bei sofortiger Bearbeitung nicht erforderlich) eine **Zwischenmitteilung** an den Antragsteller erfolgen, um diesen, insbesondere bei Verzögerungen, über den Stand der Bearbeitung zu informieren. 633

634 – Wirtschaftlichkeit des Geschäftsverkehrs
Der Geschäftsverkehr ist wirtschaftlich, d. h. insbesondere unter Abwägung von Nutzen und Kosten durchzuführen. Hierzu zählt insbesondere der optimale Mitteleinsatz zur Erledigung der Verwaltungsgeschäfte.

635 Geschäftsverfahren

Ein Vorgang, der sich auf einen Sachverhalt bezieht, wird in öffentlichen Verwaltungen auch Geschäftsvorfall genannt. Ein Geschäftsvorfall wird beginnend von dem (Post-)Eingang über die Sachbearbeitung bis zur abschließenden Aufbewahrung in unterschiedlichen Schritten und i. d. R. von unterschiedlichen Mitarbeiterinnen und Mitarbeitern bearbeitet.

636 Die *Ablauforganisation* soll dabei sicherstellen, dass die zur Bearbeitung eines Geschäftsvorfalls erforderlichen Schritte wirtschaftlich, verständlich und mitarbeiterfreundlich gestaltet werden (s. o.).

637 Die wesentlichen bei der Bearbeitung zu durchlaufenden Schritte und deren Inhalte werden folgend näher beschrieben.

638 Dabei ist es, orientiert an den Prozessschritten Eingang (Input), Verarbeitung (Aktivitäten) und Ausgang (output), sinnvoll, mit der Bearbeitung von Eingängen zu beginnen.

639 Bearbeitung von Eingängen

Wie bereits in diesem Buch beschrieben, gibt es unterschiedliche und in der Regel frei wählbare[123] Möglichkeiten bzw. Wege für den Bürger, mit der Verwaltung zu kommunizieren.

640 Neben der persönlichen Vorsprache und dem fernmündlichen Informationsaustausch ist die *Kommunikation in Schriftform*, die auf unterschiedlicher Art und Weise geschehen kann, der gängigste Weg.

Wie können die Informationen in Schriftform zur Behörde gelangen?

641 Eine Möglichkeit ist die elektronische Form, die in der heutigen Zeit zugenommen hat. Zu nennen sind in diesem Zusammenhang

- die E-Mail,
- das Telefax,
- elektronische Antragsbearbeitung (siehe auch E-Government).

642 Trotz des technischen Fortschritts ist die Papierform eine weitere Möglichkeit. Auch hier gibt es unterschiedliche Wege, die erwähnenswert sind:

123 Soweit die Form nicht zwingend vorgeschrieben ist.

- Persönliche Abgabe (z. B. bei einer zentralen Stelle oder beim zuständigen Sachbearbeiter)
- Einwurf in den Behördenbriefkasten
- Zustellung durch die Deutsche Post bzw. private Zusteller
- Zustellung durch Bote
- Behördensammelpost (Sendungen zwischen Behörden)

Organisatorisch sind in den öffentlichen Verwaltungen (Behörden) ZENTRALE STELLEN eingerichtet, die für die Entgegennahme der Eingänge in Papierform, aber auch in elektronischer Form über eine zentrale E-Mail-Adresse, zuständig sind. Zu ihren Aufgaben gehören primär das Öffnen, die erste Behandlung, die Auszeichnung und die Verteilung der Eingänge. Natürlich ist nicht zu vermeiden, dass Post direkt an die Mitarbeiter, in welcher Form auch immer, eingeht. 643

Der Eingang bei einer zentralen Poststelle (Eingangsstelle) sollte jedoch, auch aufgrund einer zentralen Behördenanschrift, die Regel sein. Hier wird das entsprechend qualifizierte und zur Verschwiegenheit verpflichtete (siehe mögliche Inhalte der Eingänge) Personal vorgehalten, welches 644

- die ordnungsgemäße Bearbeitung sicherstellt,
- die Bearbeitung durch einen entsprechenden Mitteleinsatz wirtschaftlicher vornehmen kann,
- die Eingänge *inhaltlich* dem richtigen Adressaten zuordnet (nicht nur der Anschrift folgend),
- eine unbefugte Beeinflussung der Eingänge vermeidet,
- bedeutungsvolle Eingänge gesondert bearbeitet,
- Führungskräften über den Eingang Einfluss auf die Sachbearbeitung ermöglicht (zentrale Stelle in der Organisationseinheit) und elektronische Eingänge mit entsprechenden Systemen gesondert prüft und behandelt.

Nachfolgend werden die wesentlichen Arbeiten einer Posteingangsstelle am Beispiel eines schriftlichen Posteingangs (Papierform) beschrieben. 645

Die Post wird entgegengenommen und geöffnet. 646

Nicht jeder Posteingang darf jedoch geöffnet werden (Beispiele siehe Tabelle): 647

Sendung an Behördenanschrift Stadt Postberg Hauptstr. 1 44444 Postberg	***öffnen***
Sendung an Behördenanschrift (mit Zusatz zu Händen …) Stadt Postberg z. H. Frau Schmidt Hauptstr. 1 44444 Postberg	***öffnen (weiterleiten an Adressat)***
Sendungen mit dem Zusatz – persönlich/eigenhändig – Stadt Postberg z. H. Frau Schmidt – persönlich – Hauptstr. 1 44444 Postberg	***nicht öffnen***
Sendungen mit persönlicher Anschrift Frau Oberbürgermeisterin Heike Meier Stadt Postberg Hauptstr.1 44444 Postberg	***nicht öffnen*** (Wahrung des Briefgeheimnisses) – weiterleiten an Adressat – ggf. andere Regelung mit Einverständnis des Empfängers bzw. bei offensichtlichem dienstlichen Inhalt möglich
Sendungen an Beihilfe/Personalaktenstellen	***nicht öffnen*** (vertrauliche Inhalte) – weiterleiten an Empfänger
Sendungen an Personalrat, Gleichstellungsstelle und Schwerbehindertenvertretung	***nicht öffnen*** – weiterleiten an Empfänger (siehe Aufgaben/Rolle der Empfänger)
Irrläufer (siehe Anschrift)	***nicht öffnen*** – weiterleiten an richtigen Empfänger (ggf. mit Eingangsstempel) – ggf. zurück an Absender
Angebote bei Ausschreibungen/ Vorschläge im Rahmen des Vorschlagwesens (mit Frist)	***nicht öffnen*** – weiterleiten an zuständige Stelle, die Angebote bis zum Fristablauf sammelt und dann öffnet (sonst Gefahr der Beeinflussung/Wettbewerbsverzerrung)

Weiterer Umgang mit Eingängen:

648 In vielen Verwaltungen sind **Briefumschläge** grundsätzlich mit dem Eingang weiterzuleiten; mindestens jedoch, wenn der Umschlag Vermerke aufweist, ein Inhalt ohne Begleitschreiben vorhanden ist, der Poststempel bedeutsam sein kann oder das Schreiben keinen Absender erkennen lässt.

Eingänge mit **Dringlichkeitsvermerken** (z. B. eilt oder sofort) sind bevorzugt zu bearbeiten. 649

Elektronische Eingänge sind wie normale Eingänge zu behandeln. Für elektronische Eingänge können für jede Organisationseinheit bzw. bei einer zentralen Stelle elektronische Postfächer eingerichtet werden. Ist eine elektronische Weiterleitung des Posteingangs nicht möglich, sollte dieser ausgedruckt und in den Geschäftsgang gegeben werden. 650

Eingehende **Geldbeträge**, **Schecks** sind zu bestätigen und umgehend der „Kasse" zuzuleiten. 651

Grundsätzlich erfolgt keine **Eingangsbestätigung** an den Bürger (Absender), ist jedoch nach Einzelfallbetrachtung möglich bzw. notwendig. 652

Der **Zeitpunkt**[124] **des Posteingangs** ist zu dokumentieren bzw. durch die Behörde nachzuweisen, insbesondere im Rahmen der Wahrung von Terminen und Fristen. Bei Eingängen in Papierform geschieht dieses durch einen **Eingangsstempel**, der den Tag des Eingangs, die Behörde und bei Bedarf auch die Uhrzeit erkennen lässt. 653

Bei elektronischen Eingängen sind die entsprechenden technischen Protokollierungen auszuweisen. 654

Der Bürger ist grundsätzlich nicht verpflichtet, seine Sendung an die zentrale Eingangsstelle zu leiten. Nicht selten wird der direkte Kontakt zu den Organisationseinheiten oder Mitarbeitern gesucht. Sollten Sendungen dezentral eingehen, so ist ebenfalls der Eingang ggf. mit einem *Eingangsstempel, mindestens jedoch mit einem handschriftlichen Vermerk*, nachzuweisen. Im Übrigen sind die Mitarbeiter vor Ort verantwortlich für die richtige Bearbeitung (s. o.) und ggf. auch das Einbinden ihrer Hierarchie (Führungskraft), die nicht selten durch den „direkten" Weg übergangen wird. Hierzu zählen auch die elektronischen Eingänge. 655

In dem nächsten Schritt geht es darum, die vorbearbeiteten **Eingänge den entsprechenden Organisationseinheiten zuzuordnen** und dieses im Rahmen des Eingangs ebenfalls zu dokumentieren (siehe Eingangsstempel). In den Organisationeinheiten selbst finden wir häufig DEZENTRALE POSTSTELLEN, die nicht selten den Sekretariaten der Leitungskräfte zugeordnet sind, vor. 656

Die **Leitungskraft sichtet i. d. R. die Eingänge**, um einen Informationsstand in Einzelfällen zu bekommen und lenkend eingreifen zu können. Ergänzend können weitere Regelungen (Delegationsregelungen) bestimmen, wer wann welche Eingänge zur Sichtung bekommt. 657

---

124 Zeitpunkt, zu dem das Schriftstück in den „Machtbereich" der Behörde gelangt.

658 Die Führungskräfte verfügen in diesem Zusammenhang über folgende **gängige sog. Sichtungs- und Bearbeitungsvermerke**:

- b. R. – bitte Rücksprache
- f. R. – bitte fernmündliche Rücksprache
- b. A. – bitte Anruf
- Sofort – sofort bearbeiten (vor anderen Dingen)
- Eilt – bevorzugt bearbeiten
- z. K. – zur Kenntnisnahme
- v. A. – vor Abgang zur erneuten Kenntnisnahme
- z. w. V. – zur weiteren Veranlassung

659 Nicht selten benutzen dabei die Führungskräfte zur besseren Unterscheidung, bezogen auf die unterschiedlichen Hierarchien und Funktionen, auch unterschiedliche Schriftfarben. So kann es, je nach Behörde vor Ort, geregelt sein, dass der (Ober-)Bürgermeister die Farbe „Rot", das Rechnungsprüfungsamt „Grün" und die übrigen Beschäftigten „Blau" verwenden.

660 Nach Sichten der Eingänge durch die Leitungskraft werden diese an den zuständigen Mitarbeiter ZUR BEARBEITUNG gegeben.

661 **Die Bearbeitung durch den Sachbearbeiter**

662 *Beispiel:*
Sie bekommen einen Vorgang über den Posteingang zur Bearbeitung. Sie nehmen diesen Vorgang bzw. den Inhalt zur Kenntnis und überlegen, wie Sie sinnvollerweise bei der Bearbeitung vorgehen könnten.

663 Zur Erleichterung der Bearbeitung der Eingänge bzw. Geschäftsvorfälle kann ein **schrittweises Vorgehen** (**siehe Abbildung**) empfohlen werden.

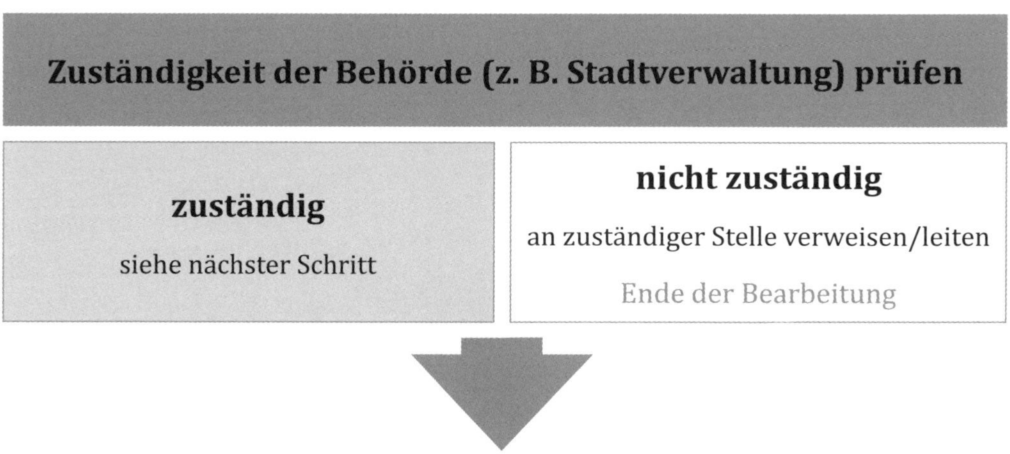

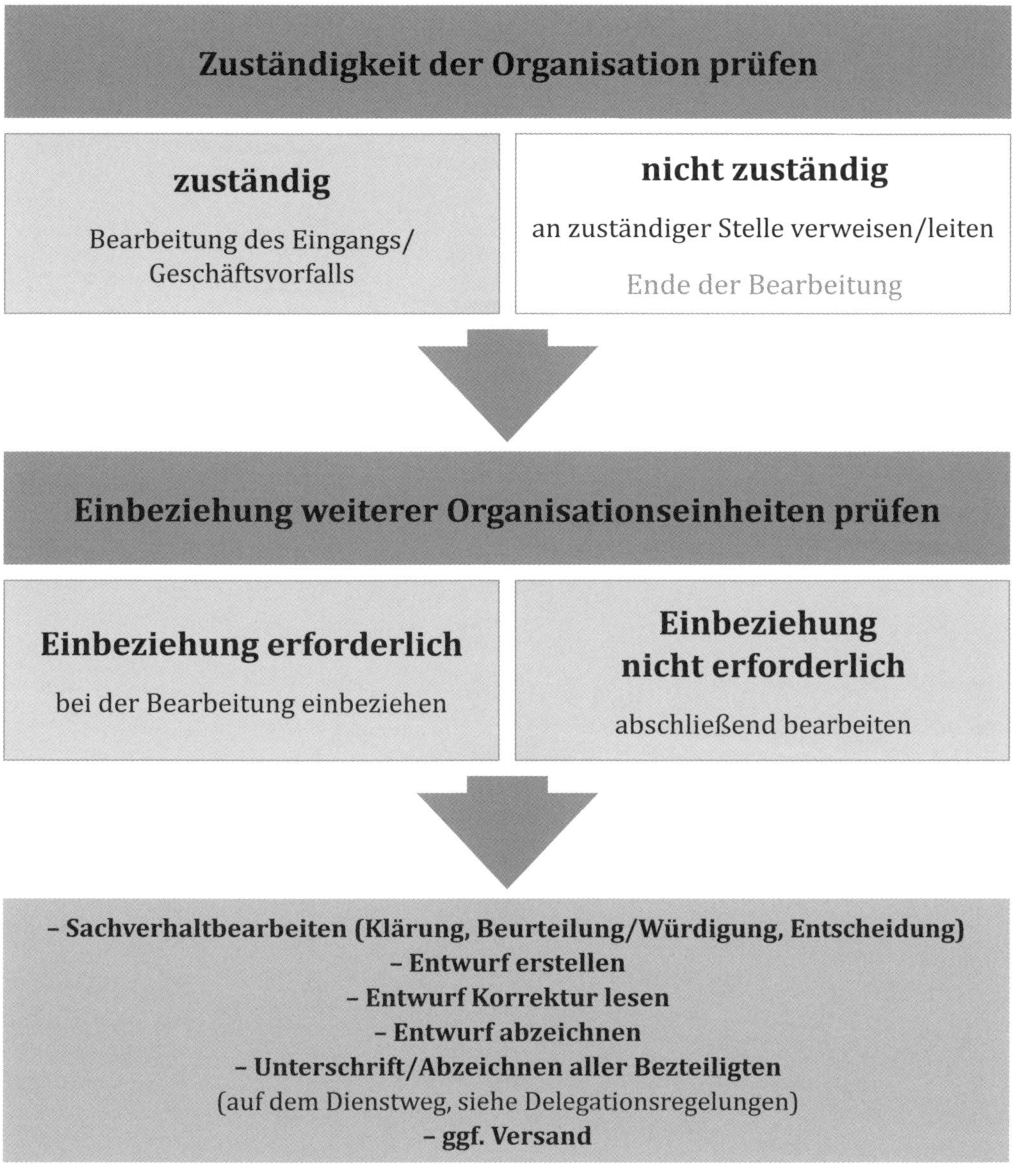

Zuständigkeit

SCHRITT 1: BEHÖRDE 664

Zurückblickend auf das geschilderte Kurzbeispiel und die aufgezeigte schrittweise Vorgehensweise, ist die Frage der Zuständigkeit der Behörde zu beantworten.

Bei der Prüfung der Zuständigkeit wird zwischen **örtlicher und sachlicher Zuständigkeit** unterschieden. 665

666 Die Grundlage zur Prüfung der örtlichen Zuständigkeit findet sich in verwaltungsrechtlichen Vorschriften (siehe Verwaltungsverfahrungsgesetz NRW).

667 Die sachliche Zuständigkeit ist i. d. R. anhand der für die Bearbeitung einschlägigen Rechtsvorschriften (Spezial-/Fachgesetze) zu prüfen.

668 In diesem Zusammenhang ist anzumerken, dass es Fälle gibt, wo die Stadtverwaltung/Gemeinde zwar originär für die Bearbeitung nicht zuständig ist, sehr wohl aber für die Entgegennahme (gilt als Tag der Antragstellung) und entsprechende Weiterleitung von Anträgen an die zuständigen Behörden.

669 *Beispiel:*
Die Abgabe eines Antrages zur Feststellung einer Schwerbehinderung erfolgt bei der Gemeinde. Der Antrag wird von der Gemeinde zuständigkeitshalber an das Versorgungsamt (andere Behörde) weitergeleitet.

670 *Dass so verfahren wurde, wird dem Antragsteller meist in Form einer sog. Abgabenachricht mitgeteilt.*

671 Schritt 2: Organisationseinheit

Der Inhalt des Eingangs ist dahingehend zu prüfen, welche Organisationseinheit (Amt/Fachbereich, Abteilung, Sachgebiet, Mitarbeiter) innerhalb der Verwaltung für die Bearbeitung zuständig ist.

672 Dieses ist nicht immer einfach, da für die Bearbeitung auch mehrere Organisationseinheiten zuständig sein können (organisationsübergreifende Bearbeitung). In diesen Fällen ist zu klären, welche Organisationseinheit federführend ist. Das ist in der Regel die, die im Rahmen der Bearbeitung hauptsächlich betroffen ist.

673 Sollte eine Unzuständigkeit festgestellt werden, dann ist die zuständige Organisationseinheit zu ermitteln und der Vorgang entsprechend weiterzuleiten (siehe Ablauf).

674 Schritt 3: Sachbearbeiter

Abschließend wird geprüft, ob der Vorgang bei dem richtigen Sachbearbeiter angekommen ist. Wer für welche Aufgaben zuständig ist, ist in Form von organisatorischen Verteilungsplänen oder Einzelzuweisungen von Aufgaben geregelt. Ist die Zuständigkeit im Einzelfall nicht eindeutig geklärt, ist eine Entscheidung herbeizuführen.

675 **Betrachtung und Klärung des Sachverhalts**

676 Wenn die Zuständigkeit geklärt ist, gilt es, sich **intensiver mit dem Inhalt bzw. dem Sachverhalt auseinanderzusetzen**. Als Sachbearbeiter ist es dabei erforderlich, sich alle

zur Verfügung stehenden Informationen und Unterlagen anzusehen und die für die Sachbearbeitung wesentlichen Aspekte herauszuarbeiten.

Sollten notwendige Informationen fehlen, so sind diese in angemessener Art und Weise und im notwendigen Umfang zu beschaffen. Dabei gilt es, den Bürger – im Rahmen seiner Mitwirkung bzw. Mitwirkungspflichten – so wenig wie möglich zu belasten. 677

Vor dem Hintergrund des zeitlichen Aspekts können gegenüber den Bürgern Fristen oder feste Termine genannt werden, die dann eine schnelle Sachbearbeitung zulassen. 678

Oftmals können Informationen ohne den Bürger erhoben werden. Beispielhaft ist hier die Kooperation zwischen einzelnen Verwaltungen erwähnenswert, wobei auch hier rechtliche Regelungen (z. B. Datenschutz) zu beachten sind. Ggf. ist dann das Einverständnis des Bürgers für derartige Erhebungen einzuholen. Sollten Informationen von mehreren Stellen notwendig sein, so sind diese, aus rationalen sowie Zeitersparnis-Gründen, gleichzeitig zu erheben. 679

Nicht selten hat das Verwaltungshandeln auch Auswirkungen auf mittelbar Beteiligte oder die Allgemeinheit (z. B. größere Baumaßnahmen). In diesen Fällen macht es Sinn, die Betroffenen möglichst früh zu informieren und zu beteiligen, da hierdurch vor einer zu treffenden Entscheidung ergänzende sowie relevante Informationen einfließen können und die Entscheidungsakzeptanz erhöht werden kann. Eine Form der Beteiligung (der Erhebung) sind sog. Bürgerversammlungen. 680

Bearbeitung des Geschäftsvorfalls (Sachverhalts) 681

Die Bearbeitung hat, wie oben bereits angeführt, unter Beachtung von Bearbeitungsgrundsätzen zu erfolgen.

Ansonsten ist grundsätzlich die öffentliche Verwaltung i. S. d. Verwaltungsverfahrensrecht bei der Bearbeitung von Verwaltungsverfahren[125] nicht an eine bestimmte Form gebunden, es sei denn, sie ist durch Rechtsvorschrift vorgeschrieben. 682

Legen wir die Formfreiheit zugrunde, so entscheidet die Behörde (ggf. der Sachbearbeiter) selbst. Die Art der Durchführung kann elektronisch, telefonisch, mündlich oder schriftlich erfolgen. Dabei spielen Kriterien wie Bedeutung, Zeit, Informationsmenge und Empfänger eine Rolle. 683

Auch ist eine **direkte** Kommunikation, also ohne eine weitere Stelle einzubeziehen, zwischen den Verwaltungen und zwischen Verwaltungen und Privaten grundsätzlich die Regel. 684

---

125 Viele Eingänge lösen ein Verwaltungsverfahren aus.

685 Es gibt jedoch eine häufig vorkommende Ausnahme. In bestimmten Fällen ist **der Dienstweg**[126] einzuhalten. Das bedeutet, dass, falls erforderlich, alle zwischen „Sender und Empfänger" liegenden Hierarchieebenen beteiligt werden.

686 Die Entscheidung zwischen **mündlicher oder schriftlicher Abwicklung** hat in der Verwaltungspraxis eine besondere Bedeutung. Neben den Betrachtungen der Wirtschaftlichkeit und Angemessenheit sowie dem Bedürfnis, zielorientiert und erfolgreich zu kommunizieren[127], ist dies vom Sachverhalt selbst abhängig.

687 Der Mitarbeiter wird sich bei Sachverhalten mit einer rechtlichen Entscheidung und ggf. besonderer Tragweite sicherlich allein schon aus Gründen der Nachvollziehbar- und Nachweisbarkeit für eine **schriftliche** Bearbeitung entscheiden. An dieser Stelle ist der römische Rechtsgrundsatz *„Was nicht in den Akten ist, ist nicht in der Welt"* erwähnenswert.

688 Eine **mündliche** Bearbeitung wird der Mitarbeiter dann bevorzugen, wenn es um nicht rechtsrelevante Handlungen wie Auskünfte einholen (s. o. Informationen erheben) oder geben geht.

689 Wenn das Ergebnis einer mündlichen Kommunikation dennoch dokumentiert werden sollte, gibt es hierzu die Möglichkeit einer *Niederschrift und eines (Akten-)Vermerks*. Beide Formen werden unter Schriftverkehr näher erläutert.

690 In der Praxis kann es immer wieder zu **Ausnahmefällen** bei der Bearbeitung kommen. So gibt es Eingänge, die trotz aller Bemühungen und Recherche den Absender nicht erkennen lassen. In solchen Fällen ist eine sachgerechte Bearbeitung nicht möglich und somit auch nicht erforderlich, es sei denn, der Inhalt lässt z. B. eine „Gefahr" erkennen, die weitere Handlungen erforderlich macht. Auch können Schreiben Drohungen oder Beschimpfungen enthalten, die ggf. zur Folge haben, dass eine Bearbeitung nicht möglich ist. Auch hier können dadurch weitere Handlungen (z. B. Strafanzeige) ausgelöst werden. Offensichtlich unverständliche Schreiben können auch nicht bearbeitet werden. Sind Schreiben in einer Fremdsprache verfasst, so kann eine Übersetzung, die der Verfasser selbst vornimmt oder gegen Kosten vornehmen lässt, zur weiteren Bearbeitung und aus Gründen der Rechtssicherheit erwartet werden.[128]

691 Würdigung/Beurteilung des Sachverhalts

Der Bürger hat ein Recht darauf zu vertrauen, dass die öffentliche Verwaltung *richtig* arbeitet.

---

126 Siehe auch Einlinienorganisation – hierarchische, vertikale Kommunikation durch Über- und Nachordnung – gilt auch zwischen Behörden.

127 Beispielhaft zu nennen sind ein direkter, schneller und gegenseitiger Austausch; die Gesprächsatmosphäre; das Erkennen unterschiedlicher Bedürfnisse.

128 Die Amtssprache ist Deutsch.

Deshalb ist der letztendlich geklärte Sachverhalt unter Beachtung des Grundsatzes der Rechtmäßigkeit rechtlich zu würdigen bzw. zu beurteilen. Der Grundsatz der Rechtmäßigkeit[129] verpflichtet die öffentliche Verwaltung dazu, im Rahmen ihres Verwaltungshandelns nicht gegen die Rechtsordnung zu verstoßen (Gesetzesvorrang). Des Weiteren darf eine Behörde nur in die Rechte eines Einzelnen eingreifen, wenn sie dazu eine gesetzliche Grundlage hat (Gesetzesvorbehalt). 692

Bevor eine falsche Entscheidung getroffen wird, empfiehlt es sich, bei Schwierigkeiten dieser rechtlichen Beurteilung einen Experten (z. B. Juristen) hinzuzuziehen oder die Führungskraft im Vorfeld zu beteiligen, da diese ggf. sowieso die Entscheidung mittragen muss.[130] 693

Entscheidung des Sachverhalts 694

Ist die rechtliche Beurteilung abgeschlossen, so erfolgt die Entscheidung. Die Entscheidung ist schriftlich zu dokumentieren und wird oftmals in Form eines Verwaltungsaktes dem Adressaten ebenfalls schriftlich und i. d. R. mit einer hinreichenden Begründung mitgeteilt (*siehe Abschnitt Schriftverkehr*). Der Inhalt sollte dabei alle zu berücksichtigende Aspekte enthalten und für den Empfänger nachvollziehbar sein.

Sollten mehrere Stellen an der Bearbeitung beteiligt gewesen sein, so ist die Entscheidung im Vorfeld abzustimmen. 695

In den Fällen, wo gezielt und mehrfach innerhalb kürzester Zeit Eingänge eines identischen Absenders eingehen, die sich inhaltlich nur wiederholen, also sachlich und rechtlich keine anderen Gesichtspunkte erkennen lassen, ist eine Neubeurteilung entbehrlich und es kann sich auf die bereits erfolgte Entscheidung bezogen werden. 696

Postausgang (Versand von Schriftgut) 697

Auch der Postausgang mit dem Versand von Schriftgut ist Teil der Regelungen zur Gestaltung des Geschäftsgangs/-verkehrs in vielen Geschäftsordnungen/-anweisungen von Behörden.

Nachdem die Bearbeitung abgeschlossen ist, gilt es in vielen Fällen, das entsprechende „Schriftgut“ (siehe Schriftverkehr) in geeigneter und richtiger Form zu versenden. Den Weg, den das Schriftstück bis zum Verlassen der Behörde nimmt, kann man sich vereinfacht überwiegend in nahezu umgekehrter Reihenfolge zum Eingang vorstellen. 698

---

129 Vgl. Art. 20 Grundgesetz.

130 Die Beteiligung der Führungskraft muss sachlich begründet sein, da ansonsten eine Rückdelegation vorliegt.

699 Es gilt dabei, unter Beachtung rechtlicher Vorschriften die wirtschaftlichste Möglichkeit des Versandes zu nutzen. In diesem Zusammenhang sollten alle an dem Prozess beteiligten Mitarbeiter den Aufwand und die Kosten möglichst gering halten. Oft sind es auf den ersten Blick „banale" Dinge, wie Papierverbrauch, Wahl des Schriftstückes, Art der Kommunikation (mündlich, schriftlich, elektronisch), die dazu beitragen können.

700 Es gibt unterschiedliche Möglichkeiten des Versandes.

701 Die klassische Möglichkeit, wie das behördliche Schriftgut zum Adressaten gelangt, ist der Postweg. Dieses geschieht, wie im Alltag auch, entweder zu einem großen Anteil durch die **Deutsche Post** oder durch ein **privates Unternehmen**, welches die Erlaubnis zur Postbeförderung hat.

702 In der Regel setzt diese Versandart ein *Kuvertieren* des Schreibens voraus, welches in größeren Organisationseinheiten oft durch zentrale Stellen erfolgt. Dennoch sollte darauf geachtet werden, dass möglichst sog. Fensterumschläge genutzt werden, die die Anschrift aus dem Schreiben erkennbar machen.

703 Dass die Postsendung entsprechend den Bestimmungen der Post AG zu *frankieren/freizumachen* ist, um auch dem Empfänger Unannehmlichkeiten zu ersparen (Nachzahlung), versteht sich von selbst. Hierzu stehen den Behörden neben den üblichen Postwertzeichen auch Frankiermaschinen zur Verfügung.

704 Die Behörde muss jedoch nicht in jedem Fall den geschilderten klassischen Weg in Anspruch nehmen. Insbesondere aus wirtschaftlichen Gründen kann sie die Zustellung auch selbst vornehmen, indem sie eigene Mitarbeiter als **Boten** einsetzt. Damit verbunden ist eine Kostensenkung, aber auch die Gewissheit eines schnellen Zugangs.

705 Eine weitere Alternative liegt in der sog. **Sammelpost**, oftmals im zwischenbehördlichen bzw. behördeninternen Austausch. In Abhängigkeit von den zu erfüllenden Aufgaben einer Behörde ist festzustellen, dass ein intensiver Schriftverkehr zwischen einzelnen Behörden stattfindet. In solchen Fällen ist es sinnvoll, einen **Postaustausch** zu organisieren. Dieses geschieht, indem das Schriftgut nicht kuvertiert und zugesandt wird, sondern durch Mitarbeiter der jeweiligen Behörden abgeholt wird.

706 *Beispiel:*
Die Post der Kreisverwaltung für die kreisangehörigen Gemeinden und umgekehrt.

707 Eine bereits auch unter wirtschaftlichen Betrachtungen angesprochene Möglichkeit ist die des **elektronischen Versandes**. Grundsätzlich sollte dort, wo die Möglichkeit der elektronischen (Fax/E-Mail) Zusendung besteht (s. u.), diese auch genutzt werden. Nicht nur Behörden sind mit den entsprechenden Möglichkeiten ausgestattet, sondern nahezu alle Unternehmen und viele Privathaushalte verfügen ebenfalls über elektronische Kommunikationsmöglichkeiten. Es muss in der heutigen Zeit der Technisierung kaum noch

erwähnt werden, dass diese Versandart als wohl die schnellste und kostengünstigste angesehen werden kann.

Trotzdem soll gerade an dieser Stelle darauf hingewiesen werden, dass nicht selten – 708
neben der Nutzung dieser Versandart – die Dokumente ausgedruckt und gleichzeitig postalisch versandt werden. Das ist unwirtschaftlich und zu vermeiden, es sei denn, die Schriftform ist erforderlich (s. u.) und das Dokument dient der frühzeitigen Kenntnisnahme.

Es ist auch darauf zu achten, dass die Kommunikation *möglichst sicher* gestaltet wird. Es 709
ist hinreichend bekannt, dass Daten durch andere gelesen und verändert werden können. Deshalb gilt der Grundsatz, dass sensible, besonders schützenswerte Daten nur dann ausgetauscht werden sollten, wenn die Sicherheit der Übertragung durch den Einsatz von entsprechenden Sicherungsmöglichkeiten ausreichend gewährleistet ist. Sollten Bedenken bestehen, sind die anderen Versandarten zu nutzen.

Wie bereits angedeutet, kann auf die elektronische Versandart nicht immer zurückgegrif- 710
fen werden. Rechtliche Vorschriften setzen in einigen Fällen die Schriftform und auch Unterschriften voraus. Auch ist zu hinterfragen, inwieweit die technischen Voraussetzungen für eine derartige Kommunikation gegeben sind (z. B. eine entsprechende Hardware bzw. gängige Software).

Nicht immer ist bei dem Versand von Schriftstücken eine formlose Zustellung möglich. 711
Rechtsvorschriften, wie das Verwaltungszustellungsgesetz, schreiben in bestimmten Fällen eine **förmliche Zustellung** vor. Sinn dieser Art der Zustellung ist es, den Erhalt des Schriftstückes nachweisen zu können. In der Praxis stehen hier die Postzustellungsurkunde und die Empfangsbestätigung bzw. das Empfangsbekenntnis zur Verfügung. Oftmals wird in der Verwaltungspraxis auch eine förmliche Zustellung bei Schriftstücken von besonderer Bedeutung gewählt.[131] Für welche Form man sich im Einzelfall entscheidet, ist zu dokumentieren.

Mit dem Nachweis des Zugangs eines Dokumentes sollte erwähnt werden, dass die Ver- 712
waltung im Einzelfall nämlich verpflichtet ist, den Zugang nachzuweisen. Deshalb ist es auch wichtig, dass, nicht nur im Rahmen der förmlichen Zustellung, der Zeitpunkt, an dem das Schreiben/Dokument versandt wurde, zu vermerken ist. Dieses kann dadurch geschehen, dass ein entsprechender Vermerk[132] (Tag der Aufgabe zur Post) in dem Vorgang angebracht wird. Aus dem Vorgang muss auch die Art des Versands erkennbar sein (z. B. Fax, E-Mail).

Das folgende Schaubild ergänzt noch einmal die Inhalte dieses Abschnitts: 713

131 Z. B. Stellenübertragungen, Urkunden.
132 In einigen Verwaltungen „Ab-Vermerk“ genannt.

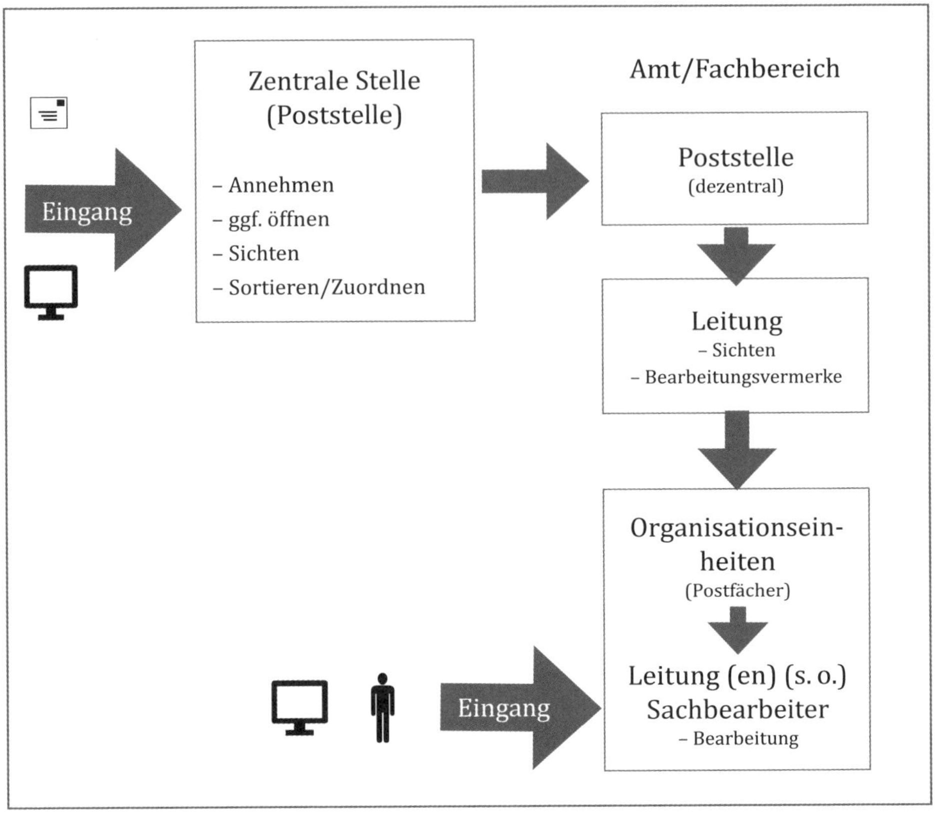

7.5.2 SCHRIFTVERKEHR

714 Der „geregelte" Schriftverkehr in öffentlichen Verwaltungen stößt immer wieder auf Kritik bei den Bürgern, aber auch bei den Mitarbeitern.

715 Dennoch ist er für Behörden ein „Muss" und eine rechtliche Verpflichtung.

716 Die Behörden sind angehalten, das Verwaltungshandeln der *Wahrheit* entsprechend, *in vollem Umfang* (Gebot der Vollständigkeit), *chronologisch* und *reproduzierbar* zu dokumentieren, also *aktenkundig* zu machen.

717 Spätestens aber im Vertretungsfall, im Rechtsstreit oder bei Antritt einer Stelle werden auch die Mitarbeiter selbst dankbar sein, das Handeln nachvollziehen zu können.

718 Des Weiteren wird durch die Dokumentationspflicht (Gebot der Aktenführung) und die damit zusammenhängenden Regelungen das Handeln der Verwaltung transparenter, einheitlicher und rechtssicherer. Bei der Dokumentation fließt insbesondere das ein, was für

die Nachvollziehbarkeit der Bearbeitung bzw. Entscheidung (siehe auch vorausgegangener Abschnitt) von Bedeutung war. Da die Entwicklungen hin zu einer möglichst papierlosen Büroarbeit gehen, sollte erwähnt werden, dass auch bei elektronischer Bearbeitung bzw. Kommunikation genauso sichergestellt werden muss, dass die Dokumente[133] abgespeichert werden und ein Zugriff jederzeit möglich ist.

Zudem tragen ein einheitliches Auftreten und eine moderne schriftliche Kommunikation zur Steigerung der Kundenorientierung bei. 719

Um den genannten Anforderungen an den Schriftverkehr gerecht zu werden, erlassen Behörden oftmals Regelungen (in Form einer Geschäftsordnung) und Anweisungen. Auch hier können sich die Regelungen, wenn auch nicht immer erheblich, unterscheiden. 720

Deshalb haben die folgenden Ausführungen keinen generellen, verbindlichen Charakter, sind aber durch die Vergleichbarkeit behördlicher Regelungen zum Schriftverkehr eine Orientierungshilfe für die Verwaltungspraxis. 721

Erwähnenswert ist in diesem Zusammenhang die DIN-Norm DIN 5008:2011 – Textgestaltung, die in vielen Behörden Beachtung findet. Geht es um das richtige Schreiben, also um Rechtschreibung, Zeichensetzung und Grammatik, so sollten die auf den Markt befindlichen Werke, aber insbesondere der Duden herangezogen werden. 722

Bevor auf die einzelnen „Arten" des Schriftverkehrs und insbesondere darauf, wie sie erstellt werden, eingegangen wird, sollten im Vorfeld noch die Formen für Schriftstücke/Dokumente angesprochen werden. 723

In der Verwaltungspraxis wird zwischen **Entwurfsdokumenten, Reinschriften und Abdrucken/Kopien** unterschieden. 724

In der Praxis ist es nicht unüblich, Schriftstücke zuerst zu entwerfen und diese den Entscheidungsberechtigten vorzulegen. Dokumente im **Entwurf** bilden dabei den kompletten Inhalt, einschließlich der Bearbeitungsvermerke, des Originaldokuments (siehe Reinschrift) ab. Deshalb wird ggf. die Reinschrift oftmals dem Entwurfsdokument beigefügt. Nicht selten wird, auch aus Gründen der Arbeitseffizienz, auf einen Entwurf verzichtet. Sollte dieses der Fall sein, dann sollte zu Dokumentationszwecken ein zusätzlicher Ausdruck bzw. eine Kopie von der Reinschrift gefertigt und diese entsprechend abgezeichnet werden. 725

Wie bereits beim Entwurf angedeutet, handelt es sich bei der sog. **Reinschrift** um das Originaldokument, welches häufig die Verwaltung verlässt bzw. für einen Empfänger innerhalb der Verwaltung bestimmt ist. Nicht zuletzt kann es sich hierbei auch um Originale handeln, die lediglich zu den Akten genommen werden (z. B. medizinische Gutachten). 726

133 Dokumente sind alle Informationen – unabhängig von Art und Form (z. B. Schriftstücke oder Dateien).

727 Die **Kopie bzw. der Abdruck** ist nichts anderes als die bereits erwähnte Reinschrift, nur noch einmal in einer anderen Form. Abdrücke oder Kopien werden i. d. R. anderen Beteiligten bzw. Betroffenen zur Kenntnis zugesandt.

728 WESENTLICHE ARTEN VON SCHRIFTGUT (DOKUMENTE)

729 Grundsätzlich kann in der öffentlichen Verwaltung zwischen dem **internen (Innenverhältnis) und externen (Außenverhältnis)** Schriftverkehr unterschieden werden, wobei diesen beiden Arten unterschiedliche Bezeichnungen dienstlicher „Dokumente" zugeordnet werden können. Die Abbildung zeigt die wesentlichen Dokumente.

730 **Abbildung „Interner/Externer Schriftverkehr"**

Interner Schriftverkehr	Externer Schriftverkehr
(An-)Schreiben	(An-)Schreiben
(Akten-)Vermerke	Bescheid
Niederschriften	
(Akten-)Verfügungen	

731 **Folgend sollen die unterschiedlichsten Dokumente/Arten von Schriftgut überwiegend anhand eines fiktiven Sachverhaltes erläutert werden. Zur Erläuterung werden noch einmal einzelne Schilderungen des Sachverhaltes an den betreffenden Stellen aufgegriffen.**

732 *Beispiel:*
Stellen Sie sich bitte folgende Situation vor:

Sie sind Sachbearbeiterin/Sachbearbeiter im Ordnungsamt der Stadt Postberg. Heute erscheint Herr Alexander Recht, Hauptstr. 1A, 12345 Postberg, persönlich bei Ihnen und sagt, dass seine Doppelhausnachbarin, Frau Heike Böse, Hauptstr. 1B, 12345 Postberg, illegal Müll auf dem zum Haus gehörenden Grundstück lagert. Bei dem Müll handelt es sich nach seiner Auffassung um Sondermüll (u. a. Altöl). Da Herr Recht ein pflichtbewusster Bürger ist, bittet er Sie, etwas zu unternehmen. Nachdem Sie die Information zu Kenntnis genommen haben, beauftragen Sie den Außendienst, um dieser Sache nachzugehen. Nach zwei Tagen ruft Sie Herr Recht an und teilt fernmündlich mit, dass trotz seiner Vorsprache noch nichts passiert ist. Am gleichen Tag erhalten Sie die Stellungnahme des Außendienstes, dass Frau Böse tatsächlich Müll auf ihrem Grundstück lagert, der umgehend zu beseitigen ist. Nach entsprechender Beurteilung/Würdigung des Sachverhalts entscheiden Sie sich dazu, Frau Böse schriftlich dazu aufzufordern, den Müll innerhalb von sieben Tagen (Datum angegeben) zu beseitigen. Sollte sie dieses nicht tun, werden Sie eine Firma damit beauftragen.[134] *Zudem muss Frau Böse ein Bußgeld in Höhe von 300,00€ auf das Konto 6789 der Stadtkasse Postberg zahlen.*

Auf den ersten Blick ein komplexer Sachverhalt, der aber nicht unrealistisch ist. Sicherlich können Sie sagen, dass die Bearbeitung für Sie als routinierte Kraft im Ordnungsamt kein Problem sein wird und Sie die einzelnen erforderlichen Schritte im Kopf haben und in die Praxis umsetzen, ohne dabei eine aufwendige, in den unterschiedlichsten Formen mögliche Dokumentation zu betreiben. 733

Denken Sie an die bisherigen Ausführungen und Sie werden – mit diesem Sachverhalt vor Augen – die Notwendigkeit der Dokumentation Ihres Handelns schnell erkennen. 734

Hierzu noch einmal einige wenige Fragen, die Sie sicherlich überzeugen: 735

- Was passiert, wenn Sie in den nächsten Tagen nicht im Dienst sind?
- Wie erkennen Ihre Vertretung und Führungskräfte den Informations-/Bearbeitungsstand?
- Was passiert, wenn Herr Recht rechtliche Schritte gegen seine Nachbarin und/oder die Stadt Postberg (z. B. wegen „Untätigkeit") einleitet?

Mit Bezug zum Sachverhalt sollen nun die **wesentlichen Dokumente** erläutert werden. 736

NIEDERSCHRIFTEN 737

Niederschriften sind eine Dokumentationsform, um *mündliche Informationen*, die nicht selten in der Hektik des Berufsalltags verloren gehen und dann kaum noch nachvollziehbar sind, *schriftlich zu erfassen*.

Nachfolgend werden die Erklärungsniederschrift und die Sitzungsniederschrift näher beschrieben. 738

Zurück zu einem Teil des Sachverhalts ...

Heute erscheint Herr Alexander Recht, Hauptstr. 1A, 12345 Postberg, persönlich bei Ihnen und sagt, dass seine Doppelhausnachbarin, Frau Heike Böse, Hauptstr. 1B, 12345 Postberg, illegal Müll auf dem zum Haus gehörenden Grundstück lagert. Bei dem Müll handelt es sich nach seiner Auffassung um Sondermüll (u. a. Altöl). Da Herr Recht ein pflichtbewusster Bürger ist, bittet er Sie, etwas zu tun. 739

134 Sog. Ersatzvornahme.

740 Die Notwendigkeit einer Dokumentation ist nicht mehr in Frage zu stellen. Stellen Sie sich vor, Herr Recht behauptet später, er hätte so etwas nie oder anders gesagt!?

741 Deshalb sollten solche „Gespräche“ mit einer **Erklärungsniederschrift** festgehalten werden. Sie dient zum und als Beweis und ist auch als solcher zugelassen, weil beide Seiten den Inhalt mit ihrer Unterschrift bestätigen (s. u.), welches somit eine persönliche Anwesenheit des Erklärenden voraussetzt.

742 Die Erklärungsniederschrift eignet sich deshalb für mündliche Erklärungen, die *tatsächlich bzw. rechtlich von besonderer Bedeutung* sind oder sein könnten. Ergänzend kommt sie auch in einem Verwaltungsverfahren zur Anwendung.[135]

743 Der Erklärende hat i. d. R. seine Identität nachzuweisen, wenn er nicht persönlich bekannt ist. Auch ist die Anwesenheit eines Dritten (z. B. Rechtsanwalt) möglich, der sich ebenfalls auszuweisen hat.

744 Die Erklärungsniederschrift muss so verfasst werden, dass der Inhalt der Erklärung wörtlich wiedergegeben wird. Die Erklärungsniederschrift wird durch den Verwaltungsmitarbeiter angefertigt, der dafür verantwortlich ist, dass die für die Bewertung der Erklärung notwendigen Inhalte sprachlich aufbereitet bzw. wörtlich erfasst werden. Wesentliche Dinge dürfen nicht weggelassen bzw. es darf nichts „eigenmächtig“ hinzugefügt werden.

745 Bei der Erklärungsniederschrift wird die Gegenwartsform und häufig die direkte Rede[136] angewendet.

746 Erklärungsniederschriften sind abschließend mit Datum und den Zusätzen *v. g. u.* (*vorgelesen, genehmigt und unterschrieben*) bzw. *g. g. u.* (*selbst gelesen, genehmigt und unterschrieben*) vom Erklärenden zu unterschreiben. Sollte die Unterschrift verweigert werden, ist dieses anzumerken.

747 Der Verwaltungsmitarbeiter beendet die Niederschrift, indem er unter *„geschlossen“* unterschreibt.

748 **Nachfolgend ein Beispiel für den Aufbau einer Erklärungsniederschrift:**

135 Z. B. Widerspruch zur Niederschrift.

136 In einigen Behörden auch die indirekte Rede.

Erklärungsniederschrift

Geschäftszeichen	Datum
Betreff	
Grund der Vorsprache: Personalien des Erklärenden: (ausgewiesen durch)	z. B. eigene Veranlassung/Einladung
Name, Anschrift, Geburtsdatum, Beruf	
Ggf. weitere Personen:	Rechtsbeistand ...
Erklärung:	direkte Rede – „Ich ...“ (nichts hinzufügen/weglassen)
v. g. u g. g. u. (Unterschrift Erklärender)	geschlossen: Unterschrift Dienstkraft

749 *Bezogen auf den Sachverhalt …*

(ERKLÄRUNGS)NIEDERSCHRIFT

Stadt Postberg
32-11 (1234) Me Datum

Lagerung von Müll auf dem Grundstück von Frau Heike Böse, Hauptstr. 1B, 12345 Postberg

Auf eigene Veranlassung spricht Herr Alexander Recht, geb. 12.11.1956, Rentner, wohnhaft in Hauptstr. 1A, 12345 Postberg, ausgewiesen durch Personalausweis xxxxx vor, und erklärt:

„Meine Doppelhausnachbarin, Frau Heike Böse, Hauptstr. 1B, 12345 Postberg, lagert illegal Müll auf dem zum Haus gehörenden Grundstück. Bei dem Müll handelt es sich nach meiner Auffassung um Sondermüll (u. a. Altöl). Ich bitte Sie, etwas zu tun."

v. g. u. geschlossen:

Alexander Recht M. Meier
Stadtoberinspektor

750 Als zweite Form der Niederschrift wird kurz auf die auf kommunaler Ebene gebräuchliche **Sitzungsniederschrift bzw. Besprechungsniederschrift**, die sich bei der Sitzungsniederschrift auch aus den kommunalen Verfassungen ableiten lässt, eingegangen.

751 Hier werden Niederschriften über Sitzungen des Rates, der Ausschüsse und sonstige kollegiale Institutionen (z. B. Verwaltungsvorstand[137]) gefertigt.

752 Finden vor einer Entscheidung Besprechungen mit den Beteiligten statt, ist eine Besprechungsniederschrift zu fertigen, die inhaltlich der Sitzungsniederschrift gleicht.

753 Zu Beginn ist zunächst festzuhalten, dass Sitzungen bzw. Besprechungen organisiert werden müssen. Im Rahmen dessen sind die Teilnehmer einzuladen. Aus der Einladung sollten der Ort, die Zeit und die zu besprechenden Punkte in Form einer Tagesordnung hervorgehen.

754 Über die Sitzungen/Besprechungen sind Niederschriften, i. d. R. von einem vorher feststehenden Schriftführer oder der federführenden Organisationseinheit, mit mindestens **folgenden Inhalten** anzufertigen:

137 Der Verwaltungsvorstand setzt sich auf kommunaler Ebene aus dem (Ober)bürgermeister und den Beigeordneten zusammen.

- Ort, Tag und Zeitraum (Sitzungsbeginn/-ende) der Sitzung
- Sitzungsleitung/Teilnehmer (Name, Institution)
- Fehlende Teilnehmer (Name, Institution)
- Tagesordnung
- Sitzungsverlauf/Entscheidungen/Ergebnisse

Die Niederschrift wird den Sitzungsteilnehmern (auch den fehlenden Teilnehmern), u. a. aus Gründen der Nachvollziehbarkeit und des Einverständnisses mit der Niederschrift, zugesandt. 755

(AKTEN-)VERMERK 756

Der (Akten-)Vermerk hält Informationen fest, die für die Bearbeitung eines Vorgangs bedeutsam sein könnten und daher schriftlich dokumentiert werden sollten. Hierbei kann es sich beispielsweise um Telefongespräche oder sonstige Auskünfte bzw. Wahrnehmungen handeln. Er ergänzt daher die Akten, um lückenlos alle Informationen zu dokumentieren. Im Gegensatz zur Erklärungsniederschrift haben Vermerke aber keine Beweiskraft. Die Vermerke sind nicht für einen externen Schriftwechsel vorgesehen (behördeninterne Schriftstücke) und enthalten keine Entscheidungen. Bei Erstellung eines Vermerks ist jedoch davon auszugehen, dass im Bedarfsfall auch Dritte davon Kenntnis nehmen könnten.

Bei dem Anfertigen eines (Akten-)Vermerks sollte darauf geachtet werden, dass dieser möglichst die für die Bearbeitung wichtigen Dinge nur kurz wiedergibt. Der Vermerk ist vom Verfasser mit einer Unterschrift zu versehen. 757

Zurück zu einem Teil des Sachverhalts ...

Nach zwei Tagen ruft Sie Herr Recht an und teilt fernmündlich mit, dass trotz seiner Vorsprache noch nichts passiert ist. 758

32-11 (1234) Me Datum

<u>Vermerk</u>

Telefonische Mitteilung

Herr Alexander Recht teilte heute telefonisch mit, dass trotz seiner Vorsprache noch nichts passiert ist.

M. Meier

759 Gehen Sie einmal davon aus, dass Sie ergänzend zu der Stellungnahme des Außendienstes selbst vor Ort waren, um sich ein Bild zu machen. Dann sollten Sie den gewonnenen Eindruck z. B. in Form eines Aktenvermerks schriftlich festhalten.

> 32-11 (1234) Me Datum
>
> Aktenvermerk
>
> **Lagerung von Abfällen auf dem Grundstück von Frau Heike Böse, Hauptstr. 1B, 12345 Postberg**
>
> Bei der heute um 11:00 Uhr durchgeführten Besichtigung des o. g. Grundstücks war festzustellen, dass eine nicht unerhebliche Menge Müll, u. a. auch Sondermüll, auf dem Grundstück lagert. Es wurde der Eindruck gewonnen, dass dieser Müll, vorbehaltlich der Stellungnahme des Außendienstes, zeitnah entfernt werden muss.
>
> M. Meier

760 Aktenverfügung

Der Bedarf an Handlungen für den einzelnen Vorgang wird in Form einer Verfügung bzw. einer sog. Aktenverfügung schriftlich niedergelegt. Eine Aktenverfügung listet somit die Arbeitsschritte zur Erledigung eines Vorgangs auf.

761 Der Arbeitsablauf wird in seiner Reihenfolge zunächst in einem Entwurf der Verfügung aufgezeigt. Die jeweiligen Arbeitsschritte sind einzelnen Verfügungspunkten zugeordnet. Somit ist die Anzahl der Verfügungspunkte, je nach Geschäftsvorfall und den damit verbundenen Arbeitsschritten, nicht immer identisch. Zum Schluss wird festgelegt, was mit dem Geschäftsvorfall veranlasst werden soll.

762 Der letzte Verfügungspunkt bestimmt, wie der Vorgang weiter zu behandeln ist (Schlussverfügung). Hier kann Folgendes verfügt werden:

- z. d. A. (zu den Akten)
- – Ablage nach Abschluss der Bearbeitung

- Wv. (Wiedervorlage)
- – wenn der Vorgang noch nicht abschließend erledigt ist (z. B. laufende Fristen); Termine setzen und überwachen

- z. V. (zum Vorgang)
- – zum Vorgang, wenn in derselben Angelegenheit schon eine Frist läuft und eine Einzelbearbeitung nicht bzw. nach Fristablauf erforderlich ist

- wgl. (weglegen)
  - Eine Sache ist abgeschlossen, das Schriftstück ist von unwesentlichem Inhalt und deshalb nicht zwingend zu den Akten zu nehmen bzw. kann wegen fehlender Zuordnungsmöglichkeit nicht in die Akten aufgenommen werden.

Ist die Schlusszeichnung erfolgt, werden die Verfügungspunkte erledigt. Die Verfügung 763
wird dann Teil der Akte.

Die Aktenverfügung hat letztendlich genau den Sinn, der bereits angesprochen wurde, 764
nämlich, dass der aktuelle Sachstand für jeden sichtbar ist und feststellbar ist, wer welche Maßnahmen getroffen hat.

Nachfolgend ein Beispiel für den Aufbau einer Aktenverfügung: 765

GeschZ, (Telefon), Name (Kürzel)	Datum (der Unterschrift des Entscheidungs- bevollmächtigten)
Betreff hier: 1. Anlass der Sachbearbeitung 2. Beurteilung/Bewertung (Subsumtion) 3. Entscheidung (Willensäußerung), zum Beispiel Bewilligungsbescheid (Abgangs-/Erledigungsvermerke) 4. Schlussverfügung (zum Beispiel z. d. A., Wv., z. V.)	
Handzeichen des Entscheidungsberechtigten	aller auf dem Dienstweg Beteiligten

766 *Bezogen auf den Sachverhalt ...*

> 32-11 (1234) Me Datum
>
> **Illegale Lagerung von Müll auf Grundstücken**
> hier: Heike Böse, Hauptstr. 1B, 12345 Postberg
>
> 1. Am xx.xx.xxxx sprach Herr Alexander Recht, geb. 12.11.1956, persönlich vor und teilte mit, dass seine... (mit Verweis auf Erklärungsniederschrift).
> Der daraufhin beauftragte Außendienst und eine von mir durchgeführte Ortsbesichtigung ... (mit Verweis auf Stellungnahme Außendienst/Aktenvermerk).
>
> 2. Die Lagerung des Mülls auf dem o. g. Grundstück stellt einen Verstoß gem. §§ XXXXX dar ... Gemäß §§ XXXX ist ... so zu lagern/entsorgen, dass ...
>
> 3. Bescheid an Frau Heike Böse fertigen (*Erledigungs-/ Abvermerk*)
> (Text – Müllbeseitigung ggf. Ersatzvornahme, Bußgeld)
>
> 4. Wv. (ggf. Datum)
>
> Handzeichen

767 Externe Schreiben

Die Regelungen einer Behörde haben zum Ziel, dass die Schreiben einheitlich gestaltet und auch in einer verständlichen Form verfasst werden. Insofern sind die jeweils behördeninternen Regelungen zu beachten.

768 Was die Gestaltungsregeln angeht, wird noch einmal auf die DIN-Norm 5008-2011 verwiesen. Sie regelt nicht, „was“ zu schreiben ist, sondern „wie“ ein Inhalt präsentiert wird.[138]

769 Zusammenfassend ein Auszug der Regelungen, die in Behörden meist angewendet werden:

770 Gliederung

Wenn es sinnvoll ist, sollten Texte in Absätze, Aufzählungen oder Überschriften gegliedert werden.
Absätze sowie Beginn und Ende der Aufzählungen sind vom Text mit einer Leerzeile/Zeilenschaltung zu trennen.

---

138 Deutsches Institut für Normung e. V. (2011, S. 5).

Für Aufzählungen sind i. d. R. die Funktionen der Textverarbeitung zu nutzen. Die abschließende Grußformel ist vom Text ebenfalls durch eine Leerzeile zu trennen. Der Zeichnungszusatz sollte von der Grußformel mit einer Leerzeile getrennt werden. Zwischen Zeichnungszusatz und der Unterschrift sollten drei Leerzeilen sein.

Anschrift 771
Das Anschriftenfeld wird mit den Angaben (Anrede Herr/Frau, Name, Nachname, Straße, Postleitzahl, Ort) geschrieben. Leerzeilen im Anschriftenfeld sind nicht mehr vorgesehen. Die Schriftgröße sollte 8 Punkt nicht unterschreiten.

Schrift 772
Aus Gründen der Lesbarkeit sind außergewöhnliche Schriftarten nicht zu nutzen. Die Schriftgröße sollte mindestens Punkt 10 sein.

Schreibweisen (Kalenderdaten, Uhrzeit) 773
Die DIN-Norm lässt unterschiedliche Schreibweisen zu. Bei Kalendertagen sind es die numerischen Schreibweisen (Jahr-Monat-Tag oder Tag-Monat-Jahr) bzw. die alphanumerische Schreibweise (Tag-Monat ausgeschrieben-Jahr). Auch hier kann aus Gründen der Lesbarkeit empfohlen werden, auf die zweitgenannte numerische bzw. alphanumerische Schreibweise zurückzugreifen.

Die Uhrzeit sollte bei jeder Einheit (Stunden/Minuten) mit zwei Ziffern angegeben 774
und mit einem Doppelpunkt gegliedert werden (16:30 Uhr).

Seitennummerierung 775
Es ist eine fortlaufende Nummerierung ab der zweiten Seite eines Schreibens vorzunehmen.

Zur Verständlichkeit der Schreiben erfolgen detailliertere Ausführungen im folgenden 776
Abschnitt „Allgemeine Regelungen zum Schriftverkehr".

Allgemeine Regelungen zum Schriftverkehr 777

Für den ein oder anderen werden die Ausführungen dazu wie eine Selbstverständlichkeit klingen, aber die Praxis zeigt immer wieder, dass Selbstverständlichkeiten auch über eine gewisse „Routine" zu der Notwendigkeit führen, auf diese Regelungen hinzuweisen.

Vergessen wir nicht, dass alles, was die Behörde verlässt, also wie in der Öffentlichkeit 778
aufgetreten wird, zum Imagegewinn der öffentlichen Verwaltung beitragen kann. Die Schreiben stellen eine „Visitenkarte" der Behörde dar. Deshalb ist es wichtig, eine gute Qualität bei der Erstellung von Schriftstücken zu zeigen.

In Kurzform werden allgemeine Regelungen, die zwar insbesondere beim externen 779
Schriftverkehr zu beachten sind, aber teilweise auch beim internen Schriftverkehr angewendet werden sollten, vorgestellt.

780 **Beschränkung auf das notwendige Maß**

In der Praxis ist auch heute noch festzustellen, dass behördliche Schreiben eine Länge aufweisen, die nicht immer sein muss. Damit wächst der Anspruch an den Leser und trägt zur Unverständlichkeit des Schreibens bei. Deshalb sollte darauf geachtet werden, dass der Inhalt (Darstellung des Sachverhalts, Anwendung des Rechts etc.) auf ein *notwendiges* Maß beschränkt wird. Wesentliche Aspekte, die eine Entscheidung verständlich und nachvollziehbar machen, dürfen selbstverständlich nicht fehlen (siehe Anforderungen an einen Bescheid/Verwaltungsakt).

781 **Ich-Form**

Behördliche Schreiben sollten möglichst in der Ich-Form verfasst werden. Die Ich-Form ist in den öffentlichen Verwaltungen stark verbreitet. Aber auch hier gibt es einige Behörden, die davon abweichen und zur Wir-Form übergehen.

782 Tatsache ist, dass die Ich-Form persönlicher ist und auch eine personenbezogene, inhaltliche Verantwortung für das Schreiben erkennen lässt.

783 **Nur allgemeingültige Abkürzungen**

Es ist davon auszugehen, dass nicht jede Abkürzung dem Empfänger geläufig ist. Deshalb sollte auf die Verwendung von Abkürzungen möglichst verzichtet werden. Handelt es sich nicht um gängige Abkürzungen, sollten sie zumindest zu Beginn einmal ausgeschrieben werden.

784 **Nennen von Rechtsvorschriften**

Rechtsvorschriften sind mit Quellenangabe beim erstmaligen Nennen einmal auszuschreiben. Im weiteren Verlauf des Schreibens genügt dann die Abkürzung.

785 **Verständliche Sprache/kein Behördendeutsch**

Schreiben von Behörden sind für den Empfänger häufig kaum zu verstehen, wirken unpersönlich und überheblich. Der wesentliche Grund dafür ist die Verwaltungssprache, die als Fachsprache von einem „Juristen-/Amtsdeutsch“ geprägt ist. Der Serviceorientierung einer modernen Verwaltung wird man dadurch kaum gerecht. Doch meist geschieht dies nicht bewusst, sondern hat sich über eine lange Zeit entwickelt und findet seine Ursache nicht selten in der Anwendung von Rechtsvorschriften.

786 Seit einigen Jahren haben viele Verwaltungen erkannt, dass insbesondere die Bürgernähe und -freundlichkeit und somit das Image durch eine verständliche Sprache gesteigert werden können.

787 *Es wurden in vielen öffentlichen Verwaltungen Projekte mit dem Ziel, „Verwaltungssprache verständlicher zu gestalten“, initiiert.*[139]

788 An dieser Stelle nur einige Ansätze sprachlicher Gestaltung:

139 Projektergebnisse können im Internet eingesehen werden.

- Schreiben übersichtlich gliedern
- kurze Sätze, keine Schachtelsätze
- Wörter aus dem allgemeinen Sprachgebrauch verwenden/Fremdwörter vermeiden
- Hauptwortstil/Substantivierungen vermeiden
- aktive Formulierungen wählen
- nur gängige Abkürzungen verwenden
- Fachsprache vermeiden
- Rechtsgrundlagen nur wenn nötig anführen

Höfliche Form 789

Dass Schreiben in einer höflichen Form zu erstellen sind, sollte eigentlich nicht besonders erwähnenswert sein. Wichtiger ist zu erkennen, wie Höflichkeit in dienstlichen Schreiben zum Ausdruck kommt.

Letztendlich ist es die Summe einiger zu beachtender Punkte, die dazu führt. Stellen Sie 790 möglichst einen *persönlichen Bezug* zu dem Empfänger her, indem Sie *namentlich auftreten* und den Empfänger möglichst persönlich *mit vollständigem Namen ansprechen*.

Die Anrede *„Sehr geehrte(r) Frau/Herr…"* ist in einem externen Schreiben zu wählen. Das 791 Schreiben endet i. d. R. mit der Grußformel *„Mit freundlichen Grüßen"*.

Achten Sie dabei auf *sprachliche Gleichbehandlung* von Frauen und Männern. Wählen Sie 792 eine freundliche Sprache. Ein *„Bitte"* oder ein *„Danke"* haben besonders positive Wirkungen bei den Empfängern.

Entscheidung zu Anfang 793

Es ist unbefriedigend, wenn der Bürger ggf. erst einmal viel Text lesen muss, um dann am Ende eines Schreibens die Entscheidung zu erfahren. Deshalb sollten Schreiben bzw. Bescheide mit einem bestimmten Aufbau erstellt werden (siehe externer Schriftverkehr – Aufbau eines Bescheides).

Negative Entscheidungen bedauern, aber maßvoll 794

Nimmt man einen Perspektivwechsel vor, dann ist schnell nachvollziehbar, dass negative Entscheidungen beim Empfänger auch etwas Negatives auslösen. Deshalb können diese Entscheidungen durchaus angemessen bzw. maßvoll bedauert werden. Dieses geschieht in den überwiegenden Fällen mit der Mitteilung der Entscheidung zu Beginn eines Schreibens.

Unterschriften 795

Immer wieder stellt sich im beruflichen Alltag die Frage „Wer darf was unterschreiben?"[140]. Die Antwort darauf ist in den Delegationsregelungen (Unterschriftsbefugnissen) einer Behörde zu finden.

140 Zeichnungsrecht.

Grundsätzlich kann davon ausgegangen werden, dass die Mitarbeiter die von ihnen erstellten Schriftstücke selbst unterschreiben. Es wird i. d. R. dann davon abgewichen, wenn es sich um eine besonders bedeutungsvolle Sache handelt oder Rechts- bzw. Verwaltungsvorschriften dieses vorsehen. In solchen Fällen unterschreiben dann Vorgesetzte unterschiedlicher Hierarchieebenen.

796 Wie unterschrieben wird, ist je nach Behörde abweichend. Bezogen auf Kommunalverwaltung, finden wir die Regelung vor, dass alle Beschäftigten mit dem Zusatz *„Im Auftrag“*, die Beigeordneten *„In Vertretung“* und selbstverständlich der (Ober-)Bürgermeister *ohne Zusatz* unterzeichnen.

797 Mit wenigen Ausnahmen ist eine eigenhändige Unterschrift die Regel. Die häufigsten Ausnahmen sind

- Verwaltungsakte, die automatisch (elektronisch) erstellt werden (siehe auch E-Government/elektronische Signatur),
- Schriftstücke gleichen Inhalts und in großer Anzahl (einmalige Unterschrift – dann Vervielfältigung),
- einfache, standardisierte Vordrucke (Mitteilungen);
- Abdrucke von Reinschriften (wo keine eigenhändige Unterschrift zwingend vorgeschrieben ist) können mit dem Zusatz *„gez. Michael Meier“* versehen werden.

798 Hinweise zum E-Mail-Verkehr

Die elektronische Kommunikation ist mehr und mehr Teil unseres Verwaltungsalltags geworden. Der E-Mail-Verkehr ist dabei besonders verbreitet. Insbesondere die Menge an zu verarbeitenden E-Mails kann zur Belastung eines jeden Einzelnen führen. Deshalb ist ein richtiger und bewusster Umgang mit E-Mails geboten.

799 Nachfolgend nur einige Beispiele, die im E-Mail-Verkehr beachtet werden sollten:

- Habe ich Bedenken, den E-Mail-Verkehr zu nutzen? (ggf. andere Formen wählen)
- Ist es der richtige Adressat?
- Gibt es neben den Adressaten noch zwingend andere Empfänger, die diese E-Mail erhalten müssen?
- Ist der Betreff aussagekräftig?
- Entspricht der Inhalt/die Formulierungen den „allgemeinen Regelungen“ (s. o.)?
- Habe ich wirklich nur notwendige Anlagen/Dateien beigefügt?
- Muss ich die erhaltene E-Mail tatsächlich weiterleiten?
- Muss die erhaltene E-Mail archiviert werden oder kann ich sie löschen?

800 Abschließend soll darauf hingewiesen werden, dass auch die Zugriffsberechtigungen im Rahmen des E-Mail-Verkehrs zu regeln sind. Das bedeutet, dass bei Abwesenheit anderen Mitarbeitern die Möglichkeit einzuräumen ist, auf die Mail/Mailbox zuzugreifen.

De-Mail 801

Mit der De-Mail wird eine rechtssichere Kommunikation von Behörden angeboten, da die Informationen geschützt, verschlüsselt und nachweisbar übermittelt werden können. Somit ist ein rechtswirksamer Nachweis der elektronischen Kommunikation möglich.

Die Anwendung ist so einfach wie bei der üblichen E-Mail. Jedoch muss der Nutzer sich vorher über einen Anbieter gegen Vorlage eines Ausweisdokumentes ein Konto einrichten lassen, das nur er benutzen kann. Insofern ist die Identität sichergestellt. 802

Das Angebot der Behörden, über De-Mail zu kommunizieren, bedeutet mehr Service für den Bürger, da Verwaltungsvorgänge schnell und effizient bearbeitet werden können. 803

Externe Schreiben 804

Für den externen Schriftverkehr mit Bürgerinnen und Bürgern und anderen Institutionen gibt es i. d. R. vorgedruckte, einheitliche und verbindliche Briefbögen, die das Behördenlogo (auch Kopfbögen genannt) erkennen lassen. Häufig werden solche Bögen auch durch das Textverarbeitungsprogramm erzeugt.

> *Zurück zum Sachverhalt ...*
>
> *Nach entsprechender Beurteilung/Würdigung des Sachverhalts entscheiden Sie sich dafür, Frau Böse schriftlich dazu aufzufordern, den Müll innerhalb von sieben Tagen (Datum angegeben) zu beseitigen. Sollte sie dieses nicht tun, werden Sie eine Firma damit beauftragen.*[141] *Zudem muss Frau Böse ein Bußgeld in Höhe von 300,00€ auf das Konto 6789 der Stadtkasse Postberg zahlen.* 805

Um das Ziel zu erreichen, muss die in dem Sachverhalt genannte Frau Böse extern angeschrieben werden. Bei dem externen Schreiben handelt es sich hier um einen Verwaltungsakt bzw. einen Bescheid.[142] Weil das so ist, muss diese Form des Schreibens – im Gegensatz zu anderen externen Schreiben, die keinen Verwaltungsakt darstellen – die formellen Erfordernisse des Verwaltungsrechts[143] erfüllen. 806

Hier soll weniger auf die rechtlichen Bedingungen eingegangen werden, sondern vielmehr auf die Gestaltung bzw. den grundsätzlichen Aufbau solcher Bescheide. 807

Bei den allgemeinen Regelungen erfolgte bereits der Hinweis der „Entscheidung zu Anfang“ eines Schreibens. 808

141 Sog. Ersatzvornahme.
142 Allgemein ist der Bescheid die schriftliche Mitteilung eines Verwaltungsaktes.
143 Siehe Verwaltungsverfahrensgesetz (VwVfG).

809 Dieses trifft gerade auch auf einen Bescheid zu. Danach ist die Entscheidung zu begründen. Das erfolgt, ohne vertiefend auf die juristische Methodik bzw. Bescheidtechnik eingehen zu wollen, mit der Sachverhaltsdarstellung sowie den einschlägigen Rechtsgrundlagen. Zum Schluss ist der Adressat über seine Rechte zu belehren (Rechtsbehelfsbelehrung).

810 **Die Abbildung zeigt noch einmal den grundsätzlichen Aufbau eines Bescheides/ Verwaltungsaktes mit Bezug zum o. g. Sachverhalt:**

Entscheidung	Was muss Frau Böse tun?
Begründung	Warum ist so entschieden worden?
Rechtsbehelfsbelehrung (die Rechte des Adressaten)	Was kann sie dagegen tun?

811 Folgend ein Beispiel mit kurzen Erläuterungen für den Aufbau eines Bescheides:

Stadt  Postberg

Die Oberbürgermeisterin

– Ordnungsamt –
Gefahrenabwehr
Zentrum 1
12345 Postberg

Herr M. Meier
Rathaus Zi. 100
Tel. 0123/654-321
Fax 0123/654-322
Meier@Postberg.de

(förmliche Zustellung)

Frau
Heike Böse
Hauptstr. 1B
12345 Postberg

Mein Zeichen

Ihr Zeichen/Ihr Schreiben vom
Datum

Lagerung von Müll auf Ihrem Grundstück, Hauptstr. 1B, 12345 Postberg

Sehr geehrte Frau Böse,

der auf Ihrem Grundstück gelagerte Müll ist bis zum ... zu beseitigen. Sollten Sie dieses bis zum angegebenen Zeitpunkt nicht tun, werde ich eine Firma mit der Beseitigung beauftragen. Die dadurch enstehenden Kosten in Höhe von ... werden Ihnen in Rechnung gestellt.

Zusätzlich zahlen Sie bitte ein Bußgeld in Höhe von 300,00€ auf das Konto der Stadtkasse Postberg KtoNr. 6789.

Begründung:

Am XX.XX.XXXX wurde ich darüber in Kenntnis gesetzt, dass auf Ihrem Grundstück Müll lagert ...

Unsere Ermittlungen hierzu haben ergeben, ...

Die Lagerung dieses Mülls stellt eine Gefahr ... einen Verstoß gemäß §§...X-Gesetz dar.

Nach §§ ist der Müll zu beseitigen, wenn ... dann

Ihre Rechte (z. B. anstatt Rechtsbehelfsbelehrung)

Mit freundlichen Grüßen

Im Auftrag

812 INTERNE SCHREIBEN

Der interne Schriftverkehr ist der Schriftverkehr innerhalb der Behörde. Für diesen Schriftverkehr gelten grundsätzlich auch die allgemeinen Regeln. Auch im internen Schriftverkehr der Dienststelle sollte ein wertschätzender und serviceorientierter Umgang miteinander stattfinden.

813 Normalerweise wird für den internen Schriftverkehr nicht der Kopfbogen (Briefbogen mit Logo) genutzt.

814 Die Ausnahmen sind häufig Schreiben, denen eine besondere Bedeutung beigemessen wird oder die „regelnden“ Charakter (siehe z. B. Verwaltungsakt) haben. Als Beispiele können hier die Umsetzung (Personaleinsatz von einem Amt zum anderen) oder die Übertragung einer Planstelle sowie die Erteilung von Genehmigungen genannt werden.

815 Der Aufbau eines internen Schreibens ist wie folgt gekennzeichnet:

- Geschäftszeichen (Organisationskennziffer des Verfassers), Telefonnummer
- Datum
- Organisationskennziffer des Adressaten/Empfänger
- Anrede
- Betreff
- Text
- Grußformel

816 *In einigen Behörden wird die Auffassung vertreten, dass im internen Schriftverkehr die Anrede und die Grußformel entbehrlich sind. Diese Auffassung wird in diesem Buch bewusst nicht geteilt, weil ein wertschätzender Umgang miteinander (s. o.) zur Verbesserung der Verwaltungskultur beitragen kann.*

817 **Abbildung „Beispiel – Aufbau eines internen Schreibens“ (+ = Leerzeilen)**

32 11 (1234) Me. Datum
+
+
+
+
+
+
10 12
z. H. Frau/Herrn ...
+
+
Betreff
+
+
Anrede (Sehr geehrte(r)...),
+
Text (gegliedert)
+
Text
+
+
+
Grußformel (Mit freundlichen Grüßen)
+
+
+
Name (auch Vorname Name)
+
ggf. Anlagen

7.5.3 VERWALTUNG DES SCHRIFTGUTS (AKTENFÜHRUNG)

In öffentlichen Verwaltungen ist die Schriftgutverwaltung bedeutungsvoll, da, wie bereits erwähnt, das Handeln der Behörde u. a. nachvollziehbar sein muss. Dieses ist zusammenfassend nur dann zu erreichen, wenn eine gewisse Form gewahrt und das Handeln entsprechend dokumentiert wird. Dazu gehört auch eine geordnete Aufbewahrung der relevanten Unterlagen, die jederzeit einen Zugriff zulassen. 818

819 Somit ist die Schriftgutverwaltung[144] auch eine Organisationsaufgabe, die jeder Behörde obliegt. Der Behörde ist es dabei selbst überlassen, wie sie das tut.

820 In vielen Behörden gibt es sowohl **zentrale** (Zentralregistratur) als auch **dezentrale** Lösungen (z. B. Registratur auf Amts-/Abteilungs- oder Sachgebietsebene bzw. Ablagen beim Sachbearbeiter).

821 Die zentrale Registratur ist eine Verwaltungseinheit, die mit dem dort tätigen Personal alle Akten oder Vorgänge der Behörde zentral verwaltet und geordnet sammelt sowie aufbewahrt. In der Praxis sind oft neben der zentralen auch die dezentralen Formen anzutreffen, die dann oftmals die Zentralregistratur zur Lagerung von sog. Altakten (siehe an anderer Stelle) nutzen.

Was ist bei der Schriftgutverwaltung zu tun?

822 Ist eine Bearbeitung abgeschlossen, wird das Schriftgut entsprechend der Organisationsform der Schriftgutverwaltung (s. o.) *gesammelt und mit geeigneten Mitteln und in geeigneten Räumlichkeiten aufbewahrt*.

823 Das Schriftgut ist systematisch zu *ordnen*. Grundsätzlich findet die Ordnung in vielen Behörden nach einem **Aktenplan** statt. Der Aktenplan lässt einen geordneten Zugriff zu.

824 Neben der Aufbewahrung und Bereitstellung (ggf. zu Wiedervorlageterminen) zählt auch das Aussondern der Akten zur Aufgabe der Schriftgutverwaltung.

825 Eine der angesprochenen dezentralen Lösungen ist die Ablage beim Sachbearbeiter, die in allen öffentlichen Verwaltungen, je nach Organisationeinheit und Aufgabe, vorkommt. Ableitend vom Wortlaut werden (zumindest vorübergehend) die Akten selbstverantwortlich vom Sachbearbeiter an seinem Arbeitsplatz aufbewahrt, der dann kurzfristig einen direkten Zugriff darauf hat. Dieses setzt jedoch eine entsprechende Raumausstattung voraus.

826 Bei dem Schriftgut wird zwischen unterschiedlichen Arten unterschieden. Eine Unterscheidung findet zwischen Akten und sonstigem Schriftgut statt.

827 AKTEN

In den Abschnitten Geschäftsverfahren bzw. Schriftverkehr wurde beschrieben, dass bei der Bearbeitung von Geschäftsvorfällen unterschiedliches Schriftgut in Form von Dokumenten und Vorgängen entsteht. Die systematische Zusammenstellung dieses Schriftguts sind **Akten** (siehe Abbildung).

---

144 Schriftgut – in weiter Auslegung des Begriffs – sind alle Unterlagen bzw. Dokumente (z. B. Schreiben, Akten, Urkunden, Pläne, Bilder usw.).

Die Akten werden mit einem Aktenzeichen versehen und können je nach Inhalt unter- 828
schiedlichen **Aktenarten** zugeordnet werden.

Das Vergeben eines Aktenzeichens, welches sich überwiegend aus dem Aktenplan ergibt 829
(siehe unten), dient dem geordneten Zugriff und ist verwaltungs-/behördenweit einheitlich zu regeln.

In diesem Zusammenhang sollen hier kurz Hauptakten (auch Allgemeine Akten genannt), 830
Einzelakten (oftmals als Nebenakten bezeichnet), Handakten und Altakten erläutert werden.

Die **Hauptakten**[145] beinhalten Schriftgut von grundsätzlicher und allgemeiner Bedeu- 831
tung. Damit gemeint sind beispielhaft Rechtsvorschriften, Erlasse, Anweisungen, Rechtsprechung etc.

Die **Einzelakten**[146] (**Nebenakten**) sind geordnetes Schriftgut über Personen oder Sachen 832
bzw. über Vorgänge, die Personen oder Sachen betreffen.

Die **Handakten** sind „individuelle" Akten, in denen die Mitarbeiter z. B. wichtige Rechts- 833
vorschriften, Urteile und sonstige wesentliche Informationen aufbewahren.

Die **Altakten** sind für die Bearbeitung im Tagesgeschäft nicht mehr notwendig und soll- 834
ten daher nicht mehr am Arbeitsplatz aufbewahrt werden. Dennoch muss ein Zugriff im Rahmen der Aufbewahrungsfristen gewährleistet sein.

Bevor auf die systematische, äußere Ordnung der Akten nach dem Aktenplan eingegangen 835
wird, wird vorab *kurz* auf unterschiedliche **Akten- und Ordnungssysteme** eingegangen.

Die wesentlichen **Aktensysteme** sind Flach-, Hänge- und Buchablage. Bei der Flachablage 836
wird beispielhaft das Schriftgut in sog. Faltdeckel oder Hefter abgeheftet, die dann in geeigneten Regalschränken übereinander aufbewahrt werden. Bei der Hängeablage werden die Hefter in Schränken oder Regalen an Schienen hängend aufbewahrt. Die Buchablage bewahrt das Schriftgut z. B. in Pappordnern auf, die dann wie Bücher in Schränken oder Regalen aufgestellt werden.

Bei den **Ordnungssystemen** kann zwischen numerischer, alphabetischer, alphanumeri- 837
scher und geografischer Ordnung differenziert werden.

---

145 Such als A-Akte bezeichnet.
146 Auch als B-Akte bezeichnet.

838 Die numerische Ordnung lässt z. B. eine Ordnung nach lfd. Nummer, Personendaten und Zeiteinheiten zu. Die alphabetische Ordnung ist für eine namentliche Ordnung (Personennamen, Ortsnamen) geeignet. Die alphanumerische Ordnung ist eine Mischform aus beiden kurz vorgestellten Prinzipien. Die geografische Ordnung nimmt eine Zuordnung/Einteilung z. B. in Stadtbezirke vor.

839 Aktenplan

Die Organisation der Schriftgutverwaltung in einer Behörde ist u. a. dann gut, wenn Dokumente sicher und zeitnah abgelegt werden können und ein Zugriff jederzeit gewährleistet ist (s. o.). Damit dies erreicht wird, kann die Organisation der Schriftgutverwaltung nicht allein in der Hand eines Mitarbeiters liegen. Es ist Aufgabe der Organisation, nach bestimmten Kriterien oder Grundsätzen ein allgemeingültiges System, wie den Aktenplan, für einen längeren Zeitraum für eine Behörde zu erstellen.

840 Der Aktenplan orientiert sich an dem Aufgabengliederungsplan oder mittlerweile an dem Produktplan der Verwaltung. Der Aufgabengliederungsplan ordnet, wie bereits im Abschnitt Organisationspläne erwähnt, die Aufgaben nach dem Sachgesichtspunkt in

- Aufgabenhauptgruppen,
- Aufgabengruppen,
- Aufgaben.

841 Der Aktenplan kann als ein weiter unterteilter Aufgabengliederungsplan verstanden werden, der die Aufgaben bis zu den einzelnen Bearbeitungseinheiten ordnet. Die Akten werden systematisch nach Organisationseinheiten eingeteilt. Damit wird die Voraussetzung geschaffen, das Schriftgut entsprechend abzulegen.

842 Neben den bereits angesprochenen Ordnungssystemen wird beim Aktenplan das Dezimalsystem zur Ordnung von Begriffen, Vorgängen und Aufgaben zugrunde gelegt. Damit wird eine „hierarchische Ordnung“ mit bis zu zehn Stellen (0–9) möglich. Es bieten sich dadurch eine Vielzahl von Aufgliederungsmöglichkeiten.

843 Da der Aktenplan sich an dem Aufgabengliederungsplan orientiert, sieht die Darstellung wie folgt aus:

1. Stelle – Aufgabenhauptgruppe	(Dezimalstellen 1–8)
2. Stelle – Aufgabengruppe	(Dezimalstellen 0–9)
3. Stelle – Aufgabe	(Dezimalstellen 0–9)

844 Der kommunale Einheitsaktenplan und auch andere genormte Rahmenpläne bauen auf dem oben kurz geschilderten Dezimalsystem auf.

845 Der kommunale Einheitsaktenplan orientiert sich an den Hauptgruppen 0–9 nach rein sachlichen Kriterien unabhängig von der Ämtergliederung.

Die Aufgliederung innerhalb der Hauptgruppe erfolgt nach 846

- Aktengruppe,
- Aktenuntergruppe,
- Aktensachgruppe,
- Einzelaktenzeichen.

Das Aktenzeichen endet nach der 4. Dezimalen, wenn keine weitere Aufgliederung vorgesehen ist. Ansonsten erfolgt eine weitere Unterteilung. Es genügt dabei i. d. R die Erweiterung auf bis zu 6 Dezimalen. 847

Da es sich bei dem Aktenplan um ein längerfristiges Ordnungssystem handelt, ist es wichtig, dass, neben der klaren Zuordnung von Vorgängen zu den entsprechenden Aktenzeichen, eine ausreichende Flexibilität gegeben ist. Bei Veränderungen der Organisation oder Aufgabenzuwächsen sollte eine Anpassung des Aktenplans möglich sein. 848

Die KGSt hat einen Aktenplan aufgestellt, der für die Kommunen grundsätzlich anwendbar ist.[147] 849

Nachfolgend zwei Beispiele von Aktenplänen:

Beispiel Aufbau eines Aktenplans (siehe Aufgabengliederungsplan)[148] 850

Systematik	Aktenzeichen	Aktenbezeichnung
Aktenhauptgruppe	4	Schul- und Kulturangelegenheiten
Aktengruppe	40	Schulangelegenheiten
Aktenuntergruppe	401	Allgemeine Angelegenheiten des kommunalen Schulträgers
Aktensachgruppe	4011	Schulentwicklungsplanung
		bis hier Vorgabe durch KGSt-Aktenplan
		ab hier Beispiele für Akten 00-99
Einzelakte	401101	Ziele und Planung der regionalen Schulentwicklung

147 Abweichungen je nach örtlicher Gegebenheit/Größe der Kommune.
148 Vgl. KGSt-Bericht (B 3/2003, S. 12) – verändert.

851 **Beispiel eines produktorientierten Aktenplans**[149]

1	Zentrale Verwaltung	
10	Leitung und Führung der Verwaltung	Aktenbereich
10.11	Leitung und Führung im Bereich Innere Verwaltung	Aktengruppe
10.11.20	Personalmanagement	Aktenbetreff

852 DIE ELEKTRONISCHE AKTE (E-AKTE)

Die elektronische Akte hat einen kaum zu verkennenden Bezug zur „Schriftgutverwaltung und Aktenführung". Deshalb ist es sinnvoll, bereits an dieser Stelle Erläuterungen zur e-Akte vorzunehmen.

853 Die Nutzung von IT in der öffentlichen Verwaltung nimmt weiter zu (siehe auch Kapitel X und XI). Damit verbunden sind auch Themen wie elektronische Kommunikation und *Dokumentation.*

854 Der Weg hin zum „papierlosen Büro" wurde in diesem Buch bereits an anderer Stelle erwähnt. Damit verbunden ist u. a. die Einführung der elektronischen Akte (e-Akte), die auch im E-Government-Gesetz (Bund bzw. Land) vorgesehen ist.

855 Mit der Einführung der e-Akte setzt sich die öffentliche Verwaltung bereits seit einigen Jahren auseinander. Dabei ist die e-Akte im Vergleich zu den herkömmlichen Papierakten, vereinfacht ausgedrückt, eine Sammlung von Daten in digitaler Form. Der Aufbau bzw. das Ordnungssystem einer e-Akte kann sich dabei an den bisherigen Akten orientieren.

856 Ziel der Einführung einer e-Akte ist es, die bestehenden Dokumente, Ordner und Archive auf eine elektronische Datenverwaltung umzustellen, um somit die Dokumenten-/Aktenverwaltung zu vereinfachen.

857 Die aus organisatorischer Sicht damit verbundenen Vorteile sind insbesondere darin zu sehen, dass die e-Akte ständig einen schnellen Zugriff von jedem Ort ermöglicht und somit zur Optimierung von Arbeitsabläufen beiträgt, indem z. B. Bearbeitungs-, Transport- und Liegezeiten von Vorgängen reduziert werden. Mit dieser Ablauf-/Prozessoptimierung können Einsparpotenziale erzielt werden.

858 Akten unterliegen ggf. gewissen Aufbewahrungsfristen und können danach erst vernichtet werden. Die e-Akte führt dazu, dass die Räumlichkeiten zur Archivierung nicht mehr in bisherigem Maße vorgehalten werden müssen (Platzersparnis). Mit der e-Akte werden alle Daten/Informationen zentral gespeichert.

149 KGSt (Stand 05/2015) – Auszug.

Zusätzlich ist mit der e-Akte eine Datensicherheit verbunden. Durch eine mögliche Steuerung der Zugriffsmöglichkeiten ist eine Manipulation von Daten kaum möglich. 859

Trotz der genannten Vorteile gibt es auch in der Verwaltung eine gewisse Skepsis, die es bei der Einführung zu beachten gilt. Die Mitarbeiter sind es gewohnt, mit Papierakten zu arbeiten, und halten eine Umstellung auf die e-Akte nicht für zwingend erforderlich. Auch die erwähnte Sicherheit der e-Akte wird teilweise durch Experten angezweifelt. Zudem ist die Einführung mit Kosten und einem IT-Aufwand verbunden, der ggf. parallel zu den üblichen Arbeiten geleistet werden muss. Um diese Bedenken auszuräumen, sollten auch hier die Mitarbeiter in den Veränderungsprozess einbezogen werden. 860

Wie bei den „physikalischen Akten" sind auch bei der e-Akte rechtliche Rahmenbedingungen zu beachten. Auch hier dient die Aktenführung u. a. dazu, dass das Verwaltungshandeln transparent, nachvollziehbar und ggf. durch andere (z. B. Gerichte, Behörden) kontrollierbar ist. Bei der Einführung der e-Akte muss auch geprüft werden, ob mögliche Regelungen einem elektronischen Verfahren mit der e-Akte entgegenstehen. 861

Letztendlich sind die öffentlichen Verwaltungen bzw. Kommunen aufgefordert, Rahmenbedingungen zu schaffen, die das Arbeiten mit der e-Akte zulassen. 862

7.6 ZEITMANAGEMENT

Ein möglicher Büroalltag 863
Sie kommen ins Büro und haben sich eine Menge vorgenommen. Das Postfach quillt über und Sie sehen kein Ende. Sie hetzen von einem Termin zum anderen. Es dauert alles länger, als Sie geplant haben. Am Abend gehen Sie nach Hause und stellen fest, dass Sie nie Zeit für das, was Sie eigentlich machen wollten, gefunden haben.

Das Eingangsbeispiel zeigt, dass die Arbeit in der öffentlichen Verwaltung aufgrund unterschiedlichster Einflüsse immer umfangreicher, schneller und flexibler, aber deshalb auch vielleicht etwas chaotischer geworden ist. Deshalb ist es wichtig, die Arbeit und sich selbst gut zu organisieren. 864

Haben Mitarbeiter die Fähigkeit zur Selbstorganisation und zur Organisation ihres Arbeitsplatzes, dann können sie sich konzentriert ihrer Arbeit widmen und verschwenden keine Zeit. 865

Genau das ist Thema des Zeitmanagements. Das Zeitmanagement ist Teil der Selbstorganisation und beinhaltet alle Möglichkeiten, die zur Verfügung stehende Zeit möglichst optimal im Sinne der Aufgabenerfüllung zu nutzen. 866

867 Es gilt also zu lernen, wie man die Zeit am Arbeitsplatz effizient und effektiv nutzt.

868 In diesem Abschnitt werden **einige Methoden** (siehe Abbildung unten), die hilfreich sein könnten, Aufgaben und Termine innerhalb eines Zeitfensters abzuarbeiten, vorgestellt.

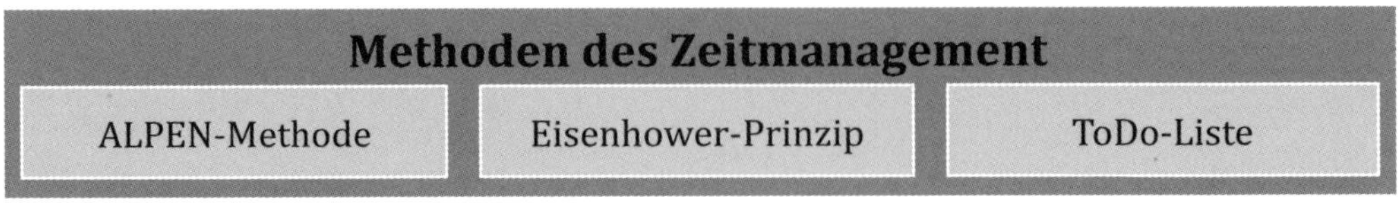

869 Bevor auf die einzelnen Methoden etwas näher eingegangen wird, sollte im Rahmen des individuellen Zeitmanagements eine Kernproblematik angesprochen werden. In vielen Fällen geht es oftmals bei umfangreichen Aufgaben darum, zu entscheiden, was wirklich wichtige und dringende Aufgaben sind und wie der Einzelne damit umgeht.

870 Wenn viele Aufgaben nach Wichtigkeit und Dringlichkeit abzuarbeiten sind, macht es deshalb an dieser Stelle Sinn, diese Begriffe einmal kurz zu klären.

871 **Wichtige** Aufgaben haben eine besondere und nicht selten langfristige Wirkung in Bezug auf die Zielerreichung. Werden sie nicht erledigt, kann dies gravierende Folgen haben. Im Vordergrund steht hier die *sachliche* Beurteilung.

872 **Dringend** sind Aufgaben immer dann, wenn sie kurzfristig zu erledigen sind. Hier ist der *zeitliche* Aspekt vordergründig.

873 Da es sich häufig um große und komplexe Aufgaben handelt, hier bereits ein Tipp! Die Aufgliederung der Aufgabe in Teilaufgaben kann sehr hilfreich sein. Die Aufgabe wird dadurch transparenter und beherrschbarer und kann besser überblickt werden. Zudem bietet die Gliederung auch die Möglichkeit der Delegation, da ggf. nicht alle Teilaufgaben selbst erledigt werden müssen.

Nun zu den einzelnen Methoden.

874 DIE ALPEN-METHODE

Die ALPEN-Methode[150] zielt darauf ab, den Tagesablauf in Form eines Plans festzulegen. Das klingt einfach und ist es in der Anwendung auch. Die Anfangsbuchstaben stehen dabei für die bei der Planung zu berücksichtigenden Punkte.

875
1) **A**ufgaben, Aktivitäten, Termine notieren
   Es geht bei diesem ersten Schritt darum, die anstehenden Aufgaben für den nächsten Tag insgesamt und unabhängig von Reihenfolge bzw. Wichtigkeit zu er-

150 vgl. Lothar Seiwert, 30 Minuten Zeitmanagement, 1998 S. 46 ff.

fassen. Da es sich um eine Planung des Tages handelt, hat dieses spätestens einen Tag vorher zu geschehen.

2) **L**änge schätzen 876
Nun gilt es, für jede Aufgabe die wahrscheinlich benötigte Zeit einzuschätzen. Um letztendlich nicht in Zeitnot zu geraten, sollte der Zeitbedarf realistisch und nicht zu knapp geschätzt werden. Hier können auch genaue Zeitfenster (Uhrzeiten) festgelegt werden.

3) **P**ufferzeiten einplanen 877
Die Länge kann noch so realistisch geschätzt werden, es gibt immer wieder unberechenbare Einflüsse, die dazu führen, dass die veranschlagte Zeit nicht ausreicht. Deshalb sind Pufferzeiten (eine zeitliche Reserve, in der nichts vorgesehen ist), die nicht die Pausenzeiten ersetzen, einzuplanen.

Die Literatur weist hier auf eine 60:40-Regel hin. Das bedeutet, dass 60 % der Zeit verplant werden kann und 40 % als Zeitpuffer zur Verfügung steht. Die Hälfte der 40 % ist dann für unerwartete Aktivitäten vorgesehen.

4) **E**ntscheidungen treffen 878
Der Alltag zeigt, dass trotz aller guten Vorausplanung es oftmals nicht gelingt, in der geplanten Zeit die Aufgaben bzw. Termine zu erledigen. Dann muss entschieden werden! Sie müssen also Prioritäten setzen. Dabei können auch Methoden helfen, die hier ausgeführt werden.

5) **N**achkontrolle 879
Die Kontrolle bezieht sich einmal auf die nicht erledigten oder nicht ganz erledigten Aufgaben, die dann ggf. in der (den) nächsten Tagesplanung(en) aufgenommen werden, aber auch auf die Planung an sich. Planungsfehler sollten dadurch künftig vermieden werden.

Das Eisenhower-Prinzip 880

Das Eisenhower-Prinzip ist eine weitere gängige Methode des Zeitmanagements. Sie besteht aus einer Matrix, in der vier Felder aufgeführt sind[151] (**siehe Abbildung unten**).

	wichtig	nicht wichtig
eilig	SOFORT ERLEDIGEN	DELEGIEREN
nicht eilig	TERMINIEREN	WEGLEGEN (NICHT ERLEDIGEN)

151 Vgl. Stephen R. Covey: Focus. Achieving your highest priorities, Brilliance Audio 2012.

881 Bei der Planung geht es darum, die anstehenden Aufgaben den vier Feldern mit der dann daraus resultierenden Konsequenz realistisch zuzuordnen.

882 Die Aufgaben aus dem BEREICH 1 sind sofort zu erledigen. Bei den Aufgaben FELD 2 bietet sich eine Delegation der Aufgaben an. Die wichtigen, aber nicht dringenden Aufgaben (FELD 3) sind zu terminieren und selbst zu erledigen. Was weder wichtig noch dringend ist, muss nicht erledigt werden bzw. kann weg (FELD 4).

883 DIE TO-DO-LISTE

Wahrscheinlich ist es nicht Neues, dass man sich auf die anstehenden Aufgaben geplant vorbereitet. Doch im Berufsalltag geschieht es durch den wachsenden Druck nicht selten nur im Kopf, und das kann zu Problemen führen. Aufgaben werden vergessen bzw. zeitlich nicht richtig eingeordnet. Deshalb sollte die Planung schriftlich erfolgen. Ein bewährtes Mittel ist die To-do-Liste.[152] Sie gibt einen Überblick über die anstehenden Aufgaben und deren Reihenfolge. Zudem sind die bereits erledigten bzw. noch zu erledigenden Aufgaben erkennbar.

884 Als Hilfe zur Planung werden folgend drei Möglichkeiten einer To-do-Liste vorgestellt. Bei allen drei Formen handelt es sich im Prinzip um Tätigkeitslisten, die ggf. mit zusätzlichen „Planungsinformationen" ergänzt werden.

885 **1) Die einfache To-do-Liste**

Aufgaben	Termin

886 Bei der einfachen To-do-Liste ist die Aufgaben- und Terminspalte zu erkennen. Der gesetzte Termin gibt an, bis wann die dazugehörige Aufgabe zu erledigen ist. Nach Erledigung kann die Aufgabe abgehakt werden.

887 **2) Die ergänzte To-do-Liste**

Aufgaben	Dauer	Termin

888 Bei dieser Form wird die einfache To-do-Liste um eine Spalte ergänzt. Es gilt die Dauer der Aufgabe realistisch (mit Pufferzeit s. o.) selbst einzuschätzen.

152 vgl. auch wikipedia.org/wiki/Zeitmanagement (Aufruf 01/2018).

3) Die umfangreiche To-do-Liste 889

Aufgaben	Dauer	Termin	Priorität

Bei dieser Variante wird zusätzlich die Reihenfolge der Bearbeitung durch die Spalte „Priorität“ bestimmt. Damit wird aus der To-do-Liste eine genauere Planung der Arbeit. Der Anwender muss die Aufgabeninhalte kennen und würdigen, um eine Priorisierung vornehmen zu können. 890

VIII GRUNDLAGEN DER ARBEITSVERTEILUNG

8 DIE STELLE

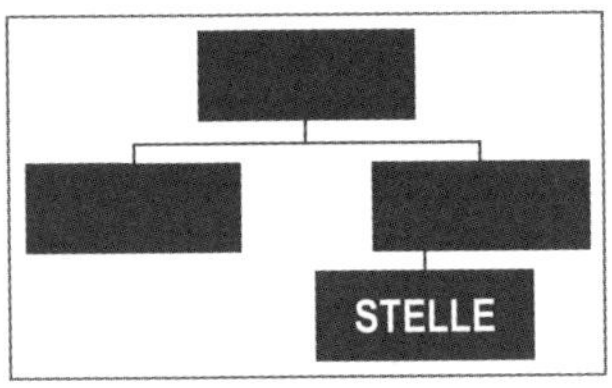

891 Die Stelle ist das Grundelement der Aufbauorganisation der Verwaltung. Sie ist die kleinste und wohl bedeutungsvollste Organisationseinheit. Durch die folgenden Ausführungen werden prägnant die mit der Stelle verbundenen wesentlichen Aspekte beschrieben.

892 Hierbei werden die Stellenbildung, die Stellenbemessung und die Stellenbewertung angesprochen.

8.1 STELLENBILDUNG

893 Die Aufbauorganisation ist im Wesentlichen abhängig von den zu erfüllenden Aufgaben einer Verwaltung. Da die Gesamtaufgaben einer Verwaltung so umfangreich sind, werden diese i. d. R. durch eine Vielzahl von Beschäftigten erledigt. Dies hat zur Folge, dass die Gesamtaufgabe der Verwaltung weiter in Teilaufgaben aufgeteilt werden muss, und zwar so weit, dass sie von einer Person erledigt werden.

894 Ziel dabei ist es, zu regeln, welche Aufgaben durch wen mit welchen Kompetenzen und Verantwortungen erledigt werden.

895 Das systematische Aufgliedern einer Gesamtaufgabe in Teilaufgaben nennt sich Aufgabenanalyse. Die Aufgabenanalyse wurde bereits im Kapitel 6 eingehend erläutert. Dennoch soll sie hier noch einmal kurz aufgegriffen werden, weil die Aufgabenanalyse mit ihren Ergebnissen die Grundlage für die Aufgabensynthese ist.[153]

896 Zunächst einmal kann davon ausgegangen werden, dass eine Aufgabenanalyse auf Ebene aller Organisationseinheiten (Gesamtverwaltung, Dezernat, Amt etc.) möglich ist. Die Aufgabenanalyse erfolgt unter Beachtung bestimmter Gliederungsmerkmale, nämlich nach der Verrichtung, nach dem Objekt, nach dem Rang, nach der Phase und der Zweckbeziehung. Dabei sind die bekannten Gliederungsgrundsätze Inhaltsgleichheit, Einheitlichkeit und Gliederungstiefe vor Gliederungsbreite zu beachten.

---

153 Vgl. auch Rau 2007, S. 345 ff.

Entscheidend für die Bildung von Stellen bzw. Organisationseinheiten ist die Aufgabensynthese. Bei der Aufgabensynthese werden die als Resultat der Aufgabenanalyse erhaltenen Teilaufgaben systematisch so zu einem Aufgabenumfang/-paket zusammengefasst, dass er einer Stelle als kleinste Organisationseinheit der Verwaltung entspricht. 897

Hierbei kommen i. d. R. die gleichen Kriterien wie bei der Analyse zur Anwendung. Für die Synthese/Stellenbildung stehen die Kriterien Objekt und Verrichtung daher auch hier im Vordergrund. 898

Wird eine Synthese nach dem Objekt vorgenommen, so werden alle objektbezogenen Tätigkeiten zusammengefasst. Bei der Antragsbearbeitung wären das z. B. die Verrichtungen Entgegennahme des Antrags, auf Vollständigkeit prüfen, Leistungsanspruch prüfen, Bescheid erteilen. 899

Wird eine Synthese nach der Verrichtung vorgenommen, werden an verschiedenen Objekten (z. B. Zulassung von LKWs und PKWs) die gleichen Verrichtungen ausgeführt.[154] 900

Demzufolge orientiert sich die Stellenbildung an der Sache bzw. den zu erledigenden Aufgaben, sodass der mögliche Stelleninhaber keine Beachtung findet. 901

Diese Herangehensweise ist in der Praxis nicht immer von Vorteil, insbesondere dann, wenn mit der Stelle ein sehr spezielles Expertenwissen verbunden ist. Im Einzelfall kann dann eine Stelle auch auf eine bestimmte Person zugeschnitten werden. 902

Auch ist in diesem Zusammenhang zu erwähnen, dass durch rechtliche Vorgaben die Bildung einzelner Stellen notwendig ist (z. B. Gleichstellungs-/Datenschutzbeauftragte). 903

In einem weiteren Schritt der Aufgabensynthese bilden dann beispielhaft mehrere Stellen ein Sachgebiet. Mehrere Sachgebiete können dann zu einer Abteilung zusammengefasst werden. Mehrere Abteilungen bilden dann ein Amt und die Ämter wiederum ein Dezernat, die in der Summe beispielhaft eine Kommunalverwaltung darstellen (siehe Schaubild). 904

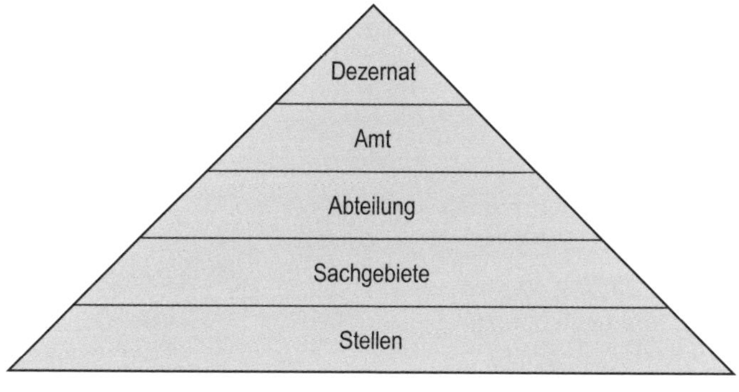

154 Vgl. auch Betriebswirtschaftslehre für Städte und Gemeinden (Rau 2007, S. 350 f.).

905 Wenn die Aufgabensynthese abgeschlossen ist, d. h. die mit der Stelle verbundenen Aufgaben feststehen, sind die organisatorischen Kompetenzen[155] des Stelleninhabers zu beschreiben.[156] Die Beschreibung der Kompetenzen geht auf die Befugnisse und Rechte im Rahmen der mit der Stelle verbundenen Aufgabenerfüllung ein und zeigt gleichzeitig den Handlungsspielraum des Stelleninhabers auf. Ohne Übertragung von Kompetenzen ist die Erledigung der Aufgaben nicht möglich.

In der Organisationslehre wird zwischen **verschiedenen Kompetenzarten** unterschieden:[157]

906 Ausführungskompetenz
- ist die Befugnis, die übertragenen (Teil-)Aufgaben entsprechend geltenden Bestimmungen und Handlungsspielräumen auszuführen/zu erledigen.

907 Entscheidungskompetenz
- ist die Befugnis, eigenmächtig Entscheidungen im Rahmen der mit der Stelle verbundenen Aufgaben zu treffen. Die Entscheidung findet in der Praxis oftmals zwischen mehreren Möglichkeiten statt.

908 Weisungskompetenz
- ist die Anordnungsbefugnis gegenüber anderen Mitarbeitern (Stelleninhabern), bezogen auf deren Aufgabenerfüllung und Entscheidungen. Aus Gründen der Transparenz für die Mitarbeiter und um Kompetenzübergriffe zu vermeiden, ist eine klare Zuordnung der Weisungskompetenz zu einer Stelle unumgänglich.

909 Verfügungskompetenz
- ist die Befugnis, über die für die Aufgabenerfüllung benötigten Ressourcen in Form von Sach- und Finanzmitteln, aber auch Informationen zu verfügen.

910 Nachdem durch eine Aufgabensynthese die Stelle gebildet bzw. der Stelle die Aufgaben und in einem weiteren Schritt die Kompetenzen zugeordnet worden sind, gilt es jetzt zu klären, welche **Verantwortung** der Stelleninhaber für sein Tun zu übernehmen hat. Dabei bedeutet Verantwortung, für die Ergebnisse/Folgen seines Handelns und seiner Entscheidungen einzustehen.

911 Hier kann zwischen *Handlungsverantwortung, Ergebnisverantwortung und Führungsverantwortung* unterschieden werden.[158]

---

155 Gemeint sind nicht die personenbezogenen Kompetenzen (siehe Qualifikationsprofil).

156 Vgl. Management im öffentlichen Sektor (Gourmelon/Mroß/Seidel, S. 119); Verwaltungsmanagement und Organisation (Paulic 2014, S. 123).

157 Vgl. Organisation (Vahs 2009, S. 65).

158 Management in der öffentlichen Verwaltung (Hopp/Göbel 2013, S. 140).

Die Handlungsverantwortung ist die Rechenschaftspflicht über die Art und Weise der Aufgabenerfüllung. Die Ergebnisverantwortung bezieht sich auf die Zielerreichung in Quantität und Qualität bzw. auf die Sach- und Finanzergebnisse. Die Führungsverantwortung ist die Rechenschaft für die Führungsaufgaben bzw. die Mitarbeiterführung. 912

Organisatorisches Kongruenzprinzip

Beispiel: 913
Sie sind Sachbearbeiter im Sozialamt der Stadt X. Ein Bürger beantragt Sozialleistungen (Grundsicherung) bei Ihnen. Im Rahmen der Antragsbearbeitung können Sie nur sehr eingeschränkt Entscheidungen treffen. Deshalb müssen Sie häufig Rücksprache mit der Sachgebietsleitung nehmen, was zu erheblichen Verzögerungen führt, für die Sie verantwortlich gemacht werden. Deshalb entscheiden Sie in einem vergleichbaren Fall aufgrund Ihrer Erfahrungen selbst.

Das Beispiel und die vorausgegangenen Ausführungen verdeutlichen, dass die *Aufgaben, Kompetenzen und Verantwortungen* für eine Stelle festzulegen sind. Um Konflikte zu vermeiden, ist dabei zu beachten, dass eine Übereinstimmung zwischen den drei Merkmalen gegeben ist. Denn es kann nur der Stelleninhaber für seine Handlungen, Entscheidungen und Resultate verantwortlich gemacht werden, der für die Aufgabenwahrnehmung auch über die notwendigen Kompetenzen verfügt. 914

Fehlt diese Ausgewogenheit (siehe auch Beispiel bzw. Abbildung), dann kann es zu den Fallkonstellationen kommen, dass 915

- die Aufgaben ohne die notwendigen Kompetenzen und Verantwortungen wahrgenommen werden (der Frühstücksdirektor),
- Kompetenzen ausgeübt werden, die sich außerhalb des Aufgabengebietes befinden (der Amtsanmaßende),
- ohne die Aufgaben und entsprechenden Kompetenzen zu haben, Verantwortung getragen wird (der Sündenbock).[159]

Abbildung Organisatorisches Kongruenzprinzip 916

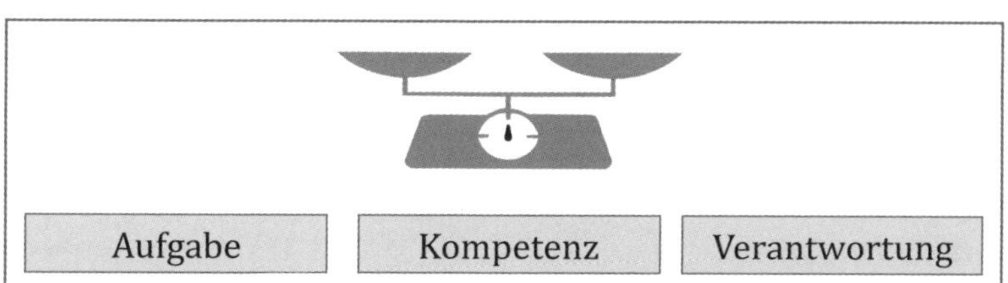

159 Vgl. Organisation (Vahs 2012, S. 17–19); W. Krüger 1993, S. 47 f.

917 Abschließend ist darauf hinzuweisen, dass alle gebildeten Stellen einer Verwaltung sich im **Stellenplan**[160] widerspiegeln. Dieser differenziert zwischen Stellen für Beamte und Tarifbeschäftigte, zeigt die Besoldungs- und Entgeltgruppen sowie Abweichungen zum Vorjahr auf und kann mit zusätzlichen, stellenspezifischen Informationen, wie Aufgabenbeschreibung und Stelleninhaber, versehen werden.

8.2 STELLENBEMESSUNG

918 In diesem Buch wurde u. a. darauf eingegangen, welche Aufgaben die Verwaltung zu erledigen hat. Dabei wurde festgestellt, dass der Aufgabenbestand einer Verwaltung nicht dauerhaft ist, sondern sich auch verändert (Aufgabenwandel).

919 Deshalb ist eine entscheidende Frage die nach der Anzahl der benötigten Mitarbeiter bzw. Stellen für die Aufgabenerfüllung. Vor dem Hintergrund einer wirtschaftlichen Betrachtung (siehe auch Haushaltssituation) gilt es daher, die Zahl von möglichst optimal ausgelasteten Mitarbeitern verlässlich zu ermitteln. Der Ermittlung des Stellenbedarfs kann im Organisations- und Personalmanagement daher eine zentrale Bedeutung beigemessen werden. Die Stellenbedarfsermittlung ist der Personalbedarfsplanung zuzuordnen, die darauf abzielt, den Personalbedarf in der Gegenwart und zu bestimmten Zeiten in der Zukunft in QUANTITATIVER und QUALITATIVER Hinsicht zu ermitteln.[161]

920 *Beispiel:*
Im Sozialamt der Stadt X werden u. a. Aufgaben der „Leistungsgewährung" (Zahlung von Grundsicherung an Bedürftige/Anspruchsberechtigte) wahrgenommen. In diesem Aufgabenbereich sind Aufgabenzuwächse durch Gesetzesänderungen und absehbare Entwicklungen (steigende Zahl von Anträgen) zu verzeichnen. Die Leitung des Sozialamts befürchtet, dass dieses mit den vorhandenen Stellen/Personal kaum noch zu bewältigen ist.

Wie geschieht die Ermittlung des benötigten Personalbedarfs?

921 Zunächst einmal ist von dem vorhandenen Personalbestand auszugehen (Ist-Personalbestand). Dieser Personalbestand ist mit einem zu berechnenden Brutto-Personalbedarf (Soll-Personalbestand) zu einem bestimmten Zeitpunkt zu vergleichen. Dieser Soll-Ist-Vergleich führt zu der Erkenntnis, ob das vorhandene Personal ausreicht, oder zu viel Personal (*Überdeckung*) bzw. zu wenig Personal (*Unterdeckung*) für die Aufgabenwahrnehmung zur Verfügung steht.

---

160 Siehe Haushaltsplan.
161 Vgl. Beckermann 2011, S. 60 f.; Verwaltungsmanagement und Organisation (Paulic 2014, S. 203 f.).

Abbildung Stellenbedarfs-/Personalplanung[162] 922

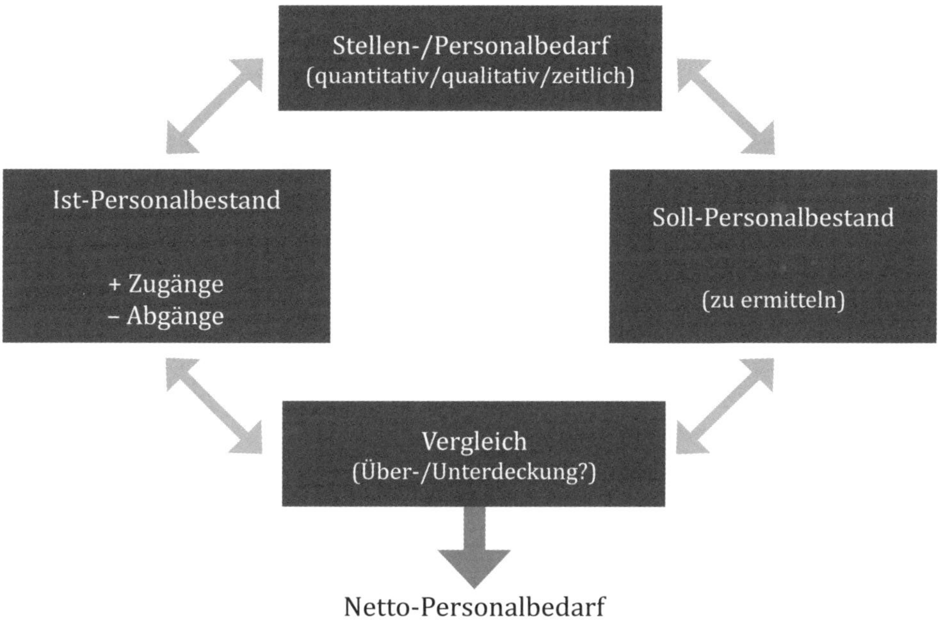

Der Personalbedarf erfolgt i. d. R. durch Bemessung bzw. Ermittlung der Anzahl der benötigten Stellen für die Aufgabenerfüllung. 923

Die Begriffe Personal- und Stellenbedarf- bzw. Personal- und Stellenbemessung sind daher nicht immer eindeutig zu unterscheiden und werden häufig synonym gebraucht. 924

Im Gegensatz zu einem „nur" vorübergehenden Personalbedarf kann davon ausgegangen werden, dass der dauerhafte Personalbedarf dem Stellenbedarf entspricht. 925

Bezogen auf das Beispiel, möchte die Amtsleitung die Zahl der Beschäftigten erfahren, die erforderlich ist, um die Aufgabe jetzt bzw. künftig[163] (zu einem gewissen Zeitpunkt) erfüllen zu können. Die Berechnung dieser Zahl erfolgt im Rahmen der QUANTITATIVEN STELLENBEDARFSERMITTLUNG. 926

Bevor Methoden der quantitativen Stellenbedarfsermittlung aufgezeigt werden, ist jedoch in einem vorausgehenden Schritt die Organisation auf den Prüfstand zu stellen. Dabei sind sowohl die Strukturen als auch die Abläufe und Prozesse, im Sinne einer möglichen Optimierung, zu betrachten. Denn es wäre vom Ergebnis her nicht akzeptabel, den 927

---

162 Vgl. Verwaltungsmanagement und Organisation (Paulic 2014, S. 203, verändert).

163 Die Stellenbedarfsplanung unterscheidet zwischen kurzfristiger (bis zu 2 Jahren), mittelfristiger (bis zu 5 Jahren) und langfristiger (bis zu 10 Jahren) Planung.

Stellen- bzw. Personalbedarf an einem Zustand auszurichten, der ggf. Optimierungsmöglichkeiten bietet.

8.2.1 QUANTITATIVE STELLENBEDARFSERMITTLUNG

928 Mit der quantitativen Stellenbedarfsermittlung soll der zur Aufgabenerfüllung notwendige Brutto-Personalbedarf (Soll-Personalbestand) ermittelt werden (s. o.). Häufig findet diese Ermittlung auch unter dem Stichwort der Personalbemessung statt.

929 Im Sinne der o. g. Wirtschaftlichkeit sollten die Verwaltungen die Zahl der Mitarbeiter möglichst genau bemessen. Dieses findet jedoch in der Verwaltungspraxis nicht immer statt, da u. a. der damit verbundene Aufwand relativ hoch ist, der Widerstand der Mitarbeiter und Personalvertretungen überschätzt wird und die damit möglichen Effizienz- und Qualitätsverbesserungen unterschätzt werden.[164]

930 Zur Stellenbemessung gibt es unterschiedliche Methoden bzw. Verfahrensweisen.

931 Zunächst sind an dieser Stelle einfache, aber dennoch praxisrelevante, erwähnenswerte Verfahrensweisen wie die dem prognostischen Verfahren zugeordnete **Schätzung** oder die dem organisatorischen Verfahren zuzurechnende **Stellenplanmethode** zu nennen[165].

932 Bei der Schätzung werden die jeweiligen Organisationseinheiten nach ihrem Personalbedarf befragt, während bei der Stellenplanmethode die Grundlage Stellenpläne und -beschreibungen für die Bedarfsplanung sind.

933 Nachfolgend werden zwei in der Verwaltung praktizierte Methoden der Stellenbedarfsermittlung (teilweise vereinfacht) vorgestellt:

- DIE ANALYTISCHE STELLENBEMESSUNG

  und

- DIE EMPIRISCHE STELLENBEMESSUNG

Welche in der Praxis angewendet wird, ist letztendlich situationsabhängig.

934 DIE ANALYTISCHE STELLENBEMESSUNG

Bietet sich die Möglichkeit, das analytische Verfahren in der Verwaltung anzuwenden, so sollte dieses auch erfolgen. Dieses Verfahren bietet eine möglichst genaue Ermittlung des Bedarfs durch eine relativ einfache Berechnungsgrundlage.

---

164 Vgl. Management in der öffentlichen Verwaltung (Hopp/Göbel 2013, S. 266).
165 Vgl. Verwaltungsmanagement und Organisation (Paulic 2014, S. 207 f.).

Bei der Berechnung werden zwei Größenordnungen betrachtet, nämlich die Arbeitsmenge im betrachteten Verwaltungsbereich (Arbeitsvolumen) und die Arbeitszeit einer Arbeitskraft (Arbeitskapazität). 935

Der Stellenbedarf kann dann unter Anwendung untenstehender Formel mit einer einfachen Division errechnet werden[166]: 936

$$Stellenbedarf = \frac{Arbeitsvolumen\ (AV)}{Arbeitskapazität\ (AK)}$$

Aus der Formel lässt sich ein schrittweises Vorgehen ableiten. In einem ersten Schritt muss das ARBEITSVOLUMEN ermittelt werden. 937

Dieses kann in einigen Fällen durch eine „undifferenzierte Betrachtung" geschehen, da das Arbeitsvolumen durch die Tätigkeit an sich ohne Betrachtung der Arbeitsmenge vorbestimmt ist (auch Arbeitsplatzmethode genannt). Als Beispiel kann die tägliche, 24-stündige Besetzung der zentralen Stelle der Hausdienste genannt werden. Das Arbeitsvolumen (in Jahresarbeitsminuten[167]) ergibt sich dann aus der Multiplikation von 938

Std./Tag x Min./Std. x Tage/Jahr = (24 x 60 x 365 = 525.600)

Ist eine *differenziertere Betrachtung* notwendig, so geschieht diese, indem die Arbeiten bzw. fallbezogenen Tätigkeiten erhoben werden. 939

Dann ist die Arbeitsmenge zu erfassen, d. h. wie oft diese Arbeit bzw. die verschiedenen Tätigkeiten anfallen (Fallzahlen). Anschließend sind die gleichartigen Tätigkeiten zu erfassen und deren Zeitdauer – mit der durchschnittlichen mittleren Bearbeitungszeit (mBz) und einem Zuschlagsfaktor (Z-für nicht fallbezogene Tätigkeiten z. B. Praxisanleitung) – zu ermitteln. 940

Die **mittlere Bearbeitungszeit (mBz)** ist ein zeitlicher Durchschnittswert (i. d. R. in Minutenangabe), der aussagt, in welcher Zeit die jeweilige Tätigkeit ausgeübt wird. Bezogen auf das o. g. Beispiel, könnte die mittlere Bearbeitungszeit für die Berechnung der Sozialleistung 35 Minuten betragen. 941

Das Arbeitsvolumen ergibt sich aus den Fallzahlen, multipliziert mit der mittleren Bearbeitungszeit sowie ggf. einem hinzuaddierten Zuschlagsfaktor. 942

Arbeitsvolumen (JAM) = *Summe fallbezogener Tätigkeit (Fallzahlen) x mBz + Z*

166 Vgl. Management in der öffentlichen Verwaltung (Hopp/Göbel 2013, S. 267 f.); Management im öffentlichen Sektor (Gourmelon/Mroß/Seidel, S. 129 f.); Verwaltungsmanagement und Organisation (Paulic 2014, S. 210 f.).

167 Abkürzung in der Praxis = JAM.

943 Es ist unschwer zu erkennen, dass für die Bemessung bzw. Berechnung des Bedarfs Informationen zur Arbeitsmenge und Bearbeitungszeit erforderlich sind. Diese Informationen bzw. Daten müssen erhoben werden. Welche Techniken hierzu zur Verfügung stehen, ist dem Kapitel *Organisationstechniken – Datenerhebungstechniken* zu entnehmen.

944 Es erfolgt in einem weiteren Schritt die Berechnung der Gesamtarbeitsminuten, die sich aus dem Arbeitsvolumen aller Vorgänge des Bereiches ergeben.

945 Die folgende Abbildung zeigt die Berechnung des Arbeitsvolumens anhand des Eingangsbeispiels.

946 **Beispiel „Arbeitsvolumen Sachgebiet Grundsicherung im Sozialamt der Stadt X"**

Vorgang Nr.	Bezeichnung der Tätigkeit	Fallzahl pro Jahr	mBz in Minuten	Arbeitsvolumen in Min./Jahr
1	Antrag entgegennehmen und Prüfung auf Vollständigkeit	5000	15	75.000
2	Antrag ergänzen	250	10	2500
3	Berechnung der Leistung	5000	35	175.000
4	Bescheid an Antragsteller	5000	20	100.000
5	Leistung auszahlen	4000	10	40.000
Summe				**392.500 (...)**

Arbeitsvolumen: 392.500 JAM + 35.000 (Zuschlagsfaktor)= 427.500 JAM

947 Das Arbeitsvolumen ist der Arbeitskapazität gegenüberzustellen. Folglich ist zunächst die ARBEITSKAPAZITÄT (BZW. DIE ARBEITSZEIT EINER ARBEITSKRAFT) zu ermitteln.

948 Es ist selbstverständlich davon auszugehen, dass ein Mitarbeiter nicht an allen 365 Tagen im Jahr zur Verfügung steht. Deshalb errechnet sich die Arbeitskapazität aus der Zahl der tatsächlich zu berücksichtigenden Arbeitstage und der durchschnittlichen Arbeitszeit pro Tag, wobei im öffentlichen Dienst von einer 5-Tage-Woche ausgegangen werden kann. Ausgehend davon könnte man die Arbeitszeit einer Arbeitskraft individuell ermitteln.

949 In der Verwaltungspraxis wird jedoch auf eine Rechengröße, die Normalarbeitszeit[168], zurückgegriffen. Mit der Normalarbeitszeit wird also die Zeit festgelegt, die eine Arbeitskraft in einem Jahr unter Berücksichtigung der regelmäßigen wöchentlichen Arbeitszeit durchschnittlich zur Leistungserbringung zur Verfügung steht.[169]

168 Früher: Arbeitszeit einer Normalarbeitskraft.
169 Vgl. KGSt – Normalarbeitszeit (15/2015).

Diese Normalarbeitszeit wird von der KGSt (vgl. Bericht 15/2015) aufgrund abweichender krankheitsbedingter Fehlzeiten für unterschiedliche „Mitarbeitergruppen“ separat ausgewiesen. Hierbei handelt es sich um Mitarbeiter der allgemeinen Verwaltung, Mitarbeiter, die überwiegend manuelle Tätigkeiten wahrnehmen, und Mitarbeiter aus dem Bereich Kita/Soziales. 950

Die folgenden Ausführungen beschränken sich – in Anlehnung an das genannte Beispiel – auf Mitarbeiter der allgemeinen Verwaltung unter Berücksichtigung beamten- und tarifrechtlicher Regelungen, der gesetzlichen Feiertage, der Auswertung der KGSt-Krankentage sowie der Urlaubstagestatistik. Da die „Rechenwerte (Tage)“ sich verändern können, wird die Normalarbeitszeit entsprechend aktualisiert. 951

Die Berechnung der Normalarbeitszeit erfolgt in Minuten pro Jahr unter Zugrundelegung der durchschnittlichen Zahl der Nettoarbeitstage pro Jahr multipliziert mit der durchschnittlichen Arbeitszeit pro Tag. 952

Die Normalarbeitszeit (die Arbeitskapazität) wird wie folgt berechnet: 953

Tage im Jahr	365
abzüglich Sonntage	52
abzüglich Samstage	52
abzüglich Feiertage	10,7
Bruttoarbeitstage	250,3
abzüglich Ausfälle (Krankheit)	14,72
abzüglich Urlaub (Erholungs-/Sonder-/Zusatzurlaub, Arbeitsbefreiung, Mutterschutz)	31,75
Nettoarbeitstage	203,83

Bezogen auf die unterschiedlichen Arbeitszeiten pro Woche[170], bedeutet das für die „Allgemeine Verwaltung“ im Ergebnis: 954

39 Wochenstunden	95.400 Minuten pro Jahr
40 Wochenstunden	97.800 Minuten pro Jahr
41 Wochenstunden	100.300 Minuten pro Jahr
42 Wochenstunden	102.700 Minuten pro Jahr

170 Siehe unterschiedliche Arbeitszeiten Tarifbeschäftigte bzw. Beamte in den Bundesländern.

955 Die KGSt empfiehlt jedoch in dem Bericht, im Rahmen der Stellenbemessung einen pauschalen Zeitabzug in Höhe von 10 % der Normalarbeitszeit für sog. Verlust- und Erholungszeiten zu berücksichtigen. Hierunter fallen beispielsweise die allgemeinen Rüstzeiten (Vorbereitung des Arbeitsplatzes, PC einrichten), Erholungszeiten (Kaffeepausen), Mitarbeiter-/Beurteilungsgespräche, Unterbrechungen des Arbeitsablaufs, die nicht im Zusammenhang mit der Fachaufgabe stehen (Telefongespräche, Besuche).

956 In einem letzten Schritt erfolgt nun die Ermittlung des Stellenbedarfs. Im Sinne der genannten Formel ist das Arbeitsvolumen (Gesamtarbeitsminuten pro Jahr) durch die Arbeitskapazität zu dividieren.

957 Bezogen auf das genannte Beispiel, bedeutet das, dass ein Stellenbedarf – ausgehend von einer 39-Stundenwoche – in diesem Bereich von

427.500 JAM : 85.860 JAM = 4,97 = *5 Stellen*

gegeben ist.

958 **Bei der Anwendung des analytischen Verfahrens ist, ohne das Ziel außer Acht zu lassen, der damit verbundene Aufwand möglichst auf ein vertretbares Maß zu reduzieren.** Eine Möglichkeit besteht darin, auf bereits vorliegende Werte, insbesondere bei der Ermittlung der mittleren Bearbeitungszeit, zurückzugreifen. Hier gibt es in der Praxis primär zwei zu nennende Möglichkeiten. Zum einen kann die Verwaltung bereits in der Vergangenheit ermittelte Bearbeitungszeiten heranziehen (sog. Schlüsselzahlmethode) und zum anderen ist es bei der Stellenbemessung nicht selten, Richtwerte zu berücksichtigen, die bereits durch andere Institutionen (z. B. KGSt, Städtetag, andere öffentliche Verwaltungen) ermittelt wurden (sog. Richtzahlen-/Richtwertemethode).

959 Dass eine solche Vereinfachung im Rahmen der analytischen Stellenbemessung möglich ist, ist eine logische Folgerung daraus, dass durch die Vergleichbarkeit der Aufgaben in den Kommunen nicht selten die damit verbundenen Tätigkeiten bzw. Arbeitsvorgänge, aber auch die Arbeitsabläufe ebenfalls vergleichbar sind. Nur dann ist die Berücksichtigung solcher Richtzahlen auch möglich.

960 Die empirische Stellenbemessung

Die Methodik des analytischen Verfahrens ist sowohl zeitlich als auch personell mit Aufwand verbunden. Es müssen Informationen erhoben bzw. die mittlere Bearbeitungszeit ermittelt werden. Deshalb wird in den Verwaltungen das bedeutsame analytische Verfahren nicht immer angewandt, sondern nach Möglichkeiten gesucht, die die Stellen-/Personalbemessung vereinfachen und damit mit reduziertem Aufwand zulassen (s. o.). Eine Alternative bieten sog. summarisch-empirische Stellenbemessungen.

Sie kommen insbesondere dann zur Anwendung, wenn 961

- keine ausreichenden Ressourcen für eine analytische Bemessung zur Verfügung stehen (s. o.),
- das analytische Verfahren in der betroffenen Organisationseinheit/in dem betroffenen Aufgabenbereich aufgrund der Tätigkeiten nicht anwendbar ist. Hierbei handelt es sich um geistig-schöpferische Arbeiten (z. B. planerische Arbeiten) oder neue, ständig wechselnde Aufgaben, bei denen keine Informationsgrundlage vorhanden ist.[171]

In solch einem Fall wird die Stellenbemessung auf der Basis von Kennzahlen (Daten) durchgeführt. Dabei sind Kennzahlen (und auch die o. g. Richtzahlen) Maßeinheiten, die als absolute (z. B. Anzahl der Fälle) oder relative Zahlen (z. B. Zahl der Fälle pro Tag) einen Sachverhalt unter einer bestimmten Betrachtung beschreiben.[172] 962

In der Praxis kommen hier empirische Schlüsselzahlen, konzeptionelle Schlüsselzahlen und Behördenvergleiche zur Anwendung. 963

<u>Empirische Schlüsselzahlen</u> 964

Die Verwaltungspraxis kann auf langjährige Erfahrungen zurückblicken. Deshalb ist es auch nicht immer notwendig, die erforderlichen Werte analytisch zu ermitteln, sondern es sind Erfahrungswerte zugrunde zu legen, die bereits in der Vergangenheit gewonnen oder in anderen Verwaltungen als Basis genutzt wurden. Mit den Werten vergleichbarer Verwaltungen kann dann ein Verhältnis zwischen Arbeitsaufkommen/-belastung und Stellenbedarf hergestellt werden.

Beispielhaft kann hier die Anzahl der zu bearbeitenden Fälle im Jahr durch einen Mitarbeiter genannt werden. 965

<u>Konzeptionelle Schlüsselzahlen</u> 966

Der Stellenbedarf auf der Grundlage konzeptioneller Schlüsselzahlen wird durch die für die Ziele verantwortlichen Gremien (z. B. Politik), die entsprechende Konzepte beschließen, verantwortlich gesteuert. Durch die Beschlüsse zur Erreichung der Zielvorstellungen wird festgelegt, in welchem Grad mit welchem Ressourceneinsatz die Aufgaben erfüllt werden sollen. Dieses (politische) konzeptionelle Verfahren kommt häufig in Bereichen zur Anwendung, die im Rahmen ihrer Aufgabenerfüllung im engen Kontakt mit dem Menschen stehen. Als klassische Beispiele sind hier Schulen, Kindergärten, Krankenhäuser oder andere Sozialbereiche zu nennen.

---

171 Vgl. Management in der öffentlichen Verwaltung (Hopp/Göbel 2013, S. 271 f.).
172 Vgl. Verwaltungsorganisation (Siepmann/Siepmann 2004, S. 104).

967 Typisch sind hier Vorgaben von sog. Betreuungsschlüsseln (Relationen) wie

- Erzieherin zu betreuenden Kindern,
- Pflegepersonal zu Patienten,
- Lehrer zu Schülern.

968 Behördenvergleiche

Eine weitere Möglichkeit besteht im Vergleich von Behörden untereinander. Diese Form des Kennzahlenvergleichs ist jedoch in der Praxis kritisch zu betrachten, da nur das verglichen werden kann, was auch vergleichbar ist. Deshalb sollten die im Einzelfall zu beachtenden Besonderheiten einer Verwaltung bei den Vergleichen einbezogen werden. Eine mögliche Kennzahl wäre zum Beispiel die Relation Anzahl der Stellen zu Einwohnerzahlen.

8.2.2 QUALITATIVE STELLENBEDARFSERMITTLUNG

969 Bei der quantitativen Stellenbedarfsermittlung geht es um die Ermittlung der Anzahl der benötigten und zu besetzenden Stellen (s. o.).

970 Die **qualitative Stellenbedarfsermittlung** zielt auf die mit der Stelle verbundenen Anforderungen ab[173], die von den Stelleninhabern zu erfüllen sind, um letztendlich die Aufgaben erledigen zu können. Demzufolge ergeben sich die Anforderungen aus den Aufgaben einer Stelle.

971 Grundlage für die Anforderungen einer Stelle in den öffentlichen Verwaltungen sind die nicht selten umfassenden Stellen- bzw. Arbeitsplatzbeschreibungen, aus denen sich die Anforderungsprofile ergeben. Dabei bieten Stellenbeschreibungen auch die Möglichkeit, Ziele der Verwaltung auf die Ebene der Sachbearbeitung „herunterzubrechen" und diese umzusetzen.

972 Die mit der Stelle verbundenen Anforderungsinhalte sind Ausgangspunkt für die Wertigkeit einer Stelle (siehe Stellenbewertung).

973 Die qualitative Stellenbedarfsermittlung zeigt im Ergebnis auf, welche Qualifikationen die Beschäftigten gegenwärtig und künftig vorhalten müssen, um den Anforderungen gerecht zu werden. Nicht zuletzt ergeben sich ggf. daraus neue Berufsgruppen/Berufe. Insgesamt trägt sie somit zur qualitativen Aufgabenerfüllung bei und vermeidet, insbesondere mit dem Bezug zu den Teildisziplinen des Personalmanagements „Personalgewinnung" und „Personaleinsatz", Fehlbesetzungen einer Stelle und deren Folgen.

173 Vgl. Verwaltungsmanagement und Organisation (Paulic 2014, S. 205 f.).

8.2.3 STELLENBESCHREIBUNG

Beispiel: 974
Bei dem Sachbearbeiter im Bereich der Leistungsgewährung im Sozialamt der Stadt X verändern sich die Aufgaben. Der Aufgabenanteil „Leistungsgewährung" verringert sich, weil er als erfahrener und entsprechend qualifizierter Sachbearbeiter zusätzlich schwierige Fälle von grundsätzlicher Bedeutung bearbeiten soll. Damit verbunden ist auch die Erweiterung seiner Kompetenzen und Verantwortungen. Nach einiger Zeit dieser Aufgabenwahrnehmung wird ihm der qualitative (siehe oben) Aufgabenzuwachs bewusst und er bittet seinen Vorgesetzten einmal in Kooperation mit dem Bereich „Organisation" zu prüfen, inwieweit die Bewertung der Stelle und damit seine Bezahlung noch vertretbar sind. Der Vorgesetzte kann den Wunsch nachvollziehen und bittet den Sachbearbeiter, eine aktuelle Stellenbeschreibung anzufertigen.

An dem o. g. Beispiel ist zu erkennen, dass sich an den Aufgabeninhalten/Tätigkeiten der 975
Stelle und somit auch an der Beschreibung der Stelle offensichtlich etwas geändert hat. Deshalb ist die Stellenbeschreibung[174] den neuen Gegebenheiten/Aufgaben anzupassen.

Dabei umfasst die Stellenbeschreibung die für die Stelle erforderlichen Informationen. 976
Sie werden i. d. R. nach festgelegten Kriterien formell und verbindlich erfasst und sind entsprechend zu aktualisieren.[175]

Die Stellenbeschreibung beschreibt – schriftlich und unabhängig von einer Person – eine 977
Stelle, bezogen auf die damit verbundenen Arbeitsziele und -inhalte, Aufgaben und Kompetenzen sowie Beziehungen zu anderen Stellen.[176]

Die genauen Inhalte einer Stellenbeschreibung sind u. a. auch von den mit der Stelle 978
verbundenen Zielen abhängig, zumal die Beschreibung neben der dem Beispiel zu entnehmenden vorrangigen Funktion der Stellenbewertung auch noch weitere wesentliche Funktionen (siehe Schaubild) hat.

174 In der Praxis auch bezeichnet als Arbeitsplatz-/Tätigkeitsbeschreibung.
175 Vgl. Organisation (Vahs 2009, S. 120).
176 Vgl. Erläuterung Wikipedia, Aufruf 12/2017.

979 **Schaubild „Wesentliche Funktionen der Stellenbeschreibung":**

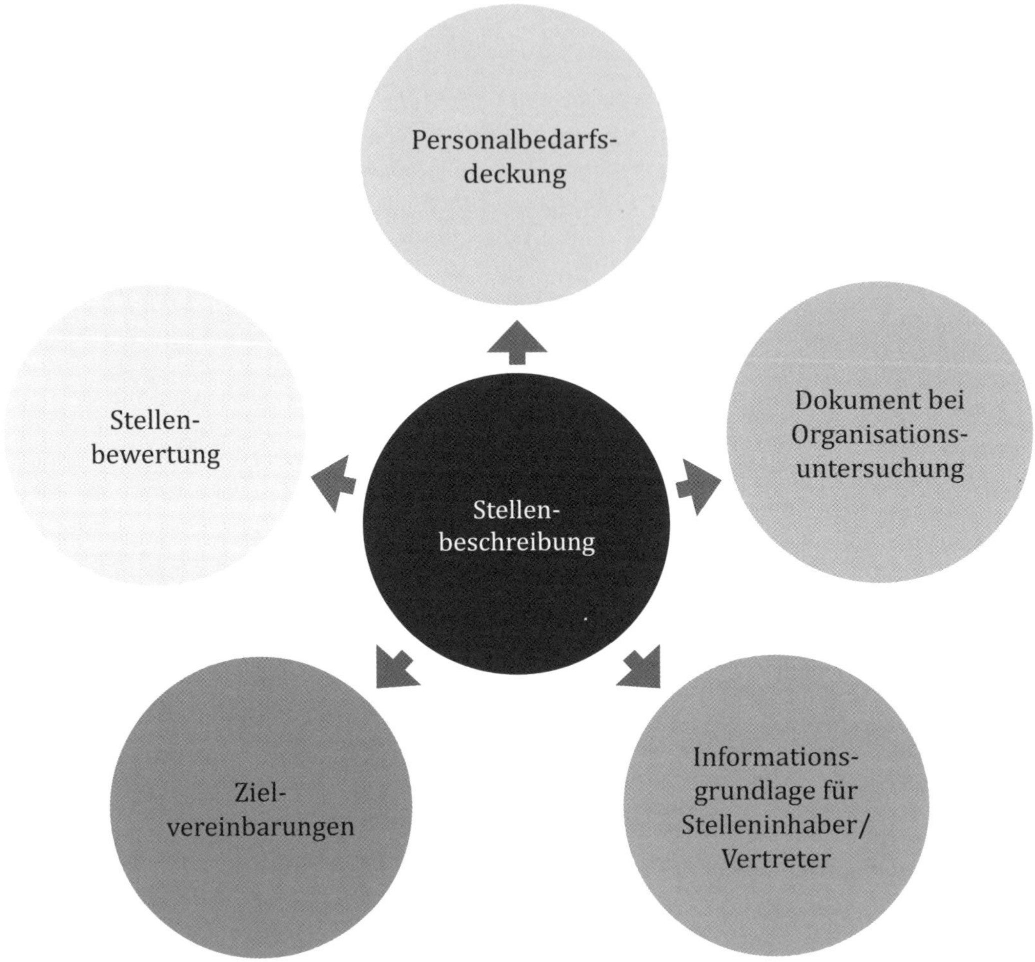

980 Beispiele zu den Funktionen:

- Personalbedarfsdeckung
  (Anforderungsprofile, Stellenausschreibung, Personalauswahl)
- Dokument bei Organisationsuntersuchung
  (Informationen über den jeweiligen Bereich)
- Zielvereinbarungen
  (als generelle Grundlage, als Grundlage für Leistungsbewertungen)
- Stellenbewertung
  (siehe gesonderter Abschnitt)
- Informationsgrundlage für Stelleninhaber
  (z. B. Aufgaben/Tätigkeiten, Verantwortung)

Wenn auch die genauen Inhalte nicht festgeschrieben sind, so sind in Abhängigkeit von den o. g. Funktionen, und dabei insbesondere die der Bewertung einer Stelle, Mindestinhalte vorzusehen. 981

In der Literatur[177] werden beispielhaft als Mindestinhalte genannt: 982

- Bezeichnung der Stelle
- Einordnung der Stelle in die Organisationsstruktur
- Funktions-/Stellenbezeichnung des Vertreters
- Beschreibung der Aufgaben des Stelleninhabers
- Kompetenzen/Verantwortung/Pflichten

In dem o. g. Beispiel wird ebenfalls deutlich, dass die Stellenbeschreibung möglichst nach einem Muster von dem Sachbearbeiter selbst anzufertigen und anschließend von dem Vorgesetzten zu prüfen ist. 983

Die KGSt hat den öffentlichen Verwaltungen mit ihrem „Leitfaden zur Stellenbeschreibung" eine Hilfestellung an die Hand gegeben, die es dem Mitarbeiter (Stelleninhaber) erlaubt, eine solche Stellenbeschreibung zu fertigen. Während die KGSt in der Vergangenheit einen Vordruck nutzte, der sich an den Anforderungsmerkmalen für Beamtenstellen orientierte, wurde zwischenzeitlich durch die KGSt[178] ein einheitliches Muster für Stellen- und Dienstpostenbeschreibungen veröffentlicht. Dieser Vordruck ist sowohl für den Tarif- als auch für den Beamtenbereich nutzbar. 984

Diese Stellenbeschreibung bildet alle für eine Stellenbewertung notwendigen Aspekte ab. Hierbei handelt es sich (auch in Ergänzung zu den o. g. Mindestinhalten) um 985

- den Anlass der Stellenbeschreibung,
- Allgemeines/organisatorische Einordnung,
- die Aufgabenbeschreibung:
  - allgemeine Aufgabendarstellung,
  - detaillierte Beschreibung der Tätigkeiten/Arbeitsvorgänge,
- die für die Erledigung der Tätigkeiten/Arbeitsvorgänge erforderlichen Fachkenntnisse,
- die dienstlichen Beziehungen/Kontakte,
- die Selbstständigkeit/den Handlungsspielraum,
- die Verantwortung,
- die besonderen Anforderungen an die Stelle.

Die Stellenbeschreibung ist mit Datum und Unterschrift des Verfassers und einer Stellungnahme durch den Vorgesetzten zu versehen. 986

---

177 Vgl. Die Stellenbeschreibung (Knebel, Schneider 2012, S. 20 f.).
178 Vgl. KGSt-Journal 08/2016.

8.2.4 STELLENBEWERTUNG

987 Bewusst wurden die kurzen Ausführungen zur Beschreibung einer Stelle vorangestellt, da die Stellenbeschreibung eine Voraussetzung für die Stellenbewertung ist.

988 Es ist davon auszugehen, dass nicht jeder während seiner Berufsausübung in die Lage kommt, eine Stelle bewerten zu müssen. Hierzu ist auch weitergehendes Fachwissen erforderlich. Dennoch ist es für jeden bedeutsam, eine Stellenbewertung nachvollziehen zu können.

989 Die Bewertung von Stellen zielt, wie bereits oben erwähnt, auf die mit einer Stelle verbundene qualitative Arbeitsleistung ab. Es sind alle mit der Stelle verbundenen Tätigkeiten und Funktionen und die damit verbundenen Anforderungen zu bewerten und entsprechenden Besoldungs-/Entgeltgruppen zuzuordnen.

990 Die Anforderungen und damit verbundenen Kompetenzen des Stelleninhabers sind in Abhängigkeit der Aufgaben zu betrachten. Da es sich dabei um unterschiedlich schwierige Aufgaben handelt, wird die daraus resultierende Bezahlung eines Mitarbeiters ebenfalls variieren, welches dem LEISTUNGSPRINZIP entspricht. Die Mitarbeiter, die höhere Anforderungen erfüllen müssen, sollen auch besser bezahlt werden. Somit dient die Stellenbewertung auch einer gewissen Gerechtigkeit und Nachvollziehbarkeit und kann durchaus motivierende Wirkung haben.

991 *Das unter dem Abschnitt „Stellenbeschreibung" geschilderte Eingangsbeispiel zeigt den Wunsch nach der Beachtung des Leistungsprinzips auf.*

992 Die Stellenbewertung ist jedoch in ihrer Anwendung nicht immer unproblematisch. Neben der oftmals schwierigen Erhebung und Bewertung einzelner Anforderungen kann es dazu kommen, dass bei dem einzelnen Stelleninhaber auch ein Ungerechtigkeitsempfinden auftritt. Dieses ist nicht selten darin begründet, dass die Bewertung der Tätigkeiten und Funktionen (s. o.) in Bezug zu der erbrachten Arbeitsleistung gesetzt wird. Deshalb ist in diesem Zusammenhang noch einmal deutlich hervorzuheben, dass die Stellenbewertung sich auf die Anforderungen an Kompetenzen und Fähigkeiten des Aufgabenbereiches beschränkt und personenneutral vorzunehmen ist. Sie beinhaltet keine Beurteilung der Leistung des Mitarbeiters.[179] Demzufolge ist bei der Bewertung von Stellen als Grundlage von der personenunabhängigen Normalleistung[180] auszugehen.

993 METHODEN DER STELLENBEWERTUNG

Die Stellenbewertung in den öffentlichen Verwaltungen ist, u. a. je nach Behördengröße, ein komplexes Thema. Bei der Bewertung von Stellen werden unterschiedliche Methoden, die sich in summarische und analytische Verfahren unterscheiden lassen, angewendet.

179 Vgl. Verwaltungsmanagement und Organisation (Paulic 2014, S. 214 f.).

180 Stellenbezogene Leistung, die von einem entsprechend qualifizierten, eingearbeiteten und ohne Beeinträchtigungen tätigen Mitarbeiter erbracht wird.

Die primär in der Verwaltungspraxis angewendeten Methoden werden nachfolgend kurz erläutert. 994

Summarische Verfahren 995

Kennzeichen von summarischen Verfahren ist, dass die Anforderungen einer Stelle insgesamt betrachtet und bewertet werden. Die Stelle wird somit als Ganzes bewertet.

Bei den summarischen Verfahren wird auf eine Einzelbewertung der Faktoren, aus denen sich diese Anforderungen insgesamt ergeben, verzichtet. Allenfalls werden verschiedene Anforderungsmerkmale (z. B. Art, Schwierigkeitsgrad und Umfang der Tätigkeiten, Maß der erforderlichen Kenntnisse, Maß der Verantwortung) in die Betrachtung einbezogen, aber nicht im Einzelnen untersucht. 996

Diese Verfahren kennen in ihrer Anwendung zur Erfassung der Arbeitsschwierigkeit nur wenige Anforderungsarten, untergliedern diese nicht weiter und nehmen keine Gewichtung der einzelnen Anforderungsarten untereinander vor (z. B. ob für die Rangordnung das Maß der Verantwortung oder das Maß der Kenntnisse wichtiger ist).[181] 997

Bei den summarischen Verfahren wird zwischen *Rangfolge- und Gruppierungsverfahren* unterschieden. 998

Das *Rangfolgeverfahren* bringt die zu bewertenden Stellen nach ihrer Wertigkeit in eine Rangfolge, indem die mit den Stellen verbundenen Anforderungen in ihrer Gesamtheit (s. o.) verglichen werden. Dadurch ist keine leistungsgerechte Bezahlung abzuleiten. 999

Das *Gruppierungsverfahren* fasst Stellen vergleichbaren Schwierigkeitsgrades zusammen und ordnet diesen bestimmten Entgeltgruppen zu. Im Umkehrschluss bedeutet die Bewertung der Stelle auch die Zuordnung zu einer Gruppe. 1000

Zu den summarischen Verfahren ist abschließend anzumerken, dass diese leicht und schnell anwendbar, in ihren Resultaten jedoch aufgrund verschiedenster Einflüsse auf die Anforderungsmerkmale fehlerhaft und nicht nachvollziehbar sind. Eine verwaltungsinterne sowie -externe Vergleichbarkeit der Stellenbewertungen ist kaum gegeben. Nicht selten ist die Bewertung der Stelle(n) im Rahmen dieser Verfahren an die Einordnung der Stelle(n) in der Verwaltungshierarchie gebunden. 1001

Analytische Verfahren 1002

Bei den analytischen Verfahren werden die mit der Stelle verbundenen Anforderungen separat erfasst und bewertet. Aus diesen Einzelerfassungen entsteht nach einer anzuwendenden Systematik und unter Berücksichtigung einer unterschiedlichen Gewichtung der erfassten Anforderungen die Gesamtbewertung.

181 Vgl. KGSt-Gutachten 01/2009 S. 16 f.

1003 Im Vergleich zu summarischen Verfahren wird hier die Stelle, bezogen auf jede Anforderungsart, besonders bewertet. Dabei wird die Anforderungsart i. d. R. in mehrere Wertstufen unterteilt, und das Gewicht jeder Anforderungsart an der Gesamtbewertung und das Gewicht der einzelnen Stufen jeder Anforderungsart werden festgelegt.[182]

1004 Um die stellenspezifischen Arbeitsschwierigkeiten entsprechend würdigen zu können, müsste auch die notwendige Anzahl von Anforderungsarten in die Bewertungssystematik aufgenommen werden. Es ist dabei zu beachten, dass das Bewertungssystem in seiner Übersichtlichkeit gewahrt bleibt und die Bewertung gleicher Arbeitsschwierigkeiten bei mehreren Anforderungsarten zu vermeiden ist.

1005 Beim in der Verwaltungspraxis anerkannten Stufenwertzahlverfahren[183] werden verbal beschriebene Stufen je Anforderungsart vorgegeben. Sie zeigen die jeweilige Ausprägung der Anforderung und ordnen dieser einen Punktwert zu.

1006 Den einzelnen Stufen werden durch einen abwägenden Vergleich der Anforderungen der Stelle mit den verbalen Stufenbeschreibungen die Tätigkeiten zugeordnet.

1007 Bei der Betrachtung des analytischen Verfahrens ist festzustellen, dass dieses eine anforderungsgerechte, nachvollziehbare und nachprüfbare Bewertung zulässt und somit eine Akzeptanz bei den Betroffenen erzielt.

1008 **Bewertung von Tarifbeschäftigten und Beamten im öffentlichen Dienst**

Der öffentliche Dienst differenziert zwischen zwei „Gruppen". Es handelt sich um Tarifbeschäftigte und Beamte. Beide werden nach unterschiedlichen Entgeltsystemen bezahlt. Für die Tarifbeschäftigten sind z. B. in den Kommunen der TVöD-VkA und für die Beamten die jeweiligen Besoldungsregelungen des Bundes bzw. der Bundesländer maßgeblich.

Folgend wird sowohl die Bewertung der Stellen für Tarifbeschäftigte als auch für Beamtenstellen näher erläutert.

1009 *Bewertung der Stellen für Tarifbeschäftigte*

Ein wichtiger Schritt in der Reform des öffentlichen Tarifrechts war der Tarifvertrag für den öffentlichen Dienst (TVöD), der zum 01.10.2005 eingeführt wurde. Ein weiterer Schritt war die Entwicklung einer neuen Entgeltordnung, die im Jahr 2016 den Abschluss der Reform bildete. Das zusammen bildet die Basis der Bewertung von Stellen (Zuordnung der Tätigkeiten einer Stelle zu einer Entgeltgruppe) für Tarifbeschäftigte, die wiederum Auswirkungen auf die Vergütung des Tarifbeschäftigten hat.

---

182 Vgl. KGSt-Gutachten 01/2009 S. 17 f.; Verwaltungsmanagement und Organisation (Paulic 2014, S. 218 f.).

183 Siehe KGSt Stellenplan/-bewertung 2009 (Bewertung der Beamtenstellen).

Die Eingruppierung eines Tarifbeschäftigten ergibt sich als bindende Rechtsfolge aus dem Tarifrecht selbst. Das bedeutet für den Stelleninhaber i. d. R. einen Rechtsanspruch auf eine Vergütung, die der zugeordneten Eingruppierung entspricht.[184] Die eigentliche Bewertung der Stelle erfolgt in mehreren Schritten, die folgend vereinfacht erläutert werden: 1010

Wie bereits oben erwähnt, nimmt die Stellen-/Tätigkeitsbeschreibung eine zentrale Stellung bei der Eingruppierung ein. Die darin enthaltenen Aufgaben werden im Rahmen der Bewertung nach Arbeitsvorgängen erfasst und entsprechend beschrieben. Die Basis der Bewertung (tarifentsprechende Bestimmung der Entgeltgruppe) sind somit die Tätigkeiten und Arbeitsvorgänge (Arbeitsvorgänge sind z. B. die abschließende Bearbeitung eines Antrages oder die Anfertigung eines Plans).[185] 1011

Die festgelegten Arbeitsvorgänge werden einzeln geprüft (siehe Schaubild oben) und den Tätigkeitsmerkmalen zugeordnet. Tätigkeitsmerkmale sind abstrakte und konkrete Beschreibungen von Tätigkeiten und enthalten auf die Tätigkeit bezogene[186], aber auch personenbezogene[187] Anforderungen. 1012

In einem letzten Schritt findet die Zuordnung zu der Entgeltgruppe statt. Es ist dabei darauf zu achten, dass die gesamte auszuübende Tätigkeit prägend (mindestens 50 %) den Tätigkeitsmerkmalen der Entgeltgruppe entspricht. 1013

Es gibt 15 Entgeltgruppen. Die Entgeltgruppe 1 ist die niedrigste und die Entgeltgruppe 15 die höchste. Die Entgeltgruppen selbst gliedern sich nach der auszuübenden Tätigkeit, der Qualifikation und den Berufsbildern. Die Entgeltgruppen (EG) 1–4 umfassen un- und angelernte Tätigkeiten sowie Mitarbeiter im handwerklichen Bereich mit einer 1014

184 Vgl. § 12 Abs. 2 TVöD „Die/Der Beschäftigte ist in der Entgeltgruppe eingruppiert, deren Tätigkeitsmerkmalen die gesamte von ihr/ihm nicht nur vorübergehend auszuübende Tätigkeit entspricht."

185 Arbeitsvorgänge sind abgrenzbare und tarifrechtlich selbstständig bewertbare Arbeitseinheiten. Sie sind die zu einem Arbeitsergebnis führenden Tätigkeiten eines Beschäftigten unter Hinzurechnung der Zusammenhangtätigkeiten (erforderliche Verrichtungen vor, nach, neben der Haupttätigkeit, z. B. Anlegen einer Akte) und bei Berücksichtigung einer vernünftigen, sinnvollen, praktischen Verwaltungsübung (vgl. § 22 BAT-Protokollerklärung).

186 Z. B. Beschäftigte, deren Tätigkeit gründliche Fachkenntnisse erfordert.

187 Voraussetzungen der Eingruppierung, die gegeben sein müssen und in der Person liegen (Beschäftigte mit abgeschlossener wissenschaftlicher Hochschulausbildung).

unter dreijährigen Ausbildung, die EG 5–9a umfassen Tätigkeiten auf der Grundlage einer abgeschlossenen Ausbildung in einem anerkannten Ausbildungsberuf, die EG 9b–12 Tätigkeiten mit einem Fachhochschulabschluss und die EG 13–15 Tätigkeiten auf der Ebene einer wissenschaftlichen Hochschulausbildung.

1015 Die Beschäftigten erhalten ein monatliches Tabellenentgelt in Abhängigkeit der Entgeltgruppe, in der sie eingruppiert sind, und der für sie geltenden Stufe.

1016 Tabelle TVÖD/VKA ab 01.03.2020

Entgelt-gruppe	Grundentgelt		Entwicklungsstufen			
	Stufe 1	Stufe 2	Stufe 3	Stufe 4	Stufe 5	Stufe 6
15	4.860,31	5.190,81	5.559,47	6.062,74	6.580,45	6.921,06
14	4.401,04	4.700,31	5.091,13	5.524,82	6.008,27	6.355,34
13	4.056,62	4.384,61	4.757,99	5.163,37	5.640,38	5.899,26
12	3.635,65	4.013,07	4.454,13	4.943,53	5.517,78	5.790,26
11	3.508,11	3.856,11	4182,29	4.536,17	5.020,49	5.292,98
10	3.380,51	3.655,13	3.964,32	4.299,65	4.673,08	4.795,69
9c	3.280,42	3.526,45	3.790,94	4.075,26	4.380,90	4.600,00
9b	3.074,70	3.305,30	3.450,00	3.874,00	4.124,25	4.414,13
9a	2.964,89	3.163,55	3.356,89	3.784,00	3.879,97	4.125,00
8	2.808,91	2.999,92	3.132,23	3.264,31	3.405,98	3.474,11
7	2.635,53	2.855,60	2.986,70	3.119,00	3.243,78	3.310,79
6	2.586,00	2.767,11	2.894,11	3.019,78	3.143,22	3.206,10
5	2.48074	2.656,42	2.775,08	2.900,74	3.017,50	3.077,85
4	2.363,07	2.540,85	2.690,02	2.782,88	2.875,73	2.930,10
3	2.325,89	2.517,08	2.563,61	2.669,96	2.79,76	2.822,87
2	2.152,51	2.346,00	2.392,92	2.459,87	2.607,03	2.760,98
1		1.929,88	1.962,63	2.003,59	2.041,77	2.140,05

1017 *Bewertung der Stellen für Beamte*

Bei den Beamten kommen die Besoldungsregelungen des Bundes bzw. des jeweiligen Bundeslandes für die Entlohnung zur Anwendung. Die Besoldung ist ein wesentlicher Teil der amtsangemessenen Alimentation.

1018 Aus § 18 des Bundesbesoldungsgesetzes geht hervor, dass Funktionen der Beamten nach den mit ihnen verbundenen Anforderungen sachgerecht bewertet und Besoldungsgruppen zugeordnet werden müssen. Ähnliche Regelungen finden sich auch in den Ländergesetzen. Demzufolge ist der Dienstherr grundsätzlich verpflichtet, die Beamtenstellen zu bewerten. Der Beamte selbst hat nach herrschender Meinung jedoch keinen Anspruch auf die Bewertung seiner Stelle.

1019 Im Rahmen der Bewertung der Stellen für Beamte ist in den Kommunalverwaltungen ein analytisches Bewertungsmodell ausschlaggebend.

1020 Als Grundlage hierfür wird oftmals das KGSt-Gutachten Stellenplan/Stellenbewertung herangezogen. Mit diesem Gutachten, aktualisiert im Jahre 2009, ist ein anforderungsorientiertes Stellenbewertungsverfahren für Beamte entstanden, welches in vielen Verwaltungen zur Anwendung kommt. Es soll zu einer einheitlichen Stellenbewertung in der Kommunalverwaltung beitragen.

Zunächst ist anzumerken, dass analytische Stellenbewertungen auf dem Genfer Schema (siehe Schaubild unten) basieren. Dieses Schema beinhaltet vier Anforderungsfelder. Zwei Anforderungsfelder (geistige und körperliche Anforderungen) werden dabei noch zusätzlich nach der möglichen Beanspruchung in den Rubriken „Können" und „Belastung" unterschieden.[188] Durch die Felder werden die für eine Stellenbewertung wesentlichen Aspekte genannt. 1021

Schaubild Genfer Schema 1022

Anforderungsfeld	Beanspruchung Können	Beanspruchung Belastung
Geistige Anforderungen	– Aus-/Fortbildung – Berufserfahrung – Denkfähigkeit	– Denktätigkeit – Aufmerksamkeit – Vielseitigkeit dienstlicher Beziehungen
Körperliche Anforderungen	– körperliche Verfassung – Geschicklichkeit	– körperliche Anstrengung – Belastung der Muskulatur
Verantwortung		– Verantwortung für die eigene Arbeit und Arbeit anderer – Mittelverantwortung
Arbeitsbedingungen		– Schmutz, Lärm, Temperatur

Das KGSt-Bewertungssystem hat sechs Bewertungsmerkmale, die unter den Anforderungsfeldern des Genfer Schemas zu fassen sind. Die körperlichen Anforderungen entfallen, da sie nicht typisch für Verwaltungstätigkeiten sind. 1023

Dieses Verfahren wird nachfolgend in seinen Grundzügen beschrieben (siehe dazu auch unteres Schaubild). 1024

- Es kommt ein Wertzahlverfahren für die Entgeltfindung zur Anwendung.
- Es gibt sieben unterschiedliche Anforderungen.
- Für jede Anforderung gibt es eine Stufenskala, die die Ausprägung der Anforderung auf 4–10 Stufen unterscheidet.
- Die einzelnen Stufen führen zu einer festgelegten Punktzahl.

188 Vgl. Management im öffentlichen Sektor (Gourmelon/Mroß/Seidel, S. 146 f.).

Bewertungsmerkmal	Bestimmungsgröße	Stufen	Gewichtung	
			in %	absolut
Schwierigkeit der Informationsverarbeitung	Breite des Informationsfeldes, Umfang und Methodik von Analysen, Neuartigkeit zu entwickelnder Informationen	10	25	250
Schwierigkeitsgrad der dienstlichen Beziehungen	Erläuterungsbedürftigkeit der Informationen, Konfliktmöglichkeiten, Anforderung an Argumentation, Häufigkeit und Vielseitigkeit der Kontakte	6	10	100
Grad der Selbstständigkeit	Umfang des Handlungsspielraums, Häufigkeit der Entscheidungen	6	10	100
Grad der Verantwortung	Auswirkungen des Arbeitsverhaltens/Bedeutung der Führungsaufgaben	10	25	250
Grad der Vor- und Ausbildung	Laufbahnbefähigung	4	22	220
Grad der Erfahrung	Breite und Tiefe zusätzlicher Kenntnisse und Fertigkeiten	4	8	80

1025 Die jeweiligen Anforderungsmerkmale werden in verschiedene Bewertungsstufen unterteilt. Bei dem „Grad der Selbstständigkeit" sind es 6 Stufen.

Bewertungsstufe	Stufenbeschreibung	Wertzahl
1	Leistungserstellung und Organisation der Arbeit sind bis ins Einzelne durch Vorgaben bestimmt; es besteht allenfalls die Möglichkeit der zeitlichen Einteilung.	**10**
2	Die Leistungserstellung ist vollständig durch Vorgaben bestimmt; es besteht jedoch ein Handlungsspielraum hinsichtlich der Organisation der eigenen Arbeit.	**22**
3	Die Leistungserstellung ist noch überwiegend durch Vorgaben bestimmt; es besteht jedoch ein Handlungsspielraum hinsichtlich des Ergebnisses der Arbeit.	**37**
4	Die Leistungserstellung ist teilweise durch Vorgaben bestimmt; es ist über den Handlungsspielraum nach Stufe 3 hinaus der Inhalt der Arbeit häufig nicht festgelegt.	**55**

5	Die Leistungserstellung ist zu einem erheblichen Teil nur durch allgemeine Vorgaben bestimmt, die durch eigene Entscheidungen auszufüllen sind. Teilweise sind Maßnahmen oder Leistungen aus eigenem Antrieb zu entwickeln.	**76**
6	Im Rahmen der in der Stufe 5 beschriebenen Selbstständigkeit sind häufig Maßnahmen oder Leistungen aus eigenem Antrieb zu entwickeln.	**100**

Es folgt nun der eigentliche „Bewertungsvorgang", in dem die Stelle den jeweiligen Bewertungspunktzahlen zuzuordnen ist. 1026

Die Grundlage hierfür ist, wie bei der Bewertung von Tarifbeschäftigten auch, die Stellenbeschreibung. Die mit dem Aufgabeninhalt verbundenen, prägenden Tätigkeiten sind den Bewertungsstufen zuzuordnen. 1027

Zum Beispiel werden einem Merkmal die Tätigkeiten, die in der Summe über 50 % betragen, zugeordnet. In einem weiteren Schritt sind die stellentypischen Tätigkeiten mit den größten Anforderungen wesentlich, soweit sie regelmäßig vorkommen. 1028

Letztendlich bestimmt jedoch die Tätigkeit mit den höchsten Anforderungen die Einstufung. 1029

In einem letzten Schritt erfolgt die Addition der festgestellten Wertzahlen und eine Zuordnung zu den Besoldungsgruppen (siehe unten). 1030

Besoldungsstufe	A 6	A 7	A 8	A 9	A 10	A 11	A 12	A 13	A 14	A 15	A 16
ab Wertzahlensumme	182	217	257	302	352	407	467	532	602	677	757

Abschließend kann gesagt werden, dass das analytische Bewertungsmodell durchaus in der Verwaltungspraxis kritisch betrachtet wird. Es ist zeitaufwendig und erfordert gut qualifizierte Mitarbeiter. Zudem ist, wie in nahezu allen Beurteilungs- und Bewertungssystemen, die Einzelbewertung der Kriterien subjektiv geprägt. Ergänzend kommt hinzu, dass die sachgerechte Stellenbewertung durch festgelegte Stellenobergrenzen[189] in Frage gestellt wird.[190] 1031

189 Stellenobergrenzen sollen übermäßig viele Beförderungsstellen (höherwertige Stellen) in einer Laufbahngruppe verhindern.

190 Vgl. Management in der öffentlichen Verwaltung (Hopp/Göbel, 4. Auflage 2013, S. 341 ff.); KGSt (2009, S. 14).

IX ORGANISATIONSTECHNIKEN (METHODEN DER ORGANISATION)

9.1 ORGANISATIONSUNTERSUCHUNG

1032 Die öffentliche Verwaltung ist ein wesentlicher Teil unseres Gesellschaftssystems, welches kontinuierlich unterschiedlichen Entwicklungen und Veränderungen ausgesetzt ist.

1033 Das bedeutet, dass die Verwaltung auf diese Entwicklungen bzw. Veränderungen, die sich auf die Ziele, Aufgaben und Mitarbeiter sowie Kunden auswirken, entsprechend reagieren muss.

1034 Mit anderen Worten muss sich „Organisation" kontinuierlich und zielorientiert den veränderten gesellschaftlichen, politischen, wirtschaftlichen und auch sozialen Bedingungen anpassen. Wie das geschehen soll, ist eine der wesentlichen Entscheidungen der Verantwortlichen.

1035 Die damit einhergehende Organisationsentwicklung/-optimierung muss sich dabei unterschiedlichen Herausforderungen stellen, wie z. B. wirtschaftlicher und kunden- bzw. serviceorientierter Aufgabenerfüllung in Zeiten knapper Haushalte unter Beachtung der Demografieentwicklung und einer veränderten Haltung der Bürger gegenüber der öffentlichen Verwaltung.

1036 Eine Möglichkeit der Organisationsentwicklung (Reaktion auf Veränderungen) ist die ORGANISATIONSUNTERSUCHUNG. Dieses planmäßige Verfahren ist eine Methode, um Organisationsstrukturen, organisatorische Abläufe und Prozesse mithilfe von Organisationstechniken zu erfassen bzw. zu beschreiben (Ist-Zustand), organisatorische Defizite zu erkennen und zu hinterfragen (Ist-Analyse) und daraufhin neu entwickelte Lösungen einzuführen (Soll-Konzeption).[191]

1037 Dabei orientieren sich die organisatorischen Optimierungsmaßnahmen nicht selten an den Formalzielen der Organisation, da diese wesentlich von den einleitend geschilderten Veränderungsprozessen betroffen sind.[192]

---

191 Vgl. Verwaltungsorganisation (Siepmann/Siepmann 2004, S. 250).

192 Siehe Kapitel IV des Buches.

Folgend werden die einzelnen Verfahrensschritte einer Organisationsuntersuchung sowie die Organisationstechniken, mit deren Hilfe sich u. a. Strukturen und Abläufe in ihrer Komplexität erfassen, analysieren und gestalten lassen (s. o.), anhand eines *Beispiels* dargestellt und erläutert. 1038

Beispiel: 1039
Im Bürgeramt der Stadt X geht seit längerer Zeit eine nicht unerhebliche Anzahl von Beschwerden von Bürgern über zu lange Wartezeiten und Mängel in der Sachbearbeitung ein. Auffällig ist auch, dass die Ausfallzeiten der Mitarbeiter zugenommen haben und eine gewisse Unzufriedenheit spürbar ist. Zudem kam es durch eine Gesetzesänderung in jüngster Zeit zu einem Aufgabenzuwachs, der mit der Einführung einer neuen Software verbunden ist.
Die Leiterin des Bürgeramtes tritt daher an das Amt für Organisation heran und bittet Sie als Organisator um Hilfe. Die geschilderte Problematik ist Anlass, eine Organisationsuntersuchung durchzuführen.

Das Beispiel zeigt typische Anlässe zur Durchführung einer Organisationsuntersuchung.[193] In Anlehnung an den darin geschilderten Sachverhalt sind dies häufig 1040

- Mängel im Service (siehe auch Kundenorientierung) mit den möglichen Zielen der Ablaufoptimierung und Qualitätsverbesserung,
- Aufgabenveränderungen (oftmals Aufgabenzuwächse), die sich auf die Aufbau- bzw. Ablauforganisation auswirken,
- Entwicklungen von Informations-/Kommunikationstechnik, die Auswirkung auf die Organisation haben,
- Veränderungen im Umfeld bzw. beim Betriebsklima (z. B. Bedürfnisse und Erwartungen der Mitarbeiter).

Als Organisator müssen Sie sich überlegen, wie Sie vorgehen. Die Organisationsuntersuchung selbst sollte strukturiert erfolgen und ist im Allgemeinen IN FORM EINES PROJEKTES (siehe auch Kapitel 6.7 „Kollegiale Strukturen") durchzuführen. Das Projekt besteht dabei in der zeitlich begrenzten Aufgabe organisatorischer Veränderung.[194] 1041

Die Projektgruppe sollte neben dem Organisator aus den Mitarbeitern unterschiedlicher Hierarchieebenen (s. u.), ggf. beratenden Fachkräften und dem Personalrat bestehen. Sie wird von einem zu bestimmenden Projektleiter geleitet. Je nach Umfang der Untersuchung können die Mitglieder ganz oder teilweise von ihren originären Aufgaben befreit werden. 1042

Auch sind BETEILIGTE an der Organisationsuntersuchung in dem o g. Beispiel erkennbar. 1043

---

193 Vgl. Management im öffentlichen Sektor (Gourmelon/Mroß/Seidel, S. 305 f.).
194 Vgl. Verwaltungsmanagement und Organisation (Paulic 2014, S. 255 f.).

1044 Organisationsuntersuchungen können zwar vom **Fachbereich** selbst durchgeführt werden, aber in der Regel bedient man sich **der zentralen Organisationseinheit (s. o. Amt für Organisation)**. Die Durchführung einer Organisationsuntersuchung setzt organisatorische Kenntnisse, primär bezogen auf Methoden und Techniken, voraus. Entscheidend ist die Kooperation zwischen Fachbereich und Organisator. Eine vertrauensvolle, professionelle und zielorientierte Zusammenarbeit kann den mit der Untersuchung verbundenen Aufwand reduzieren.

1045 Gelegentlich werden auch **externe Berater**, häufig bei komplexen Veränderungen, beauftragt. Dies ist insbesondere dann der Fall, wenn die notwendigen Kompetenzen nicht ausreichend vorhanden sind, nicht ausreichend Personalkapazität zur Verfügung steht oder eine außenstehende, neutrale Sichtweise gewünscht ist.[195]

1046 Zwingend und eingehend zu beteiligen sind **die Mitarbeiter** des Untersuchungsbereichs. Sie nehmen bei der Organisationsuntersuchung eine bedeutende Rolle ein, da sie Teil des Untersuchungsbereichs sind. Es ist sinnvoll, möglichst Mitarbeiter hierarchieübergreifend einzubeziehen, da dadurch von unterschiedlichen Kompetenzen und Blickwinkeln profitiert werden kann.

1047 Folgende Gründe unterstreichen noch einmal die bedeutende Rolle der Mitarbeiter:

- Die Aufgaben und die Art der Aufgabenerledigung (Arbeitsweisen) sind den Mitarbeitern bekannt.

- Die Mitarbeiter verfügen über entsprechende Fachkenntnisse und Erfahrungen.

- Die Informationen über das Betriebsklima (siehe Beispiel), Konflikte usw. können nur durch die Mitarbeiter gegeben werden.

- Die Ideen bzw. Optimierungsvorschläge der Mitarbeiter können genutzt werden.

- Der Aufwand wird reduziert (siehe Datenerhebung).

- Die Akzeptanz des Untersuchungsergebnisses wird erhöht.

1048 In diesem Zusammenhang sollte jedoch angemerkt werden, dass eine Organisationsuntersuchung bei den Mitarbeitern nicht immer als sinnvoll oder angenehm empfunden wird und daher manchmal auf Ablehnung stößt. Dies kann unterschiedliche Ursachen haben. Nicht selten befürchten die Mitarbeiter Nachteile im Vergleich zum gegenwärtigen Zustand. Aus ihrer Sicht können Ergebnisse von Untersuchungen z. B. ein Stellenabbau, zunehmende Arbeitsbelastung oder Ausweitung von Öffnungszeiten (siehe Kundenorientierung) sein.

---

195 Siehe KGSt (1999, K. 14, S. 49 f.).

Solche Ängste der Mitarbeiter sind bei Organisationsuntersuchungen ernst zu nehmen, da daraus Konflikte entstehen können, die den Untersuchungserfolg beeinflussen. 1049

Ebenfalls sind die **Personalräte** einzubeziehen, da sie entsprechende Anhörungs-, Mitwirkungs- bzw. Mitbestimmungsrechte haben, die sich aus dem Bundes-/Landespersonalvertretungsgesetz ergeben. Es ist daher ratsam, den Personalrat früh zu informieren und im Rahmen der Projektarbeit einzubinden (s. o.). 1050

Zurück zu dem Beispiel ...

Als Organisator gilt es nun zu überlegen, wie bei der Organisationsuntersuchung vorzugehen ist (s. o.). Auch hier empfiehlt sich, wie bei anderen Vorhaben auch, eine Vorgehensweise in aufeinanderfolgenden Phasen bzw. Schritten. 1051

PHASEN/SCHRITTE EINER ORGANISATIONSUNTERSUCHUNG 1052

1. PLANUNG DER ORGANISATIONSUNTERSUCHUNG/AUFTRAG 1053

Bezogen auf die für die Organisationsuntersuchung ursächliche Problematik, erteilt die Verwaltungsführung – bzw. die Amts-/Fachbereichsleitung – einen Projektauftrag.

Aus dem Projektauftrag sollten die Untersuchungsziele, der Untersuchungsbereich, die Vorgaben (durch Politik bzw. Verwaltungsführung), die Zeitvorstellungen, die beauftragten Personen bzw. der mit der Durchführung beauftragte Organisator (Mitglieder der Projektgruppe) und deren Kompetenzen sowie Art und Form der Berichterstattung und der Genehmigung durch die verantwortlichen Gremien hervorgehen.[196] 1054

Zusätzlich sind die anzuwendenden Techniken, die Ressourcen, die Arbeiten in ihrer Reihenfolge sowie der Zeitbedarf zu planen. Die Zustimmung der Verwaltungsführung/Amts- bzw. Fachbereichsleitung hierzu ist einzuholen. 1055

Für die Planung, aber auch Durchführung und Steuerung der Untersuchung ist das oben erwähnte Untersuchungsziel für den Erfolg der Organisationsuntersuchung maßgeblich. Deshalb sollten auch hier die Ziele so klar und überprüfbar beschrieben werden, dass eine spätere Feststellung und Bewertung der Zielerreichung möglich ist. 1056

Die weiteren Beschreibungen der Verfahrensschritte/Phasen der Organisationsuntersuchung, von denen diejenigen vom Ist-Zustand bis zum Soll-Konzept der sog. Hauptuntersuchung zugeordnet werden, orientieren sich an dem nachfolgenden **Schaubild** in Form eines Kreislaufes. 1057

196 Vgl. Verwaltungsorganisation (Siepmann/Siepmann 2004, S. 251).

1058 **Schaubild „Kreislauf“**

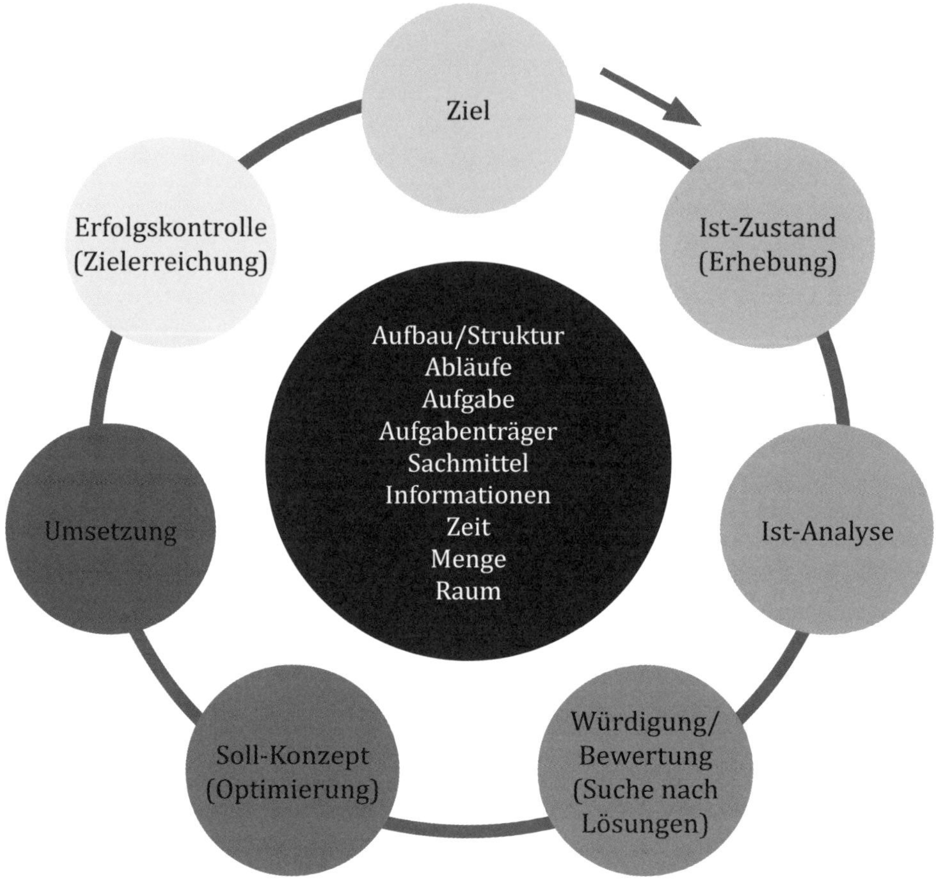

1059 2. Aufnahme des Ist-Zustandes

Bevor Optimierungsvorschläge zur künftigen Organisation gemacht werden können, ist es für jeden selbstverständlich, dass man zunächst die gegenwärtige Situation kennen muss. Der erste Schritt einer Organisationsuntersuchung ist daher die Ist-Aufnahme. Sie wird i. d. R. durch den Organisator durchgeführt. Dabei werden alle für die Untersuchung benötigten relevanten Daten und Informationen zum Untersuchungsbereich erhoben. Der Daten-/Informationsumfang orientiert sich dabei an der Zielsetzung bzw. Problemstellung.

1060 Diese Informationen bzw. Daten sind die Grundlage der weiteren Schritte „Ist-Analyse“ und „Soll-Konzept“. Die Optimierung (Soll-Vorschlag) ist daher u. a. abhängig von der Qualität der vollständig erhobenen Daten.

1061 Dabei können die Daten sich auf die folgend genannten Inhalte zur Abbildung des Untersuchungsbereiches beziehen (**vgl. auch Innenkreis der Abbildung „Kreislauf“**):

- Aufgaben und Ziele
- Aufbauorganisation (Organisations-/Personalstruktur)
- Ablauforganisation (Abläufe)
- Ort/Raum
- Zeiten (z. B. Bearbeitungszeit)
- Arbeitsmengen
- Aufgabenträger (Qualifikation, Zuständigkeit, Verantwortung und Kompetenzen)
- Informationen
- Kommunikation/Beziehungen
- Sachmittel/Technikausstattung
- Soziale Zufriedenheit (Betriebsklima)
- Kosten

Die Ist-Aufnahme erfolgt mithilfe von unterschiedlichen Erhebungstechniken (auch Datenerhebungstechniken genannt) als eine Organisationstechnik. Der Einsatz dieser folgend dargestellten Techniken (siehe Abschnitt „Erhebungstechniken") ist insbesondere abhängig von den Zielsetzungen der Untersuchung, aber auch von dem dafür zur Verfügung stehenden Personal sowie den i. d. R. aus dem Auftrag zu entnehmenden Vorgaben (z. B. Zeitvorgaben). 1062

3. IST-ANALYSE 1063

In einem weiteren Schritt gilt es nun, den mit den erhobenen Informationen bzw. Daten ermittelten Ist-Zustand zu analysieren. Bei dieser Analyse werden, in Abhängigkeit von dem Untersuchungsziel, die Daten so weit „heruntergebrochen", geordnet und systematisch aufbereitet, dass ein möglichst genaues Bild des tatsächlichen Zustandes entsteht. Es folgt nun eine kritische Würdigung und Bewertung mit dem Ziel, Schwachstellen und Probleme der Organisation (organisatorische Defizite) und deren Gründe, aber auch Stärken zu erkennen, um daraus Optimierungs- bzw. Lösungsmöglichkeiten abzuleiten. Bei der Bewertung ggf. unterschiedlicher Lösungsmöglichkeiten ist auf die, im Sinne des angestrebten Solls, bestgeeignete Alternative zurückzugreifen. Hierzu können Bewertungs-/Entscheidungstechniken wie die der Nutzwertanalyse (siehe Organisationstechniken) hilfreich sein.

Bei einer Organisationsuntersuchung ist dies eine der Kernaufgaben des Organisators, der aufgrund seiner Erfahrungen, Fachkenntnisse, analytischen Fähigkeiten und Neutralität die Defizite und deren Ursachen erkennen sollte.[197] 1064

Beispielhaft können hier folgende organisatorische DEFIZITE/MÄNGEL genannt werden: 1065

- Aufgabenerfüllung
  (z. B. Aufgaben, die nicht oder nicht mehr in diesem Maße erforderlich sind)

197 Vgl. Verwaltungsorganisation (Siepmann/Siepmann 2004, S. 254 f.).

- Abläufe
  (z. B. Zahl der Arbeitsschritte, Grad der Arbeitsteilung, zeitliche und räumliche Abfolge der Tätigkeiten, Zuständigkeiten)
- Aufbauorganisation
  (z. B. Anzahl der Hierarchieebenen, Anzahl der Führungsstellen, erforderliche bzw. nicht erforderliche Ergänzungen des Liniensystems)
- lange Bearbeitungs-/Durchlaufzeiten
- Personalbemessung
  (zu wenig oder zu viel Personal[198])
- Auslastungsgrad einzelner Mitarbeiter
- Personaleinsatz
  (z. B. nicht ausreichende Nutzung des Mitarbeiterpotenzials)
- unzureichend qualifiziertes Personal
- schlechte Arbeitsergebnisse
- nicht angemessene Sachmittel-/Arbeitsplatzausstattung
- Informations-/Kommunikationsdefizite
  (z. B. fehlende Basis-/Bearbeitungsinformationen)
- unwirtschaftliche Leistungserbringung/Produkterstellung
  (z. B. hohe Kosten, nicht optimaler Sachmittel-/Technikeinsatz)

1066 4. Soll-Konzept (Optimierung)

Nachdem die Ist-Situation erhoben und analysiert worden ist, gilt es nun auf der Grundlage der erkannten Mängel bzw. Probleme geeignete Optimierungsvorschläge konzeptionell zu erarbeiten, also ein sog. Soll-Konzept zu erstellen.

1067 In dieser in der Literatur beschriebenen kreativen Phase der Organisationsarbeit gilt es, wie bereits oben angedeutet, auf der Suche nach einer wirksamen und für die Realität geeigneten Lösungsalternative verschiedene Ideen der Mängelbeseitigung zu finden.

1068 In der Praxis zeigt sich, dass eine klare Trennung der einzelnen Phasen nicht immer möglich ist. Nicht selten ist bei der Ist-Aufnahme bzw. in der Analysephase bereits eine Möglichkeit der Mängelbeseitigung erkennbar.

1069 Liegt eine Soll-Konzeption vor, so ist diese den entsprechenden Entscheidungsträgern (Amts-/Fachbereichsleitung, Verwaltungsführung) vorzustellen. Die Entscheidung, inwieweit die Erkenntnisse und Ergebnisse i. S. d. Soll-Konzeptes umgesetzt werden sollen, liegt letztendlich bei ihnen. Je nach Umfang der Untersuchung macht es auch Sinn, bereits im Vorfeld Zwischenergebnisse zu präsentieren.

1070 An dieser Stelle wird noch einmal darauf hingewiesen, dass die betroffenen Mitarbeiter im Rahmen eines Informations- und Überzeugungsprozesses ebenfalls einzubeziehen sind, da dadurch die Akzeptanz der Veränderungen erhöht wird (s. o.). In diesem

198 Siehe auch Ausführungen zur Stellen-/Personalbemessung.

Zusammenhang sollten die an dem „Projekt Organisationsuntersuchung" beteiligten Mitarbeiter z. B. für die betroffenen Beschäftigten als Ansprechpartner zur Verfügung stehen.[199]

5. UMSETZUNG 1071

Folgt man den inhaltlichen Ausführungen zur Soll-Konzeption, so beginnt die Umsetzung bereits mit der Entscheidung der Verwaltungsführung. Es wird entschieden, was aus den Inhalten des Soll-Konzeptes umgesetzt werden soll, und somit auch die Frage beantwortet, welche Veränderungen künftig eintreten.

Für die Realisierung der Veränderungen sind im Vorfeld die entsprechenden Rahmenbe- 1072
dingungen zu schaffen. Diese können beispielweise in der Erstellung neuer Regelungen zur Organisation (Dienstanweisungen, Arbeitsplatzbeschreibungen) oder veränderter Arbeitsplatz-/Sachmittelausstattung sowie Personalentwicklungsmaßnahmen für die Mitarbeiter liegen.[200]

Die Rolle des Organisators in dieser Phase ist die Begleitung der Umsetzung, die unter- 1073
schiedlich erfolgen kann. Eine Möglichkeit ist, dass alle Lösungsvorschläge sofort umgesetzt werden. Weitere Möglichkeiten sind die sukzessive Realisierung einzelner Vorschläge oder die vor endgültiger Umsetzung zunächst probeweise Betrachtung der Vorschläge in einzelnen Bereichen.

6. ERFOLGSKONTROLLE (ZIELERREICHUNG) 1074

Mit der Umsetzung ist noch nicht garantiert, dass die mit der Organisationsuntersuchung bzw. mit den sich daraus ergebenden Organisationsänderungen gewünschten Ziele auch erreicht wurden. Dieses ist, wie bei anderen größeren organisatorischen Vorhaben auch, im Rahmen einer Erfolgskontrolle festzustellen. Die Kontrolle besteht auch hier aus einem Soll-Ist-Vergleich, in dem u. a. nachvollziehbar (messbar) hinterfragt wird, ob die Veränderungen akzeptiert wurden und sich somit bewährt haben sowie ob die Ziele erreicht wurden.

Bei kleineren erkennbaren Abweichungen vom gesetzten Ziel können diese Mängel, nach- 1075
dem die Gründe dafür bekannt sind, zeitnah beseitigt werden. Sollten jedoch größere Abweichungen festgestellt werden, die Zweifel an der Eignung des Optimierungsvorschlags/der Optimierungsvorschläge für die Verwaltungspraxis aufkommen lassen, sind diese ggf. in einer gezielten Teiluntersuchung bzw. in einer neuen Organisationsuntersuchung aufzuarbeiten. Das Soll-Konzept ist dann entsprechend anzupassen.

---

199 Vgl. auch Management im öffentlichen Sektor (Gourmelon/Mroß/Seidel, S. 316).
200 Vgl. auch Organisation (Vahs 2009, S. 364 f.).

9.2 ORGANISATIONSTECHNIKEN

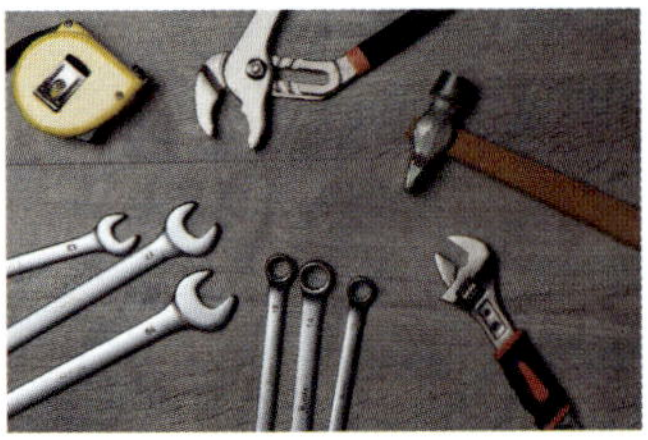

1076 Die im Kapitel 9.1 in ihrem Ablauf beschriebene und als Kreislauf dargestellte Organisationsuntersuchung wird mithilfe von Techniken des Organisierens durchgeführt. Die vielfältigen Organisationstechniken werden somit eingesetzt, um den Prozess des organisatorischen Wandels zu unterstützen.[201]

1077 Diese Techniken eignen sich dazu, die Strukturen und Abläufe (Prozesse) in ihrer Komplexität zu erfassen, zu analysieren und zu gestalten. In der Literatur werden sie als „Werkzeuge der Organisationsarbeit“ bezeichnet und sind somit auch „Handwerkszeug“ eines Organisators.

1078 Mit ihnen lässt/lassen sich[202]

- der Ist-Zustand einer Organisation erheben,
- der Ist-Zustand analysieren (z. B. Strukturen und Abläufe/Prozesse),
- Lösungsalternativen finden und bewerten,
- Lösungsergebnisse dokumentieren,
- Vorhaben planen.

1079 Wie bereits einleitend erwähnt, gibt es eine Vielfalt von Techniken des Organisierens, die in diesem Buch nicht alle vorgestellt werden.

1080 In diesem Kapitel wird auf folgende, praxisrelevante Techniken, die teilweise an anderer Stelle dieses Buches bereits näher beschrieben wurden, eingegangen (siehe Abbildung):

201 Vgl. Organisation (Vahs 2012, S. 494 f.).
202 Vgl. auch Management im öffentlichen Sektor (Gourmelon/Mroß/Seidel, S. 316).

Abbildung „Organisationstechniken" 1081

9.2.1 ERHEBUNGSTECHNIKEN

Um insbesondere Kenntnisse über den Ist-Zustand zu erhalten, nutzt der Organisator 1082 Erhebungstechniken, die dazu geeignet sind, Informationen systematisch zu gewinnen. In den weiteren Phasen des Prozesses sind diese Informationen die Basis für die Analyse und auch andere Techniken des Organisierens. In diesem Kapitel werden die in der Abbildung „Organisationstechniken" genannten Erhebungstechniken mit ihren Vor- und Nachteilen dargestellt.

In der Praxis ist es in der Regel nicht ausreichend, nur eine Technik für die Informations- 1083 gewinnung anzuwenden. Um die gewünschten Informationen – in Abhängigkeit von der Zielsetzung (dem Untersuchungsziel) – zu erhalten, kommt es daher zu einer parallelen Nutzung mehrerer Techniken.

1084 Die Dokumentenanalyse

Es ist Aufgabe des Organisators, sich zu Beginn einer Organisationsuntersuchung einen Überblick zu verschaffen. Dies geschieht u. a. durch die Dokumentenanalyse. Sie wird als Erhebungstechnik nahezu in jeder Untersuchung eingesetzt. Die Dokumentenanalyse dient dazu, allgemeine Informationen über den Untersuchungsbereich und die zu bearbeitenden Fragestellungen zu bekommen und sich in das Thema einzuarbeiten.[203]

1085 Bei dieser Technik werden alle in Schriftform bzw. in elektronischer Form vorliegenden Dokumente (Informationsträger), die für den Untersuchungsbereich relevant sind, herangezogen und ausgewertet. Es kann so ein erster Eindruck über die Arbeitsweise gewonnen werden. Bei der Bearbeitung von Akten können Bearbeitungs- und Liegezeiten eine wichtige Rolle einnehmen.[204]

1086 Auf diese Dokumente, wie z. B. Akten, Fallakten, Stellen- bzw. Arbeitsplatzbeschreibungen, Organigramme etc., kann in der Regel leicht zugegriffen werden.

Vorteile	Nachteile
intensive Vorbereitung nicht notwendig	nicht alle Dokumente sind verfügbar
leichte Informationsbeschaffung	nicht alle Dokumente sind hinreichend aktuell
bindet wenig Personalkapazität	die wahrgenommenen, bestehenden Regelungen weichen von der Realität ab
Mitarbeiter werden kaum gestört	Ergebnisse müssen durch weitere Methoden ergänzt werden
Ergebnisse nur schwer manipulierbar	

1087 Der Fragebogen

Die *schriftliche* Form einer Befragung mithilfe eines Fragebogens ist eine Erhebungstechnik, die, ergänzend zu anderen Techniken, ebenfalls oftmals zu Beginn einer Organisationsuntersuchung genutzt wird. Dieses schließt den späteren Einsatz im Prozess jedoch nicht aus. Sie ist insbesondere für die Befragung größerer Personenkreise (siehe z. B. Kunden-/Mitarbeiterbefragung) geeignet. Mit dem Fragebogen werden vornehmlich zahlenmäßig erfassbare bzw. messbare Sachverhalte erhoben. Er bietet aber auch, u. a. durch eine Anonymität, die Möglichkeit, sensible Informationen zu gewinnen, die eine gewisse Offen- und Vertrautheit voraussetzen. Somit werden in erster Linie Informationen zu organisatorischen Defiziten, zur Kunden- und zur Mitarbeiterzufriedenheit gewonnen.

---

203 Management in der öffentlichen Verwaltung (Hopp/Göbel 2013, S. 212).
204 Vgl. Verwaltungsmanagement und Organisation (Paulic 2014, S. 258).

Entscheidet man sich für den Fragebogen als Erhebungstechnik, so muss die Durchführung sorgfältig vorbereitet werden. Dies ist schon allein deshalb erforderlich, da es sich um eine „einseitige“ Kommunikationsbeziehung handelt. Damit ist an dieser Stelle gemeint, dass die Möglichkeit, Probleme in einem Gespräch bzw. missverständliche Fragen durch Rückfragen zu klären, in der Regel nicht gegeben ist. Der Fragebogen wird allein durch den Adressaten (Mitarbeiter, ggf. auch Kunde) beantwortet. 1088

Um das Risiko von Problemen oder Missverständnissen zu minimieren, muss der Fragebogen verständlich gestaltet, auf das notwendige Maß beschränkt und gut aufgebaut sein. Dies kann beispielsweise durch eine verständliche Sprache, kurze und genaue Formulierungen und die Verwendung von geeigneten Fragetechniken erreicht werden. 1089

Bei den Fragetechniken (siehe auch Beispiele unten) wird zwischen offenen, geschlossenen und skalierten Fragen unterschieden. Während offene Fragen den Befragten Freiraum in der Beantwortung geben, sind bei geschlossenen Fragen die Antwortmöglichkeiten vorgegeben. Skalierte Fragen bieten unterschiedliche Antwortmöglichkeiten an und lassen dadurch eine Bewertung in unterschiedlichen Stufen zu. 1090

Bei der Gestaltung des Fragebogens ist die spätere Auswertung zu beachten, die sowohl manuell als auch automatisiert (bei großen Zielgruppen) erfolgen kann. Zwar können offene Fragen vom Informationsgehalt durchaus interessant sein, jedoch erschweren sie die Auswertung. 1091

Beispiele Fragetechniken (in einem Fragenkatalog) 1092

Offene Frage
Was muss getan werden, um das Betriebsklima zu verbessern?

Geschlossene Frage
Wie finden Sie Ihre Arbeitsplatzausstattung?
O *angemessen* **O** *unangemessen*

Skalierte Frage
Wie beurteilen Sie ... (oder ohne als Frage formuliert – s. u.)
Die Öffnungszeiten im Bürgeramt sind ...
O *sehr gut* **O** *gut* **O** *zufriedenstellend* **O** *eher schlecht*

1093 Wie bereits oben erwähnt, werden Organisationsuntersuchungen und damit auch die Erhebung von Daten mit einer gewissen Skepsis betrachtet. Deshalb ist es auch erforderlich, den Fragebogen mit einem Begleitschreiben zu versehen, welches möglichst Informationen/Hinweise über Ziele der Befragung, Rückgabetermine, Behandlung des Fragebogens (vertraulich), Aufbau, Ausfüllanweisungen und Umgang mit den Ergebnissen enthält. Über das Begleitschreiben sollten die Befragten möglichst motiviert werden, um eine hohe Rücklaufquote der Fragebögen zu erzielen.

Vorteile	Nachteile
Beschaffung vieler Informationen in kurzer Zeit	hoher Vorbereitungsaufwand
Befragung eines großen Personenkreises (viele Mitarbeiter) zum gleichen Zeitpunkt	Klärung von Missverständnissen kaum möglich (keine Rückfragemöglichkeit)
Mitarbeiter werden im „Tagesgeschäft“ kaum gestört	Informationen auf Fragestellungen beschränkt (keine Erweiterung möglich)
bindet im Vergleich zum Interview weniger Personal	Ausfüllen durch mehrere Personen möglich (fehlende Kontrolle)
Anonymität ist möglich	Rücklaufquote fraglich

1094 Das Interview

Im Rahmen einer Organisationsuntersuchung finden viele Gespräche zwischen dem Organisator und den Mitarbeitern statt. Diese unstrukturierten Gespräche sind jedoch nicht mit einem zielgerichteten, strukturierten Interview zu verwechseln. Bei einem Interview werden die Mitarbeiter in dem jeweiligen Untersuchungsbereich auf der Basis eines Fragenkatalogs befragt.

1095 Mit der mündlichen Befragung in Form eines Interviews können neben Aussagen zu konkreten Sachverhalten (Sachinformationen) auch Ansichten, Meinungen, Ziel- und Wertvorstellungen von Personen in Erfahrung gebracht werden. Zusätzlich kann der Organisator, wenn das Interview vor Ort stattfindet, in der Interviewsituation atmosphärische und situative Eindrücke am Arbeitsplatz gewinnen. Die gewonnenen Informationen haben dabei oft qualitativen Charakter.[205] Das Interview ist primär zur Erfassung von umfangreichen Abläufen geeignet.

1096 Grundsätzlich ist zur Durchführung des Interviews zu sagen, dass es einer guten, geplanten Vorbereitung und Kenntnisse des Interviewers, insbesondere in Gesprächstechniken, bedarf.

205 Management in der öffentlichen Verwaltung (Hopp/Göbel 2013, S. 213).

Im Vorfeld ist zu klären, 1097

- welche Informationen
- in welcher Zeit
- an welchem Ort
- durch welche Zielgruppe
- in welcher Interviewform (s. u.)

erhoben werden sollen.

In der Praxis gibt es verschiedene Formen des Interviews, die unterschiedliche „Freiräume" in ihrer Anwendung zulassen. 1098

Grundsätzlich kann ein Interview mit einer einzelnen Person (*Einzelinterview*) oder auch mit mehreren Personen (*Gruppeninterview*) geführt werden. Bei einem Gruppeninterview ist dabei zu beachten, dass dieses Einflüssen gruppenspezifischer Prozesse unterliegt. 1099

Die weiteren Formen lassen sich in *nicht standardisierte, teilstandardisierte und standardisierte Interviews* unterscheiden. 1100

Bei *nicht standardisierten Interviews* kann ein „lockerer" Leitfaden als Orientierungshilfe benutzt werden, der dem Interviewer Freiräume bei den Fragestellungen lässt. Es ist dem Interviewer somit möglich, auf den Gesprächspartner zu reagieren, indem er beispielsweise in der Situation zusätzliche Fragen zur Informationsgewinnung aufnimmt. Bei dieser Interviewform werden häufig offene Fragen (s. o.), die in der Praxis als sog. W-Fragen[206] formuliert werden (Was ..., Wann ..., Warum ..., Wie ...), angewendet. 1101

Das *teilstandardisierte Interview* lässt Freiräume in der Form zu, dass zwar ein Fragenkatalog vorgegeben ist, aber durchaus die Möglichkeit besteht, von der Formulierung der Fragen und dem gedachten Ablauf abzuweichen, indem z. B. der Fragenkatalog situativ ergänzt wird. 1102

Das *standardisierte Interview* gibt detailliert einen Fragenkatalog vor, der für den Interviewer keine Abweichungen zulässt. Aufgrund der fehlenden Flexibilität in der Gesprächssituation ist diese Form – mit den oftmals genutzten „geschlossenen Fragen" – überwiegend für die Erhebung quantitativer Daten geeignet. 1103

206 Aufgrund der Breite des Informationsgehaltes auch als „Hochwertfragen" bezeichnet.

1104

Vorteile	Nachteile
Es werden umfangreiche Informationen gewonnen	bindet Personal (Interviewer und Befragte)
Mitarbeiter werden aktiv einbezogen	ist sehr zeitaufwendig (nicht alle Betroffenen können interviewt werden)
Klärung von Problemen, Missverständnissen durch Reaktionen/Rückfragen	teilweise unehrliche Antworten (fehlende Offenheit – siehe z. B. Gruppeninterview)
Zusätzliche Informationsgewinnung durch Eindrücke (ggf. vor Ort)	ist subjektiv geprägt (Einstellungen, soziale Beziehungen)
Flexibilität (je nach Interviewform) gegeben	Hoher Anspruch an Interviewer/Kompetenz (Gesprächsführung, Auswertung)

1105 Die Tägliche Arbeitsaufzeichnung

Die *Tägliche Arbeitsaufzeichnung* ist eine Form der Selbstaufschreibung, die mithilfe eines Vordrucks bzw. heutzutage zunehmend technikunterstützt, als Technik angewandt wird, um aufgaben- und tätigkeitsbezogene Informationen sowie die dazugehörenden Mengen und Zeiten durch den Mitarbeiter selbst erheben zu lassen.

1106 Durch die über einen Zeitraum von etwa zwei bis vier Wochen hinweg vorzunehmenden Aufzeichnungen durch die Arbeitsplatzinhaber wird ein genauerer Aufschluss über die zeitlichen und mengenmäßigen Anteile einzelner Tätigkeiten erwartet.

1107 Mit der Täglichen Arbeitsaufzeichnung können beispielsweise folgende Informationen gewonnen werden:

- die Aufgaben
- die Aufgaben- und Mengenverteilung
- die Bearbeitungszeiten
- die Arbeitsschwankungen
- die Arbeitsbeziehungen

1108 Die Art der Tätigkeit bestimmt dabei den Zeitraum der Erhebung. Grundsätzlich kann gesagt werden, dass bei wiederkehrenden Routineaufgaben, im Gegensatz zu eher nicht so häufig vorkommenden Tätigkeiten, der Erfassungszeitraum geringer ist. In diesem Zusammenhang ist jedoch zu beachten, dass die gewählten Erhebungszeiträume repräsentativ sind und eine Jahreshochrechnung auf die Gesamtsituation ermöglichen.[207]

1109 Tägliche Arbeitsaufzeichnungen sind besonders gut geeignet, den Ist-Zustand als Grundlage für Arbeits- und Stellenbemessungen[208] sowie -bewertungen zu erfassen. Als Erhe-

207 Management in der öffentlichen Verwaltung (Hopp/Göbel 2013, S. 214).
208 Siehe Ermittlung der mittleren Bearbeitungszeit.

bungstechnik waren sie insbesondere in der Vergangenheit sehr verbreitet, werden aber auch heute noch in Organisationseinheiten angewendet, wo es sich an vielen Arbeitsplätzen um wiederkehrende Aufgaben handelt.

Bei der Durchführung der Arbeitsaufzeichnung ist darauf zu achten, dass, wie bei anderen Verfahren auch, die Mitarbeiter entsprechend zu informieren und einzubeziehen sind. Gerade diese Technik erweckt bei den Betroffenen den Eindruck einer Kontrolle. Dies führt wiederum bei dem Organisator dazu, über mögliche Manipulationen durch den Mitarbeiter nachzudenken. Letztendlich ist eine gute, vertrauensvolle Kooperation die Lösung. 1110

Entscheidend für die Durchführung ist der eingesetzte Vordruck (bzw. das eingesetzte Technikverfahren). Der Vordruck muss dem Mitarbeiter in seinem Aufbau und seiner Bearbeitung bekannt sein. Deshalb ist dieser im Detail mit den Beteiligten zu erörtern. 1111

Die folgende Abbildung zeigt ein mögliches Erfassungsformular.[209] 1112

Tägliche Arbeitsaufzeichnung	**Name, Vorname**		**Datum**	
Lfd. Nr	**Tätigkeiten**	**Einzelfälle in Minuten**	**Gesamtzahl der Fälle**	**Gesamtdauer in Min.**
1	Auskünfte	10	8	80
2	Interne Besprechung	20	1	20
3	...	...	...	...

Am Ende der Tagesaufzeichnungen erfolgt eine Berechnung. Dabei sollte die Gesamtzahl der Fälle/Gesamtdauer in Minuten unter Beachtung der Rüst- und Ausfallzeiten (einschl. der Zeit für das Ausfüllen des Vordrucks) die tägliche Arbeitszeit nicht überschreiten. 1113

Die Ergebnisse der Aufzeichnungen der einzelnen Mitarbeiter werden dann in einer Tätigkeitsliste, der die Art der ausgeführten Tätigkeiten, deren Häufigkeit und durchschnittlichen Bearbeitungszeit und Ausfallzeiten zu entnehmen sind, zusammengeführt. Hier kann bei gleichartigen Arbeitsplätzen der Vergleich der Tätigkeitslisten unterschiedliche Belastungen und Bearbeitungszeiten pro Mitarbeiter aufzeigen.[210] 1114

---

209 Vgl. Management im öffentlichen Sektor (Gourmelon/Mroß/Seidel, S. 321, verändert).
210 Vgl. Verwaltungsmanagement und Organisation (Paulic 2014, S. 261, 262).

1115

Vorteile	Nachteile
aktive Einbeziehung der Mitarbeiter (Selbsterfassung)	für seltene, komplexe Tätigkeiten ungeeignet
umfassende Tätigkeitsaufnahme auf vielen Arbeitsplätzen möglich	relativ hoher Zeitaufwand und damit Zusatzbelastung für die Mitarbeiter
Reflexion der Arbeit durch den Mitarbeiter	Aufwendige Auswertung der Ergebnisse
	Beeinflussung der Ergebnisse durch die Mitarbeiter möglich

1116 DAS LAUFZETTELVERFAHREN

Das Laufzettelverfahren als prozessbezogene Untersuchungstechnik ist die zweite Art der Selbstaufschreibung. Bei dem Laufzettelverfahren werden Aufzeichnungen bezogen auf einen konkreten Arbeitsvorgang getätigt. Bei dieser Technik geht es um die Betrachtung eines Prozesses unter Beteiligung mehrerer Personen. Bei dieser Methode wird vordergründig nicht der Arbeitsplatz, sondern ein Dokument (Informationsträger) betrachtet. Ein Informationsträger kann z. B. eine Akte oder ein Antrag sein.

1117 Dem Informationsträger wird der Laufzettel beigefügt, der somit von Beginn bis zum Ende der Tätigkeiten alle bearbeitenden Stellen *durchläuft*.

1118 Der Laufzettel dokumentiert dabei

- die bei dem Arbeitsvorgang ausgeübten Tätigkeiten
- mit den jeweiligen Zeitaufwänden (Bearbeitungs- und Durchlaufzeit),
- die beteiligten Organisationseinheiten
- und die beteiligten Mitarbeiter.

1119 Bezogen auf den Informationsgehalt, eignet sich diese Erhebungstechnik daher für die Aufnahme von Abläufen und die damit in Zusammenhang zu betrachtende Analyse der Schwachstellen bei umfangreichen Arbeitsprozessen. Hierbei liegt insbesondere der Fokus auf den vorhandenen Schnittstellen und den Durchlaufzeiten, da das Verfahren Informationen über die Art und den Zeitbedarf der ausgeübten Tätigkeiten sowie über vermeidbare Liege- und Transportzeiten und somit auch eine Basis für die Berechnung von mittleren Bearbeitungszeiten bietet.

1120 In der Praxis ist die Gestaltung des Laufzettels zu beachten (Beispiel siehe Abbildung unten).

1121 Unter Betrachtung des Untersuchungsziels sollte dieser mindestens die Kennzeichnung/Bezeichnung des Vorgangs, Eingangszeitpunkt, Zeitpunkt des Beginns der Arbeit und Ausgangszeitpunkt bei dem jeweiligen Mitarbeiter, Beschreibung der Tätigkeit und Bearbeitungsdauer sowie Angaben zum Mitarbeiter enthalten.[211]

211 Vgl. Verwaltungsorganisation (Siepmann/Siepmann 2004, S. 140, verändert).

Laufzettel		Vorgangsbezeichnung: Antrag Baugenehmigung		Aktenzeichen	
Eingangs-zeitpunkt	Beginn der Bearbei-tung	Tätigkeit	Bearbeitungs-dauer (Minuten)	Ausgangszeit-punkt	Sachbearbeiter
02.06. 08.30 Uhr	02.06. 08.45 Uhr	Antrag entnehmen und auf Vollständigkeit prüfen	20	02.06. 10.30	Meier
02.06. 10.45 Uhr	03.06. 08.00 Uhr	Fallakte anlegen	10	03.06. 11.00 Uhr	Müller
↓					

In der Praxis ist bei der Erhebung die Anzahl der Vorgänge zu bestimmen, die erfasst werden sollen. Dabei spielt die Verschiedenartigkeit der Vorgänge eine Rolle. Mit der Unterschiedlichkeit der Vorgänge und dem Wunsch nach guten Ergebnissen erhöht sich auch die Anzahl. Selbstverständlich sind auch hier die Mitarbeiter, aus den mehrfach genannten Gründen entsprechend zu beteiligen. 1122

1123

Vorteile	Nachteile
aktive Einbeziehung der Mitarbeiter (Selbsterfassung)	Zusatzbelastung für die Mitarbeiter
Personalaufwand gering (Erfassung einfach)	Auswertung zeitintensiv/aufwendig
Aussagen zu Vorgängen und Abläufen differenziert möglich	Tätigkeiten werden nicht immer genau genug beschrieben
	Beeinflussung der Ergebnisse durch die Mitarbeiter möglich

Die Dauerbeobachtung 1124

Bevor auf die Dauerbeobachtung näher eingegangen wird, folgen zunächst kurze Ausführungen zu der Beobachtung allgemein als Erhebungstechnik.

In der Literatur wird im Rahmen der Beobachtung zwischen drei Formen unterschieden, 1125
nämlich die Dauerbeobachtung, die Multimomentaufnahme und die Zeitaufnahme.

Zur *Zeitaufnahme* sei an dieser Stelle nur so viel gesagt, dass die Dauer der einzelnen 1126
Tätigkeiten mit einer Uhr zeitlich erfasst wird. Diese Methode kann zwar im „Arbeiterbereich" (Straßen- und Grünflächenarbeiten, Reinigungsarbeiten) bei mechanischen, wie-

derkehrenden Arbeiten mit Wissen der Betroffenen angewendet werden, ist aber für den klassischen Verwaltungsbereich kaum geeignet.

1127 Die Beobachtung allgemein ist eine Technik, mit der Vorgänge, die optisch wahrnehmbar sind, systematisch erfasst und interpretiert werden.[212] Sie setzt i. d. R. voraus, dass der Beobachter (Organisator) am Ort des Untersuchungsbereichs anwesend ist, um *beobachten* und damit feststellen zu können, was, wer, wie, wo in welcher Zeit tut.

1128 Da die Informationen nur einseitig von den beobachteten Abläufen und den beteiligten Mitarbeitern zum Beobachter gelangen, wird die Beobachtung, auch im Gegensatz zur Selbstbeobachtung (siehe Selbstaufschreibung), als *Fremdbeobachtung* bezeichnet.

1129 Die Beobachtung ermöglicht dem Organisator, nur Tätigkeiten von Interesse (strukturierte Beobachtung) oder, unabhängig von einer Struktur, insgesamt die Geschehnisse am Ort wahrzunehmen (unstrukturierte Beobachtung).

1130 Durch die Beobachtung erhält der Organisator Erkenntnisse über

- die Gestaltung und Verteilung der Arbeit,
- die Sach-/Arbeitsmittel (einschl. Technik) und deren Einsatz,
- die Auslastung der Mitarbeiter,
- die Verhaltensweisen der Mitarbeiter.

1131 Ableitend vom Wortlaut werden bei der *Dauerbeobachtung* fortlaufend über einen längeren (angemessenen) Zeitraum die Mitarbeiter im Untersuchungsbereich beobachtet. Dabei sollten Störungen durch den Organisator (Beobachter) vermieden werden. In der Regel setzt die Dauerbeobachtung die Akzeptanz der Mitarbeiter voraus.

1132 Ziel ist es in erster Linie, sich von unbekannten Arbeitsplätzen und Arbeitsweisen einen Eindruck zu verschaffen, wobei Grundkenntnisse von dem Arbeitsgebiet für den Verlauf der Beobachtung von Vorteil sind, um Vorgänge verstehen und bewerten zu können.

1133 Die Länge der Beobachtung ist dabei abhängig von der Vielfalt und Komplexität der Aufgabe. Die Durchführung der Beobachtung über mehrere Tage sollte jedoch auch bei schwierigen Tätigkeiten ausreichen, um sich einen allgemeinen Überblick zu verschaffen.[213] Der Beobachter hält dabei seine Beobachtungen in stichprobenartigen Aufzeichnungen fest. Am Ende ist es sinnvoll, die Erhebung in einem Protokoll zu dokumentieren.

212 Vgl. Organisation (Vahs 2009, S. 479).
213 Vgl. Verwaltungsmanagement und Organisation (Paulic 2014, S. 259).

Vorteile	Nachteile
guter, intensiver Einblick in den Untersuchungsbereich	sehr zeitintensiv, intensive Bindung des Organisators
persönliche Wahrnehmung des Bereiches (Mitarbeiter und Umwelt)	nur beobachtbare Informationen werden erfasst
Beobachtung parallel zum Tagesgeschäft (Betriebsablauf) möglich	Beobachtung stellt Belastung für die Mitarbeiter dar (Drucksituation, Kontrolle)
	mögliche Verhaltensänderungen der Mitarbeiter
	aufwendige Dokumentation und Auswertung

1134

Die Multimomentaufnahme 1135

Die Multimomentaufnahme ist in ihrer Vorbereitung und Anwendung in der Praxis ein recht umfangreiches und durchaus für den Laien kompliziertes Verfahren. In diesem Buch wird sich darauf beschränkt, diese Erhebungstechnik zum besseren Verständnis vereinfacht zu beschreiben.[214]

Die Multimomentaufnahme[215] wird in Form von stichprobenartigen Beobachtungen, in 1136 zeitlichen Intervallen, bezogen auf eine Anzahl unterschiedlicher Arbeitsplätze durchgeführt.

Ziel dabei ist es, mit den in einer ausreichenden Anzahl vorzunehmenden „Augenblickbe- 1137 obachtungen" Aussagen zu Mengen- und Zeitangaben treffen zu können. Dabei müssen die Sachverhalte (Tätigkeiten) eindeutig erkennbar sein (z. B. Telefongespräch, Antragsbearbeitung, Publikumsbedienung).

> *Vereinfachtes Beispiel zum besseren Verständnis ...:* 1138
> *Die 15 Mitarbeiter im Bürgeramt beklagen sich, zu wenig Zeit für die eigentliche Sachbearbeitung zu haben, da die Publikumsbedienung und die zu führenden Telefonate einen zu großen zeitlichen Umfang einnehmen. Ob dieses so ist, möchten Sie u. a. mithilfe der Multimomentaufnahme feststellen (erheben).*

Für die Durchführung der Multimomentaufnahme ist es erforderlich, schrittweise vorzu- 1139 gehen.

Zunächst müssen Sie die relevanten Tätigkeiten (Ablaufarten) in einem Aufnahme-/Beob- 1140 achtungsbogen (s. u.) erfassen. Bezogen auf das Kurzbeispiel, wären das Sachbearbeitung, Publikumsbedienung, Telefonate und Persönliches.

---

214 Nähere Beschreibung siehe u. a. Verwaltungsorganisation (Siepmann/Siepmann 2004, S. 124 ff.).
215 Lat. multus = viel, momentum = Augenblick.

1141 Da Sie 15 Arbeitsplätze nicht auf einmal beobachten können, sondern stichprobenartig einzeln erfassen (beobachten) möchten, müssen Sie von Arbeitsplatz zu Arbeitsplatz (mehrere Räume) gehen. Diese Rundgangswege und Anlaufpunkte sind auf einem Plan festzuhalten. In einem überschaubaren Großraumbüro könnten ggf. Beobachtungsstandpunkte ausreichen.

1142 Sicherlich machen Sie sich auch Gedanken, wie viele Beobachtungen durchgeführt werden müssen, um zu einem belastbaren Ergebnis zu kommen. Grundsätzlich kann die Aussage getroffen werden, dass die Genauigkeit der Werte mit der Anzahl der Beobachtungen steigt. Die Anzahl der Beobachtungen, bezogen auf eine bestimmte Sicherheit bzw. Genauigkeit, wird in der Praxis methodisch bzw. rechnerisch ermittelt.

1143 Aus der ermittelten Zahl der Beobachtungen ergibt sich dann auch die Zahl der Rundgänge, die Sie durchführen müssen, um die Zahl der Beobachtungen zu erreichen.

1144 Jetzt müssen Sie nur noch wissen, wann Sie an den Durchführungstagen beobachten. Deshalb sind Rundgangs-/Beobachtungszeitpunkte zu bestimmen. Da es sich um Zufallsbeobachtungen handelt und damit erreicht werden soll, dass Sie nicht immer zum selben Zeitpunkt am selben Arbeitsplatz sind bzw. jeder Zeitpunkt des Tages auch die Chance hat, zufällig erfasst zu werden, sollten Sie auch Zufallszeiten festlegen. Die Festlegung von Zufallszeiten erfolgt in der Praxis mithilfe einer Zufallstafel.

1145 Nachdem Sie die Multimomentaufnahme vorbereitet haben, steht der Durchführung nichts mehr im Wege. Wie Sie Ihre Beobachtungen festhalten, zeigt der vereinfacht dargestellte Aufnahme-/Beobachtungsbogen (siehe Beispiel).

1146 **Abbildung „Aufnahme-/Beobachtungsbogen (siehe Beispiel)"**

Arbeitsplatz	1	2	3	4	5	6	...15	Summe	%
Tätigkeit/Ablaufart									
Publikumsbedienung		x		x		x		z. B. 6	40
Sachbearbeitung	x								
Telefonkontakt					x				
Persönliches			x						

Zum Abschluss erfolgt die Auswertung.

1147 Für die Publikumsbedienung, mit einem prozentual festgestellten Anteil von 40 %, lässt sich daraus, unter Zugrundelegung einer täglichen Arbeitszeit von 8 Stunden, ein Zeitanteil von 3 Std. 12Min. ableiten.

Vorteile	Nachteile
Durchführung einfach, Fachkräfte nicht unbedingt erforderlich	Zeitaufwand zur Vorbereitung und insbesondere bei der Auswertung hoch
parallele Erfassung mehrerer Arbeitsplätze möglich	Zahl der Ablaufarten ist begrenzt
geringer Personalaufwand	nur beobachtbare Tätigkeiten können erfasst werden
kaum Störungen im Betriebsablauf des Untersuchungsbereichs	Beobachtung stellt Belastung für die Mitarbeiter dar (Kontrolle)
Beobachtungen können auf Umwelteinflüsse erweitert werden (Publikum)	

1148

Die Kommunikationsanalyse 1149

Mit der Kommunikationsanalyse als Analysetechnik wird das Ziel verfolgt, die Kommunikationsstruktur zwischen den Mitgliedern einer Organisation zu erheben und darzulegen.

Dabei ist zunächst Kommunikation als einer der meist gebrauchten Begriffe im Alltag zu klären. Für viele von uns bedeutet Kommunikation, miteinander zu sprechen oder sich zu verständigen. Im beruflichen Alltag findet Kommunikation häufig in Form eines Informationsaustausches über berufsbezogene Tätigkeiten statt. 1150

Es wird daher zwischen informaler (losgelöst von der Aufgabe) und formaler (bezogen auf die Aufgabe) Kommunikation unterschieden. 1151

Beide Informationsarten sind für den Berufsalltag wichtig. So kann informale Kommunikation die zwischenmenschlichen Beziehungen fördern, das Betriebsklima steigern und somit eine Basis für eine gute formale Kommunikation sein. 1152

Bei der hier angesprochenen Kommunikationsanalyse wird primär die formale Kommunikation, die als Austausch von Informationen zwischen Organisationseinheiten (Aufgabenträgern) verstanden werden kann, betrachtet. Demzufolge ist auch Kommunikation organisatorisch zu regeln. 1153

Bei der Betrachtung **eines Sender-Empfänger-Modells**[216] können sich die Regelungen auf unterschiedliche Aspekte beziehen: 1154

216 Vgl. auch Modell nach Shannon & Weaver.

1155 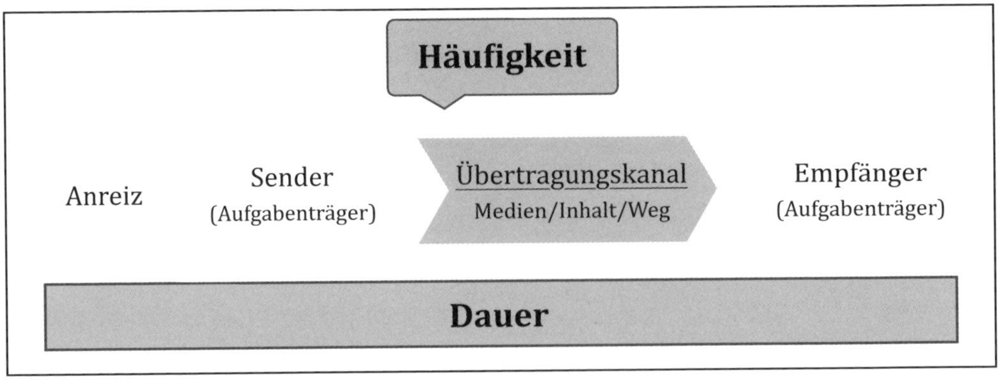

1156 Die der Abbildung zu entnehmenden Merkmale stehen auch bei der Kommunikationsanalyse im Vordergrund. Ziel der Kommunikationsanalyse (im Rahmen formaler Kommunikation) ist es, innerhalb der Organisation zu erheben,

- wer miteinander kommuniziert,
- wie häufig miteinander kommuniziert wird,
- wie miteinander kommuniziert wird,
- wie lange kommuniziert wird.

1157 Die dadurch gewonnenen Erkenntnisse können nicht nur für einen optimalen Medieneinsatz, sondern auch für die örtliche Zuordnung von Organisationseinheiten (Stellen), unter Beachtung von Wege- bzw. Transportzeiten, von Bedeutung sein.

9.2.2 DARSTELLUNGSTECHNIKEN

1158 Um den Ist-Zustand und den Soll-Zustand (siehe auch Soll-Konzept) verständlich und nachvollziehbar darstellen zu können, bedient man sich in der Organisation der Darstellungs- und Dokumentationstechniken. Dabei geht der Darstellung und Dokumentation eine Erhebung der entsprechenden Informationen mit den geschilderten Erhebungstechniken voraus.

1159 Dabei können unterschiedlichste Techniken der Aufbau- bzw. der Ablauforganisation zugeordnet werden.

1160 Die folgenden Ausführungen werden, wie in der Einführung zum Kapitel 9.2 bereits erwähnt, bewusst nicht alle Darstellungs- und Dokumentationstechniken aufführen und beschreiben.

1161 *Es wird sich auf die der Abbildung zu entnehmenden, durchaus praxisrelevanten Techniken beschränkt, wobei die der Aufbauorganisation zugeordneten Techniken bereits eingehend in diesem Buch an anderer Stelle dargestellt bzw. erläutert wurden.*

Deshalb hierzu wiederholt nur folgende kurze Anmerkungen: 1162

- Die Aufgabe ist der Ausgangspunkt für organisatorische Maßnahmen und Veränderungen (siehe auch Organisationsuntersuchung). Je nach Komplexität der Aufgaben ist es notwendig, diese systematisch bis zu Arbeitsvorgängen/-schritten zu zerlegen und nach dem Sachgesichtspunkt zu ordnen sowie die Gliederung dann darzustellen (***Aufgabengliederung***). Diese Aufgabengliederungen können beispielsweise bei Organisationsuntersuchungen, Personalbemessungen und der Arbeitsverteilung herangezogen werden.

- Die grafische Darstellung in Form eines **Organigramms** bildet die Aufbauorganisation ab. Zwar steht bei Optimierungen bzw. Organisationsuntersuchungen die Betrachtung der Arbeitsabläufe/Prozesse im Vordergrund, jedoch sind die gegenwärtige Aufgabenverteilung auf Stellen und Organisationseinheiten und deren (hierarchische) Beziehungen nicht zu vernachlässigen.

Im weiteren Verlauf dieses Kapitels wird sich auf die der Abbildung zu entnehmenden Darstellungstechniken der ABLAUFORGANISATION beschränkt. Dabei wird auch auf die Gestaltung von Arbeitsabläufen eingegangen und in dem Zusammenhang noch einmal (siehe auch Kapitel Ablauforganisation) auf typische Mängel hingewiesen. 1163

Abbildung „Darstellungstechniken" 1164

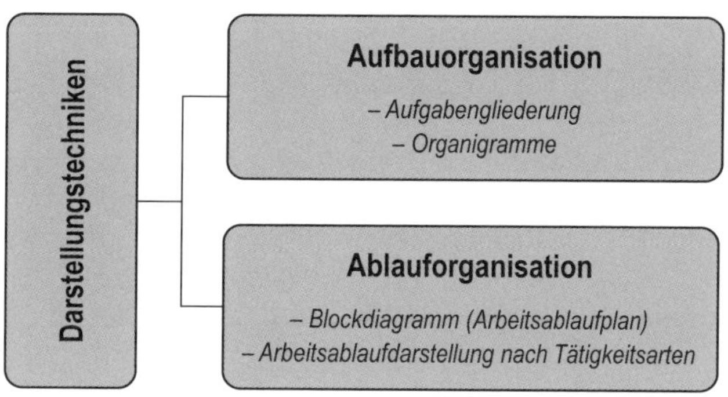

9.2.2.1 *DARSTELLUNGSTECHNIKEN DER ABLAUFORGANISATION*

Der Ist- und der Soll-Zustand können durch eine Arbeitsablaufdarstellung optisch aufgezeigt werden. 1165

Mit einer solchen Technik kann dargestellt werden, welche Tätigkeiten/Verrichtungen zur Aufgabenerfüllung vorzunehmen sind und wie sie miteinander in Beziehung stehen (Reihenfolge, Abhängigkeiten und wechselseitige Einflüsse der Arbeitsschritte[217]). 1166

217 Vgl. auch Management im öffentlichen Sektor (Gourmelon/Mroß/Seidel, S. 203 f.).

1167 Zusätzlich können in einer Arbeitsablaufdarstellung, je nach Darstellungsform, noch weitere Informationen, wie beteiligte/zuständige Mitarbeiter, Zeitdauer für die einzelnen Tätigkeiten, Gesamtdauer des Arbeitsablaufs und der Mitteleinsatz, einfließen.

1168 Es ist dadurch möglich, wesentliche Ansätze (z. B. Bearbeitungs-/Durchlaufzeiten, Schnittstellen, Zuständigkeitswechsel/Wechsel in der Sachbearbeitung-Arbeitsteilung) für den Analyse- und Optimierungsprozess deutlich und nachvollziehbar darzustellen.

1169 Dabei kann eine solche Technik sowohl zur Veranschaulichung eines Arbeitsablaufs an einem Arbeitsplatz, als auch zur Darstellung von Arbeitsabläufen über mehrere Arbeitsplätze hinweg genutzt werden.[218]

1170 Besonders grafische Darstellungstechniken sind in ihrer Anwendung in der öffentlichen Verwaltung verbreitet, da sie gute Ansatzpunkte für den Analyse- und Optimierungsprozess ermöglichen. Selbstverständlich werden diese grafischen Darstellungen heutzutage *technikunterstützt* angefertigt.

1171 Eine verbreitete Arbeitsablaufdarstellung ist die in Form eines **Blockdiagramms**. Durch ein Blockdiagramm können einzelne Tätigkeitsschritte, aber auch umfangreiche Ablaufstrukturen mit vielfachen Verzweigungen transparent dargestellt werden.

1172 Das Blockdiagramm ist primär zunächst in der Informations- und Kommunikationstechnik (ADV) verwendet worden und beruht auf der DIN 66001. Es gibt zwei Formen des Blockdiagramms, nämlich die des Datenflussplans und des Arbeitsablaufplans.

1173 In diesem Buch soll als Darstellungstechnik das Blockdiagramm in Form des **Arbeitsablaufplans**, der im Übrigen mit einem Flussdiagramm verglichen werden kann, sowie die **Arbeitsablaufdarstellung nach Tätigkeitsarten** beschrieben werden.

1174 Die Darstellung eines Blockdiagramms

Bevor explizit auf das Blockdiagramm eingegangen wird, sollten die *wichtigsten Verknüpfungsmöglichkeiten* von Tätigkeiten bzw. Arbeitsschritten im Rahmen eines Arbeitsablaufs aufgezeigt werden, da diese für Darstellungstechniken eine allgemeine Bedeutung haben. Die in diesem Zusammenhang verwendeten Symbole können jedoch, in Abhängigkeit von der in der Praxis genutzten Technik, unterschiedlich sein.

1175 **Wesentliche Verknüpfungsmöglichkeiten**

218 Vgl. Verwaltungsorganisation (Siepmann/Siepmann 2004, S. 145).

Einfache Aufeinanderfolge

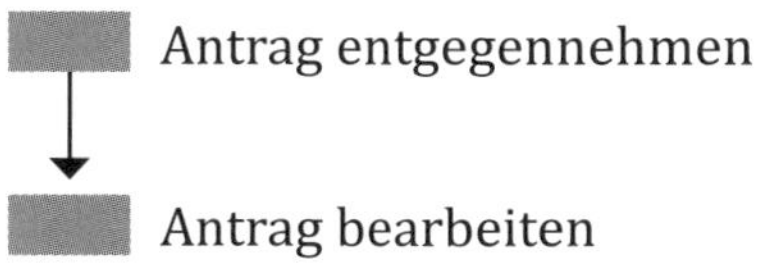

Und-Teilung

(stellt Parallelarbeiten durch Aufgabenträger dar)

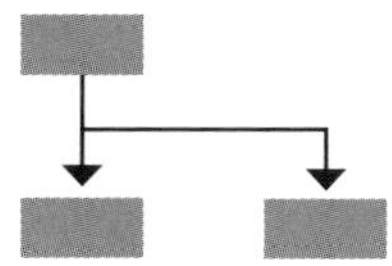

Und-Zusammenführung

(nach Parallelarbeit – Weiterverarbeitung von einem Aufgabenträger)

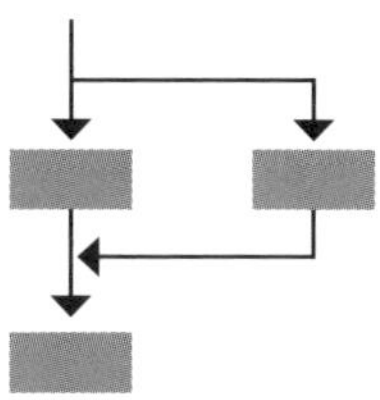

Oder-Teilung

(nur unter bestimmten Voraussetzungen werden Tätigkeiten wahrgenommen)

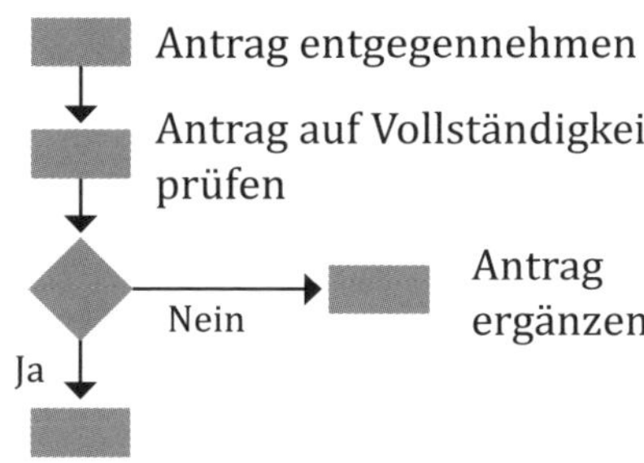

Oder-Zusammenführung

(nach Ausführung unterschiedlicher Tätigkeiten – siehe Oder-Teilung – als gemeinsamen Vorgang zur Weiterbearbeitung zusammenführen)

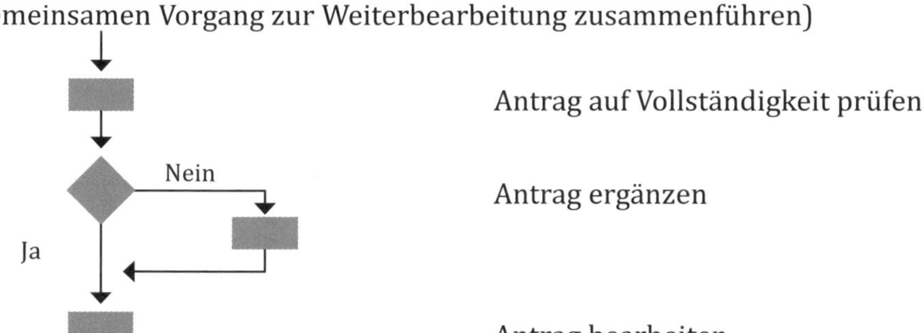

Folgend wird das Blockdiagramm anhand eines vereinfachten Beispiels dargestellt.

In diesem Beispiel wird ein erhobener Arbeitsablauf verbal beschrieben. Auch das wäre 1176
in der Praxis möglich und ist für jeden einfach verständlich. Jedoch ist eine **verbale Be-**

schreibung, die keine Darstellungstechnik ist, kaum geeignet, da sie wegen der fehlenden strukturellen, optischen Aufbereitung unübersichtlich ist und kaum Ansätze für eine erforderliche Analyse von ggf. vorhandenen Schwachstellen ermöglicht.

1177 *Beispiel:*
Im Rahmen einer Organisationsuntersuchung im Straßenverkehrsamt der Stadt X haben Sie in dem Sachgebiet „Kfz-An-/Ab- und Ummeldungen" an einem Arbeitsplatz diesen Arbeitsablauf „Kfz-Anmeldung" erhoben:

1178 *Der Antrag auf Zulassung eines Kraftfahrzeuges wird gestellt. Der Antrag wird auf Vollständigkeit geprüft. Ist der Antrag unvollständig, so wird der Antragsteller gebeten, den Antrag vor Ort zu ergänzen. Nach der Ergänzung wird der Antrag erneut auf Vollständigkeit geprüft. Ist der Antrag vollständig, so wird mithilfe des Kfz-Scheines kurz festgestellt, um welch ein Kraftfahrzeug (Art) es sich handelt. Die Daten des Kfz werden dann durch die Sachbearbeitung zunächst handschriftlich auf dem Erfassungsbeleg vermerkt. Im Anschluss daran ist zu prüfen, ob der Antragsteller bereits ein Wunschkennzeichen reserviert hat. Ist bereits ein Wunschkennzeichen vorhanden, wird der Antragsteller gebeten, zum Schildermacher zu gehen. In den übrigen Fällen ist ein Kennzeichen zu vergeben und danach wird der Antragsteller ebenfalls aufgefordert, den Schildermacher aufzusuchen. Anschließend werden die Daten dann durch den Sachbearbeiter in den PC eingegeben. Danach wird die Gebühr kassiert. Zuletzt erfolgt ein Ausdruck der Antragsunterlagen, um eine Fallakte anzulegen.*

1179 Um ein Blockdiagramm anfertigen zu können, werden in der Praxis verschiedene Symbole verwendet (siehe Abbildung).

Abbildung „Symbole Blockdiagramm" 1180

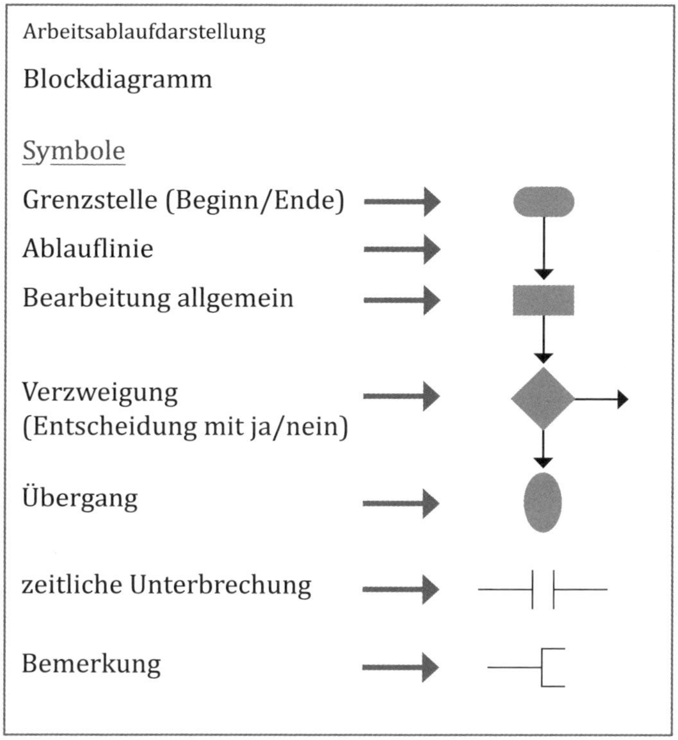

Mit diesen Symbolen kann die Darstellung des Blockdiagramms erfolgen. Die einzelnen Tätigkeiten bzw. Entscheidungen werden in ihrer Abfolge entlang einer Ablauflinie (siehe auch Pfeilrichtung) logisch dargestellt. 1181

Dabei sollte beachtet werden, dass das Blockdiagramm im Hochformat von oben nach unten bzw. im Querformat von links nach rechts gefertigt sowie der Anfang und das Ende mit der Grenzstelle gekennzeichnet wird. Die durchgehende Linie ist bei Verzweigungen die Ja-Linie. Bei komplexen Abläufen/Prozessen, dargestellt über mehrere Seiten, ist die Übergangsstelle zu nutzen.[219] 1182

219 Organisation (Olfert 2009, S. 221, verändert).

1183 **Blockdiagramm „Kfz-Anmeldung“**

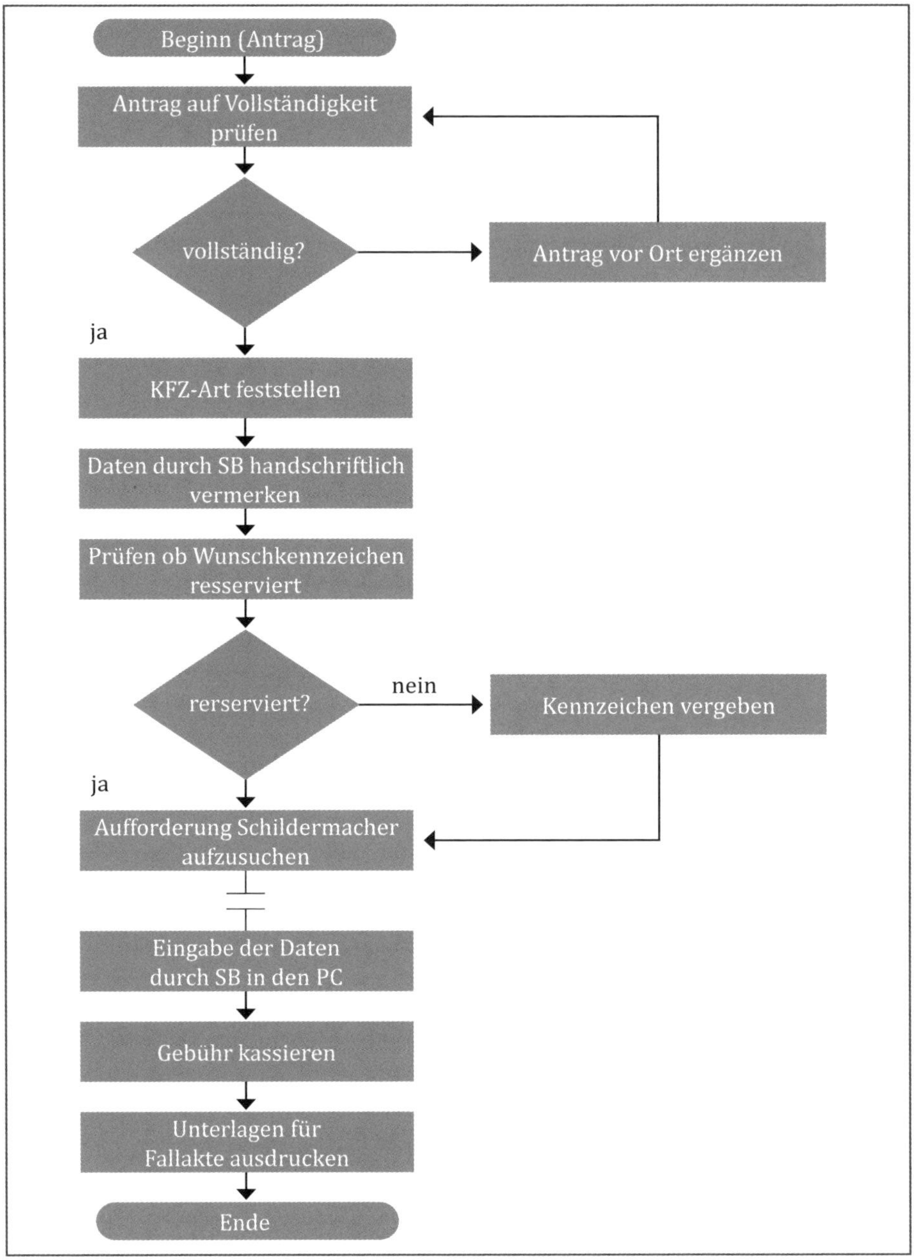

1184 Bei der Schilderung und Darstellung des Sachverhalts sind bewusst Mängel im Arbeitsablauf eingeflossen. So ist die zunächst handschriftliche Erfassung der Daten entbehrlich, da diese sowieso im PC eingegeben werden. Auch ist es z. B. nicht notwendig, die gesamten Unterlagen auszudrucken, um eine Akte anzulegen (Stichwort „elektronische Akte“).

Abschließend einige Vor- und Nachteile: 1185

Vorteile	Nachteile
einfach anzuwenden/gut nachvollziehbar	bei komplexen Abläufen mehrseitige Darstellung notwendig
Möglichkeit der Analyse/Schwachstellen erkennbar	beinhaltet nicht alle ggf. gewünschten Angaben/Informationen (z. B. Zeiten)
Hilfestellung für Mitarbeiter – Verfahrensweisen erkennbar	
Darstellung bietet ggf. Ansätze für Technikunterstützung	

DIE ARBEITSABLAUFDARSTELLUNG NACH TÄTIGKEITSARTEN 1186

Bei der Arbeitsablaufdarstellung nach Tätigkeitsarten handelt es sich um eine Darstellungstechnik, die Arbeitsabläufe chronologisch bzw. in einer zeitlichen Reihenfolge darstellt. Dabei werden die Tätigkeiten verbal beschrieben, die Tätigkeitsarten (siehe auch Bezeichnung der Technik) durch entsprechende Symbole hervorgehoben und zusätzlich die Aufeinanderfolge der Bearbeiter sowie die Wechsel zwischen den Bearbeitern deutlich gemacht.

In der Praxis wird hierzu ein Vordruck genutzt, der noch ergänzende Informationen zu 1187
Wegen in Meter und Zeit in Minuten enthält.

Die Symbole und ihre Bedeutung sind[220]: 1188

 Bearbeitung (Fortschritt in Richtung Arbeitsergebnis)

 Prüfung (Kontrolle vorangegangener Bearbeitung/Bestätigung der Richtigkeit)

 Weiterleitung (Bewegung/Transport/Raumüberwindung)

 Aufenthalt (Vorübergehendes Verwahren/Liegenbleiben)

 Ablage (Vorübergehendes oder endgültiges Aufbewahren nach Bearbeitung)

Nach der Erhebung der relevanten Daten sind diese in den ausschnittweise unten dar- 1189
gestellten Vordruck zu übertragen, indem in der Mitte die einzelnen Tätigkeiten kurz beschrieben werden.

220 Vgl. auch Verwaltungsorganisation (Siepmann/Siepmann 2004, S. 151 ff.)

1190 Den einzelnen Tätigkeiten werden dann die entsprechenden Tätigkeitsarten und Symbole in der zutreffenden Spalte zugeordnet und miteinander durch eine Linie verbunden. Dabei ist darauf zu achten, dass die Tätigkeitsarten auch richtig interpretiert werden. So ist beispielsweise die *Prüfung von Unterlagen auf Vollständigkeit* nicht mit der hier gemeinten *Prüfung der Richtigkeit (Kontrolle) durch den Vorgesetzten* vergleichbar. Diese Technik verdeutlicht dadurch den Wechsel von Tätigkeitsarten.

1191 Auf der rechten Seite sind die Bearbeiter, wie Sachgebietsleiter, Sachbearbeiter, Schreibdienst, möglichst in einer hierarchischen Folge festzulegen. Auch diese Festlegung wird mit einer Linie verbunden, die dann Bearbeiterwechsel transparent macht, die störend für den Arbeitsablauf sein können (siehe auch Dauer des Arbeitsablaufs).

1192 Die ergänzenden Informationen zu Wegen und Zeiten lassen es zu, dieser Darstellung zu entnehmen, wie lange die Bearbeitung dauert, welchen Umfang Liegezeiten, u. a. im Vergleich zu Bearbeitungszeiten und Transportwegen, einnehmen sowie wie lang die Durchlaufzeit ist.

1193 **Abbildung Vordruck Arbeitsablaufdarstellung nach Tätigkeitsarten**[221]

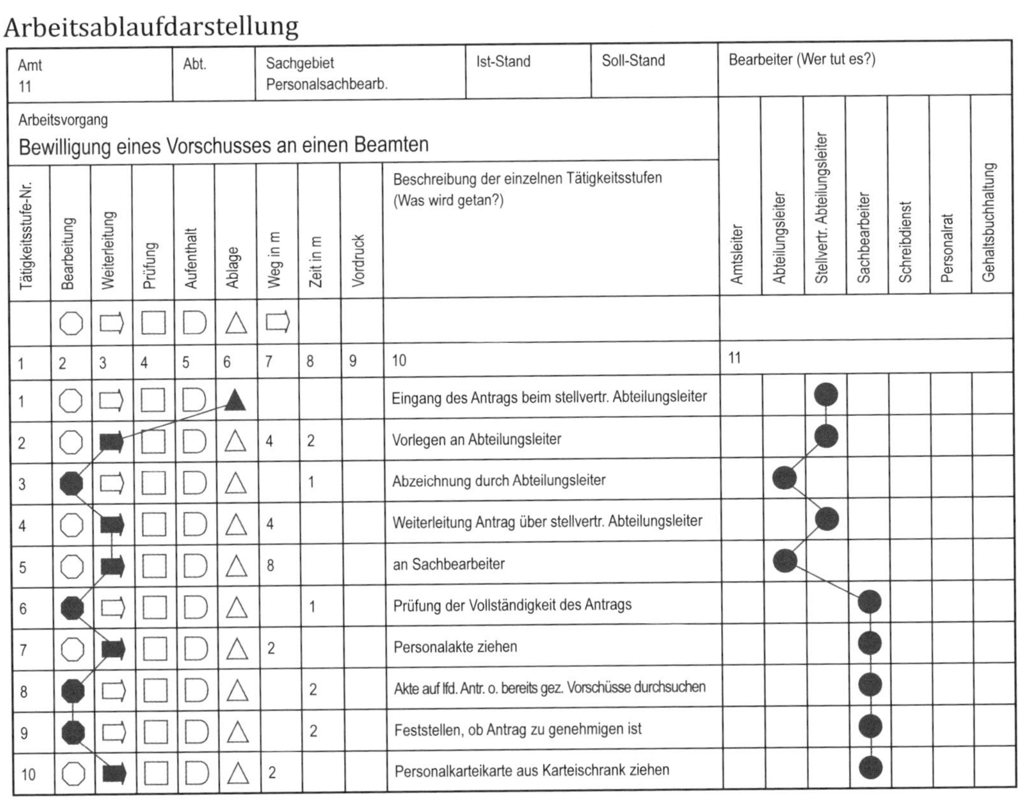

221 Siehe https://verwaltungsfachwirt.jimdo.com/.../darstellungs-und-dokumentationstechniken.

Zusammenfassend einige Vor- und Nachteile 1194

Vorteile	Nachteile
leicht anwendbar, nachvollziehbar	Parallelarbeit optisch nicht erkennbar (Darstellung nur nacheinander)
Möglichkeit der Analyse, Schwachstellen erkennbar	Logische Verknüpfung von Tätigkeiten nicht klar erkennbar
Durchlaufzeiten ermittelbar	
erkennbare Optimierungsansätze durch detaillierte Darstellung	

9.2.3 PLANUNGSTECHNIKEN

Bevor auf die Planungstechniken des Balkendiagramms und der Netzplantechnik näher eingegangen wird, sollte der Begriff Planung in seiner Bedeutung kurz beschrieben werden. 1195

In der Verwaltung und anderen Systemen gilt es, wie mehrfach erwähnt, Ziele zu erreichen. Dabei kann vereinfacht ein Ziel als ein in der Zukunft liegender, gewünschter Zustand bezeichnet werden. Im Alltag wird sich ein Mensch mit der Zielerreichung auseinandersetzen, indem er sich vorab Gedanken macht, wie er die Ziele mit welchen Maßnahmen (Handlungen) erreichen kann; er macht sich einen Plan. 1196

Deshalb kann Planung als die Fähigkeit eines Menschen zur gedanklichen Vorwegnahme von Handlungsschritten, die zur Erreichung eines Ziels notwendig sind, beschrieben werden. Dabei entsteht ein Plan als zeitlich geordnete Menge von Daten.[222] 1197

Damit verbunden ist häufig, dass dieser Plan schriftlich oder grafisch dargestellt wird (siehe Planungstechniken), um die Handlungen (Vorgehensweisen) für eine möglichst direkte Zielerreichung transparent zu machen. 1198

In der Verwaltungspraxis werden, unterstützend für die Planung, Planungstechniken, insbesondere bei der Projektplanung bzw. zur Darstellung von Tätigkeitsabläufen und Terminen angewendet. 1199

DAS BALKENDIAGRAMM 1200

Das Balkendiagramm (auch Ganttdiagramm genannt) besteht aus einem Koordinatensystem.

222 Vgl. Definition Wikipedia (Aufruf 12/2017).

1201 Die horizontale Achse stellt die Zeitachse dar. Die auf dieser Achse in einer Skalierung darzustellenden Zeiteinheiten (z. B. Tage, Wochen, Monate) sind von den Tätigkeiten (s. u. Arbeitsvorgängen) abhängig.

1202 Auf der vertikalen Achse werden die im Balkendiagramm als Vorgänge bezeichneten „Tätigkeiten" von oben links nach unten rechts eingetragen. Dabei besteht die Möglichkeit den Bearbeiter hinzuzufügen.

1203 Für diese Technik ist in einem ersten Schritt *eine tabellarische Vorgangsliste* zu erstellen. Diese Liste enthält die Anzahl der Vorgänge, deren Kurzbezeichnung/-beschreibung und Dauer (vom Anfang bis zum Ende).

1204 Bei der Erstellung der Vorgangsliste ist, wie bei allen Planungen bzw. der Anwendung von Planungstechniken, darauf zu achten, dass auch alle erforderlichen Vorgänge berücksichtigt werden. Je nach Projekt und Umfang setzt dieses eine sorgfältige Vorgehensweise voraus. Bei fehlenden Fachkenntnissen für das Vorhaben sollten dabei ggf. Fachleute eingebunden werden, da auch die Schätzung der Dauer einzelner Vorgänge Kenntnisse und Erfahrungen voraussetzt.

1205 Beginnend mit der Vorgangsliste[223], wird nachfolgend an dem Beispiel „Besetzung einer Stelle" ein Balkendiagramm erstellt.

1206 In der Praxis findet dies *technik-/computerunterstützt* statt.

1207 **Vorgänge „Besetzung einer Stelle"**

Lfd. Nr	Vorgang	Dauer in Tagen
1	Antrag auf Besetzung der Stelle prüfen	**1**
2	Anforderungsprofil erstellen	**1**
3	Stellenausschreibungstext fertigen und mit dem Fachbereich abstimmen	**2**
4	Stelle ausschreiben	**1**
5	Bewerbungen entgegennehmen und auswerten	**12**
6	Auswahlverfahren planen	**2**
7	Auswahlgremium einladen	**2**
8	Auswahlverfahren durchführen	**1**
9	Stellenübertragung fertigen	**1**

223 Zahl der Vorgänge nur beispielhaft.

Es folgt nun in einem weiteren Schritt die Erstellung des Balkendiagramms auf der Basis der oben erstellten Tabelle. 1208

Balkendiagramm „Besetzung einer Stelle" 1209

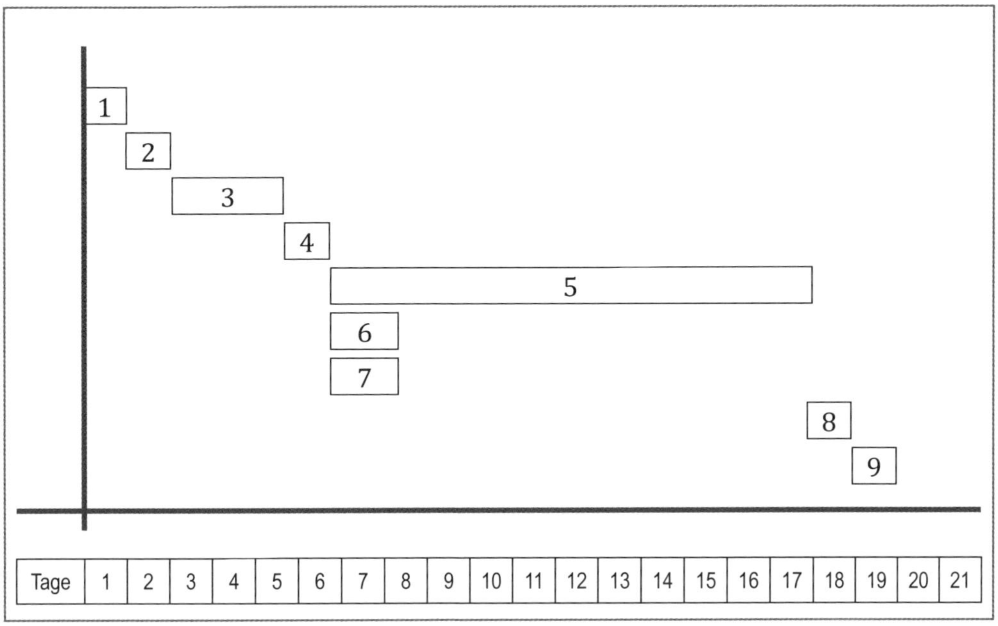

Die VORTEILE eines Balkendiagramms sind, dass es sich um eine leicht anzuwendende, verständliche Planungstechnik handelt, die für Zeitplanungen bzw. kleinere Projekte in Betracht kommt. Dem Balkendiagramm kann neben der geschätzten Dauer einzelner Vorgänge auch die Gesamtdauer (Beginn des ersten Balkens bis Ende des letzten Balkens) des Projekts/Vorhabens entnommen werden. Zudem sind Parallelarbeiten erkennbar. 1210

Von NACHTEIL ist, dass das Balkendiagramm keine Abhängigkeiten der einzelnen Vorgänge voneinander deutlich erkennen lässt. 1211

Die Fragen, welche Auswirkungen es hat, wenn eine Tätigkeit länger dauert, welche Tätigkeiten für die Einhaltung des Terminplans besonders wichtig sind und welche Vorgänge zwingend beendet sein müssen, damit ein anderer Vorgang beginnen kann, werden durch diese Technik nicht beantwortet. 1212

1213 DIE NETZPLANTECHNIK

Die Netzplantechnik kommt primär bei der Planung von größeren Projekten (z. B. Bauvorhaben) zur Anwendung und dient der Analyse, Beschreibung, Planung, Steuerung und Überwachung von Abläufen.[224]

1214 Das, was das Balkendiagramm an unbeantworteten Fragen aufwirft, beantwortet die Netzplantechnik. Sie stellt Ablaufstrukturen grafisch so dar, dass eine zeitliche und logische Aufeinanderfolge von Tätigkeiten (Vorgängen), deren Zeitbedarf und Anordnungsbeziehungen erkennbar sind.

1215 Die Anwendung dieser Technik setzt voraus[225],

- dass es sich um ein Projekt mit definiertem Anfang und Ende handelt,
- die Zeitdauer eines Vorgangs geschätzt werden kann,
- die Vorgänge zueinander in einem Abhängigkeitsverhältnis stehen.

1216 Die oben geschilderten Vorgänge (bei der hier vorgestellten Form eines Netzplans als Vorgangsknoten bezeichnet) und deren Anordnungsbeziehungen sollen in einem sog. Vorgangsknotennetzplan einmal anhand eines Beispiels dargestellt werden. Dabei beschränkt sich das Beispiel *„Bau eines Kindergartens"* auf eine überschaubare Anzahl von Vorgangsknoten. Es zeigt aber auf, wie ein Netzplan erstellt und auch berechnet wird.

1217 Auch bei der Erstellung eines Netzplans wird schrittweise vorgegangen. Die anschließende **Abbildung** zeigt die Vorgehensweise:

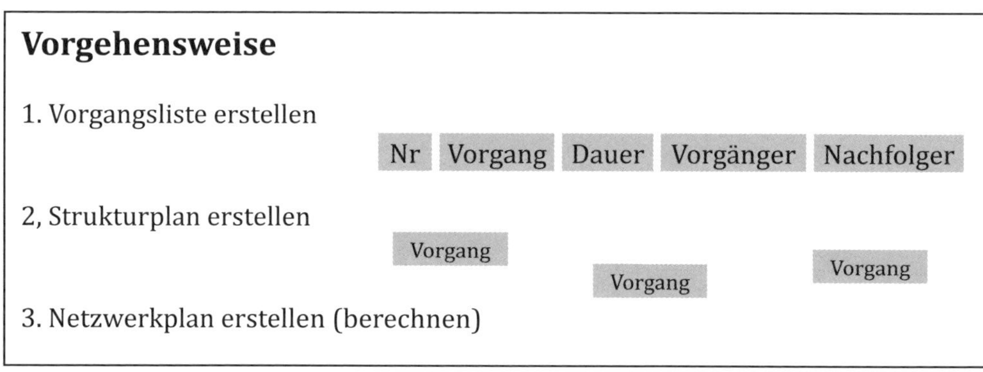

1218 <u>1. Vorgangsliste erstellen</u>

Nachdem das Projekt bekannt ist, wird eine Tätigkeitsanalyse, die alle für das Projekt notwendigen Tätigkeiten erhebt, durchgeführt.

224 Siehe DIN 69900; vgl. auch Verwaltungsorganisation (Siepmann/Siepmann 2004, S. 202 f.).
225 Vgl. Verwaltungsmanagement und Organisation (Paulic 2014, S. 183 f.).

Diese Tätigkeiten werden in einer sog. Vorgangsliste, welche die der Nummer des Vorgangs, die Bezeichnung und Dauer des Vorgangs sowie den/die Vorgänger und Nachfolger enthält (s. o.), abgebildet. 1219

Es ist zu beachten, dass die vorausgegangenen Vorgänge abgeschlossen sein müssen, damit mit den darauffolgenden Vorgängen („Nachfolger") begonnen werden kann. Es werden somit die Abhängigkeiten zwischen den einzelnen Vorgängen deutlich. Die Dauer der Vorgänge ist realistisch zu schätzen. 1220

Für das o. g. Beispiel ergibt sich folgende Vorgangsliste: 1221

Nr.	Vorgang (Bezeichnung)	Dauer in Wochen	Vorgänger	Nachfolger
1	Baugenehmigung beantragen	12	-	2
2	Baugrube ausheben	2	1	3
3	Rohbau erstellen	12	3	4
4	Dach decken	1	3	5,6,7
5	Elektroarbeiten	2	4	8
6	Sanitärarbeiten	2	4	8
7	Heizungsarbeiten	3	4	8
8	Einrichtung	2	5,6,7	9
9	Bauabnahme	1	8	-

2. Strukturplan erstellen 1222

Auf die Vorgangsliste folgt die Erstellung des Strukturplans, der die o. g. Anordnungsbeziehungen zwischen den Vorgängen zeigt.

Die **Abbildung** zeigt den für das Beispiel zu erstellenden Strukturplan mit den zu verwendenden Symbolen. Dabei wird aus Platzgründen bei den Vorgängen lediglich die Nummer verwendet, wobei in der Praxis die Bezeichnung zu nennen ist. 1223

Strukturplan 1224

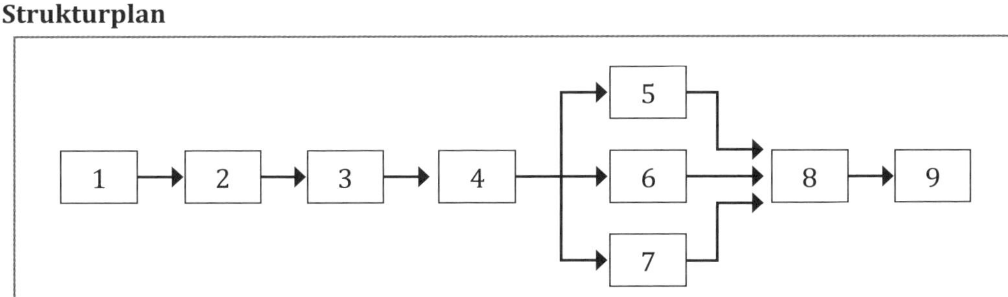

1225 3. Netzplan berechnen (erstellen)

Nachdem Vorgangsliste und Strukturplan angefertigt sind, wird der Netzplan berechnet bzw. in seinem letzten Schritt erstellt. Der Strukturplan gibt dabei die Anordnung der Vorgangsknoten wieder.

1226 Dabei enthält ein Vorgangsknoten folgende Informationen (**siehe Abbildung unten**):

Der Vorgangsknoten

Nr.		
Bezeichnung des Vorgangs		
FAZ	D	FEZ
SAZ	P	SEZ

FAZ = Frühester Anfangszeitpunkt
D = Dauer
FEZ = Frühester Endzeitpunkt
SAZ = Spätester Anfangszeitpunkt
P = Puffer
SEZ = Spätester Endzeitpunkt

Berechnung

FAZ+D = FEZ
SEZ-D = SAZ
SEZ-FEZ = P bzw.
SAZ-FAZ = P

1227 Es erfolgt nun die Berechnung[226] und Erstellung des Netzplans. Die Dauer (D) eines jeden Vorgangs ergibt sich dabei aus der zuvor erstellten Vorgangsliste.

1228 *Die Vorwärtsrechnung*

Die Berechnung des Vorgangs 1 beginnt damit, dass der früheste Anfangszeitpunkt (FAZ) auf 0 festgelegt wird. Die dann dazu addierte Dauer (D0 = 12) ergibt den frühesten Endzeitpunkt (FEZ), also in unserem Beispiel nach 12 Wochen. Im Anschluss daran kann die „Vorwärtsrechnung" bis zum letzten Vorgang fortgeführt werden. Es ist dabei zu beachten, dass der FAZ des Nachfolgers den maximalen FEZ eines der Vorgänger entspricht. Das früheste Ende des Projekts wird durch den FEZ des letzten Vorgangsknotens angezeigt.

1229 *Die Rückwärtsrechnung*

Bei der Rückwärtsrechnung wird in dem Beispiel so vorgegangen, dass der früheste Endzeitpunkt des letzten Vorgangs als spätester Endzeitpunkt (SEZ) in diesem Vorgangsknoten übernommen werden kann. In der Praxis wird entschieden, wann das Projekt spätestens enden soll. Ist FEZ = SEZ, endet das Projekt so früh wie möglich.

226 Vgl. Management im öffentlichen Sektor (Gourmelon/Mroß/Seidel, S. 243 f., verändert).

Der späteste Anfangszeitpunkt (SAZ) wird nun durch Subtrahieren der Dauer (D) dieses Vorgangs ermittelt (SEZ - D = SAZ). 1230

Der späteste Endzeitpunkt gibt grundsätzlich an, wann ein Vorgang beendet sein muss, damit letztendlich keine Verzögerungen entstehen. Das bedeutet, dass der Vorgang auch zu dem errechneten SAZ zu beginnen hat. 1231

Auch hier können durch die Rückwärtsrechnung alle Vorgänge berechnet werden. Hier ist zu beachten, dass der SEZ des Vorgängers gleich dem SAZ desjenigen Nachfolgers mit dem kleinsten SAZ (frühester SAZ-Wert) ist. 1232

Die Pufferzeit (P) 1233

Die gesamte Pufferzeit gibt an, welche zeitliche Flexibilität bei einem Vorgang gegeben ist, bzw. wie er zeitlich verlagert werden kann, ohne das Projekt in seiner Dauer zu gefährden. Die Pufferzeit ergibt sich aus der Differenz zwischen SAZ und FAZ oder SEZ und FEZ.

Aus dieser Berechnung ergibt sich auch der sog. *kritische Weg*. Er zeigt den Pfad auf, wo alle Pufferzeiten den Wert 0 aufweisen. Der kritische Weg wird dabei mit einer gesonderten Linie gekennzeichnet. 1234

Bevor der berechnete Netzplan in seiner grafischen Darstellung gezeigt wird (siehe unten), werden einige wesentliche Vor- und Nachteile dieser Planungstechnik genannt. 1235

Die wesentlichen VORTEILE der Netzplantechnik liegen darin, dass der Bearbeitungsverlauf und die Entscheidungen transparent werden. Der Netzplan setzt eine intensive Beschäftigung mit den Vorgängen und den Beziehungen zwischen diesen voraus. Das führt in der Praxis zu einer guten, verlässlichen Planung. Es können Parallelarbeiten dargestellt und die Folgen zeitlicher Verschiebungen aufgezeigt werden. 1236

Als NACHTEILE der Netzplantechnik sind zu nennen, dass die Anfertigung eines Netzplans mit einem Aufwand verbunden und nicht ganz einfach ist. 1237

1238

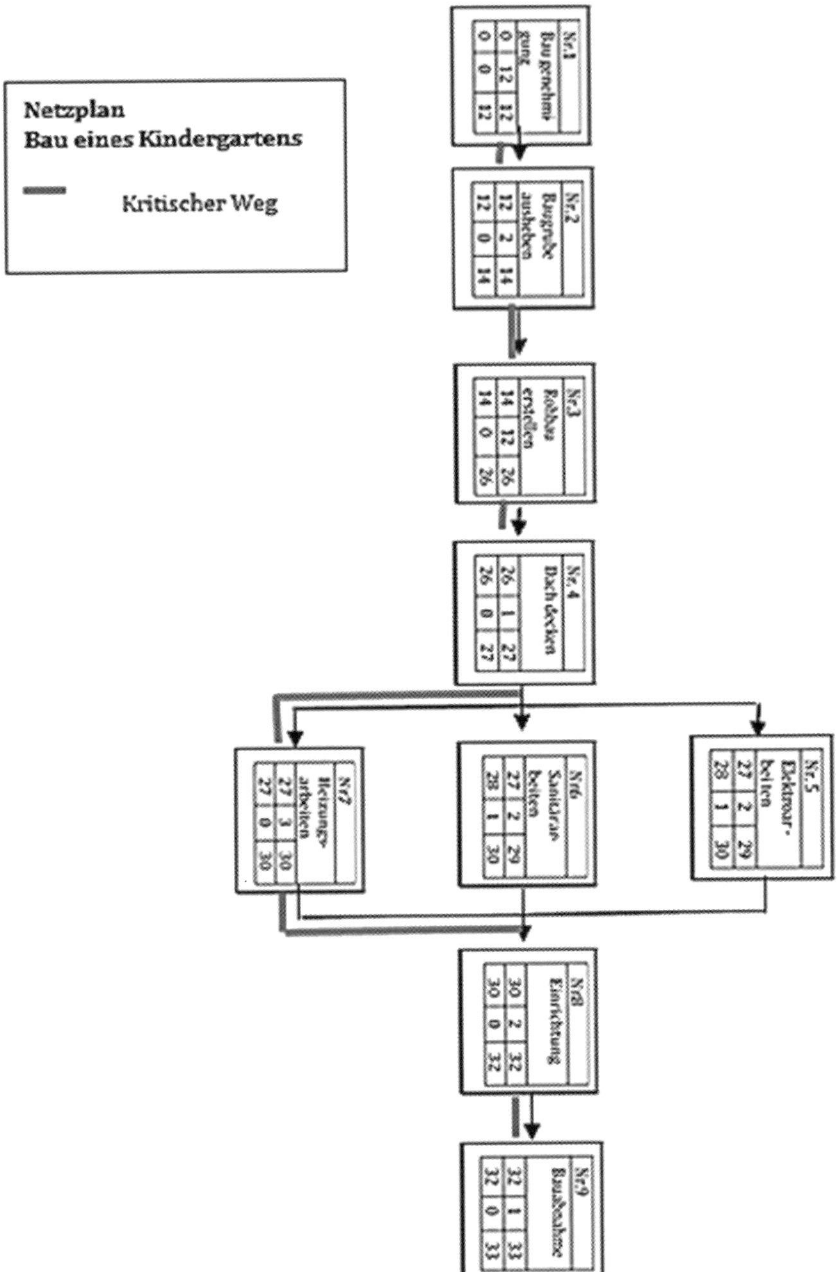

9.2.4 BEWERTUNGSTECHNIK

DIE NUTZWERTANALYSE 1239

Nicht nur im Berufsleben sind Entscheidungen von unterschiedlicher Art und Komplexität zwischen mehreren brauchbaren Alternativen zu treffen. Dieses setzt eine möglichst nachvollziehbare *Bewertung* der Lösungs- bzw. Handlungsalternativen voraus. Es kommt somit darauf an, eine Abwägung mithilfe möglichst objektiver Kriterien zwischen den Alternativen vorzunehmen und letztendlich diese danach in eine bestimmte Rangfolge zu bringen.

Dabei ist eine systematische, methodische Vorgehensweise erforderlich, die eine vollstän- 1240
dige, umfassende Berücksichtigung aller relevanten Beurteilungskriterien sicherstellt.[227]

Eine solche systematische, methodische Vorgehensweise stellt die Nutzwertanalyse 1241
(auch Punktwertverfahren genannt) dar. Sie ist als Bewertungstechnik für unterschiedliche Entscheidungen brauchbar.

Sie kann in Projekten oder in anderen Situationen als Verfahren zur Bewertung bzw. Ent- 1242
scheidungsfindung herangezogen werden. In ihrer Anwendung vergleicht sie die unterschiedlichen Alternativen im Hinblick auf vorab definierte Ziele miteinander.

Aus der Zielerfüllung der einzelnen Alternativen lässt sich der Nutzwert ableiten. Dabei 1243
ist der Nutzwert der subjektive, durch die Tauglichkeit zur Zielerreichung bestimmte Wert der Alternative.[228]

Die Nutzwertanalyse berücksichtigt überwiegend nichtmonetäre und qualitative Krite- 1244
rien (Zielsetzungen), die zu einer subjektiv (s. o.) geprägten Entscheidung führen. Sie ist insofern auch für eine nicht nur kostenspezifische Bewertung geeignet.

Letztendlich trägt diese Bewertungstechnik dazu bei, das Risiko von Fehlentscheidungen 1245
zu minimieren.

Im Privatleben findet diese Bewertung, z. B. bei einer Investitionsentscheidung (Kauf ei- 1246
nes Laptops), meist im Kopf statt; selten entscheiden wir aus dem Bauch heraus. Würden wir die „gedankliche" Bewertung dokumentieren, wäre festzustellen, dass wir bei der Bewertung bis hin zur Entscheidung schrittweise vorgehen.

Auch die Anwendung der Nutzwertanalyse erfolgt in mehreren, wahrscheinlich ähnlichen 1247
Schritten, die an einem Beispiel näher erläutert und in der folgenden Abbildung dargestellt werden.

---

227 Vgl. Organisation (Vahs 2012, S. 543).
228 Vgl. Organisation (Schulte-Zurhausen 2010, S. 587).

1248 **Abbildung „Vorgehensweise Nutzwertanalyse“**

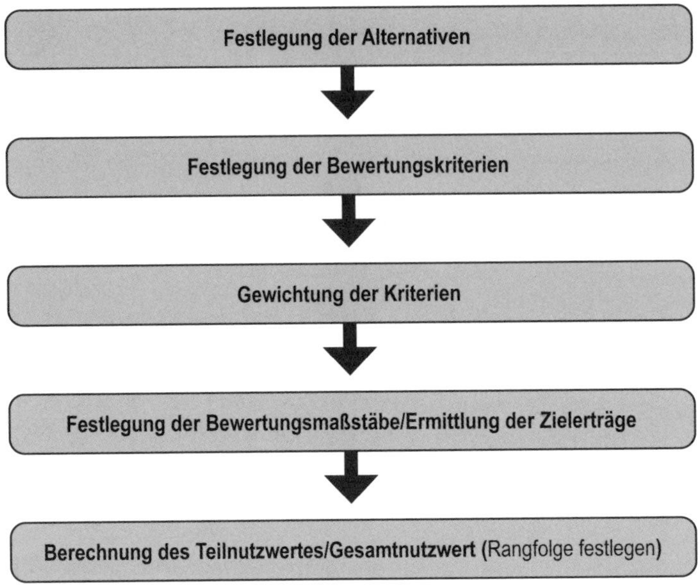

1249 *Beispiel (Investitionsentscheidung):*
Das Bürgeramt der Stadt X soll mit neuen PCs ausgestattet werden. Hierzu liegen den Zentralen Diensten unterschiedliche Angebote vor, die grundsätzlich in Frage kommen könnten. Sie als Mitarbeiter der Zentralen Dienste sollen das geeignetste Angebot auswählen.
Bevor die PCs beschafft (gekauft) werden, sollen Sie Ihre Auswahl/Entscheidung Ihrem Abteilungsleiter transparent machen.
Sie entscheiden sich in diesem Zusammenhang für eine Nutzwertanalyse.

1250 1. Festlegung der Alternativen

In der Praxis ist davon auszugehen, dass eine solche Investitions-/Beschaffungsmaßnahme ausgeschrieben wird. Die Ausschreibung führt dazu, dass eine gewisse Anzahl von Angeboten eingeht, die ggf. verringert werden sollte. Dieses geschieht in der Praxis mit einem Abgleich zwischen den in der Ausschreibung genannten Muss- und ggf. in einer weiteren Abstufung mit den sog. Soll-Kriterien. Die Angebote, die die Muss-Kriterien nicht erfüllen, finden keine Berücksichtigung. In einem weiteren Schritt ist ein Vergleich der übrigen Angebote über Soll-Kriterien möglich, sodass sich so die Zahl der abschließend zu bewertenden Alternativen reduzieren lässt. In dem Beispiel gehen wir im weiteren Verlauf von drei Alternativen aus.

2. Festlegung der Bewertungskriterien 1251

Mit dem Schritt der Festlegung der Bewertungskriterien (auch als Zielkriterien bezeichnet) beginnt die Nutwertanalyse. Die Kriterien bilden die Grundlage, auf der die Alternativen beurteilt werden sollen. Dabei sind alle entscheidungsrelevanten Kriterien zu erfassen.

Zur Feststellung dieser Kriterien bietet sich eine analytische Vorgehensweise (siehe auch Aufgabenanalyse) an, die anhand des Beispiels unten dargestellt wird. 1252

Abbildung „Bewertungskriterien" 1253

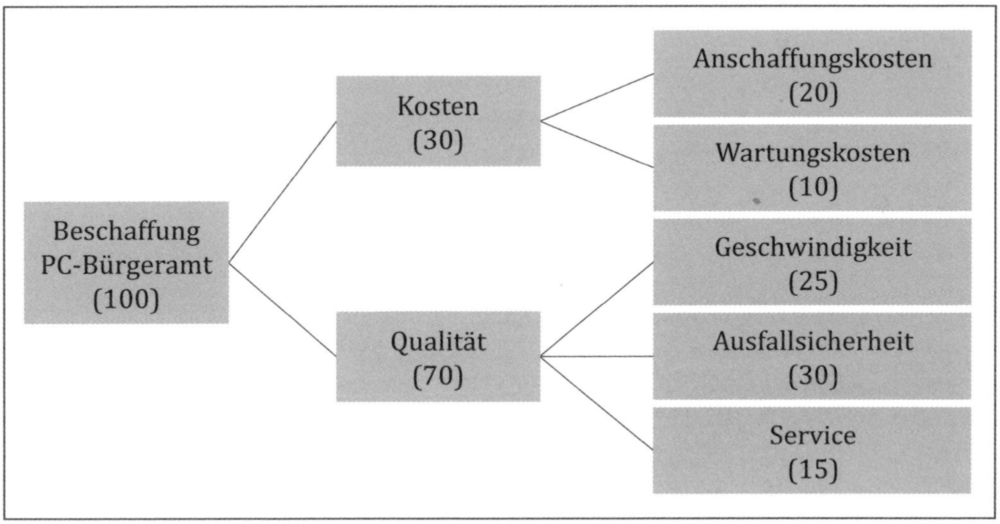

3. Gewichtung der Kriterien 1254

Zwar sind alle Kriterien für die Entscheidung heranzuziehen, jedoch sind sie dabei nicht gleichgewichtig. Deshalb ist eine Gewichtung derart vorzunehmen, dass – ausgehend von hundert Prozentpunkten – jedes Ziel je nach seiner Bedeutung einen Punktwert erhält. Dabei wird zunächst von den Oberbegriffen ausgegangen und diese Gewichtung auf die nächstfolgenden Kriterien verteilt.

Die Gewichtung hat im Rahmen der Nutzwertanalyse für das Ergebnis eine besondere Bedeutung. Sie wird nach Einschätzung vergeben und ist daher subjektiv. Die Subjektivität lässt sich relativieren, indem mehrere Personen (ggf. Fachleute, siehe Beispiel) an der Einschätzung beteiligt werden. 1255

Die in dem Beispiel vorgenommene Gewichtung der Bewertungs-/Zielkriterien (siehe Abbildung) ist durch die in Klammern genannten, Ziffern erkennbar. 1256

1257 4. Festlegung der Bewertungsmaßstäbe/Ermittlung der Zielerträge

Es ist zu beurteilen, in welcher Ausprägung die Alternativen die festgelegten einzelnen Kriterien erfüllen. Die unterschiedlichen Ausprägungen werden durch ein Bewertungsschema, welches den Zielerreichungsgrad bestimmt und aus dem sich die Zielerträge ermitteln lassen, festgelegt (siehe Abbildung).

1258 In der Praxis bietet sich eine Skalierung in fünf Stufen an, wobei der höchste Zielerreichungsgrad die meisten Punkte erhält. Je mehr Stufen vorhanden sind, umso schwieriger ist die Zuordnung zu den einzelnen Stufen.

1259 **Abbildung „Bewertung/Zielerträge“**

sehr gut	4 Punkte
gut	3 Punkte
zufriedenstellend	2 Punkte
ausreichend	1 Punkt
unzureichend	0 Punkte

1260 5. Berechnung des Teilnutzwertes/Gesamtnutzwertes (Rangfolge festlegen)

Um den Teilnutzwert zu ermitteln, werden erreichter Zielertrag und Zielgewicht der einzelnen Alternativen miteinander multipliziert. Die dadurch erhaltenen Teilnutzwerte werden je Alternative zu dem Gesamtnutzwert aufaddiert.

1261 Die Alternative, die den höchsten Punktwert erzielt hat, ist die unter Betrachtung der Nutzwertanalyse optimale und die erste in der Rangfolge.

1262 Die Ermittlung der Teilnutzwerte und Gesamtnutzwerte erfolgt in der Praxis in Tabellenform.

Abbildung „Ermittlung der Nutzwerte" 1263

Alternativen	Gewichtung	Alternative 1		Alternative 2		Alternative 3	
Bewertungs-/ Zielkriterien		**Zielertrag**	**Teilnutzwert**	**Zielertrag**	**Teilnutzwert**	**Zielertrag**	**Teilnutzwert**
Anschaffungskosten	20	3	60	2	40	2	40
Wartungskosten	10	2	20	3	30	3	30
Geschwindigkeit	25	4	100	3	75	2	50
Ausfallsicherheit	30	3	90	4	120	3	90
Service	15	2	30	3	45	2	30
Gesamtnutzwert			**300**		**310**		**240**
Rangfolge			2		**1**		3

Wenn auch schon teilweise den Ausführungen zu entnehmen, werden noch einmal zusammenfassend die Vor- und Nachteile dieser Bewertungstechnik kurz aufgezeigt. 1264

1265

Vorteile	Nachteile
verständlich und einfach anzuwenden	sehr subjektiv geprägt (siehe Gewichtung der Kriterien/Zielerträge)
Entscheidungen werden transparenter	ggf. Schwierigkeiten bei der klaren Abgrenzung der Bewertungs-/Zielkriterien
Entscheidung durch Dokumentation nachvollziehbar	ggf. längere Entscheidungsfindung durch Diskussions-/Abstimmungsprozesse
Beachtung der Ziele in Quantität und Qualität	
Einbindung mehrerer Personen (Fachleute) möglich – minimiert Risiko von Fehlentscheidungen	

X KONTINUIERLICHE VERBESSERUNG DER ORGANISATION (ORGANISATION – EIN DYNAMISCHER PROZESS)

1266 Öffentliche Verwaltungen haben sich mit einer gestiegenen Dynamik und wachsender Komplexität auseinanderzusetzen, die das System und deren Mitarbeiter herausfordern.

1267 Seit einigen Jahren stellt sich daher die Verwaltung diesen Herausforderungen mit neuen Modellen der Organisation und Methoden der Steuerung, um mit den veränderten Bedingungen umgehen zu können. Dabei wird ein Ausgleich zwischen einer Systemstabilität und Agilität[229] angestrebt.

1268 Die ursprüngliche Organisation der Verwaltung war/ist hierarchisch gegliedert und durch klare Über-/Unterordnungsverhältnisse und Zuständigkeiten gekennzeichnet. Diese Form der Verwaltungsorganisation stellt(e) das rechtsstaatliche Handeln der Verwaltung, Präzision und Leistungszuverlässigkeit sowie Leistungsstabilität sicher.[230]

1269 In einer öffentlichen Verwaltung hat sich das Verständnis von Organisation vor dem Hintergrund der gegenwärtigen und zukünftigen Herausforderungen jedoch gewandelt. Organisation wird nicht mehr als statisch empfunden, sondern als ein **dynamischer Prozess** wahrgenommen.

1270 Eine heute gute und funktionsfähige Organisation ist morgen vielleicht durch den Wandel nicht mehr leistungsfähig genug.

1271 Deshalb muss die öffentliche Verwaltung – wie Wirtschaftsunternehmen auch – flexibel sein, indem sie zum Beispiel in der Lage ist, sich mit ihrer *Organisation* (*Aufbau-/Ablauforganisation*)

- den veränderten Zielen und Aufgaben,
- dem demografischen Wandel,
- den Kundenbedürfnissen,
- der Informations- und Kommunikationstechnologie sowie
- der defizitären Haushaltssituation

anzupassen.

---

229 Agilität ist die Fähigkeit einer Organisation, flexibel, aktiv, anpassungsfähig und mit Initiative in Zeiten des Wandels und der Unsicherheit zu agieren (www.onpulson.de/lexikon).

230 Vgl. auch Verwaltungsmanagement und Organisation (Paulic 2014, S. 235).

Eine funktionsfähige Verwaltung bedarf folglich einer *kontinuierlichen Verbesserung*. In der Praxis ist daher der „kontinuierliche Verbesserungsprozess (KVP)“ ein zentrales Thema. 1272

10.1 AGILITÄT/AGILE ORGANISATION

Die oben gemachten Ausführungen lassen darauf schließen, dass in vielen Verwaltungen/ Unternehmen umfassende und gravierende Veränderungen stattgefunden haben bzw. noch stattfinden werden. In diesem Zusammenhang fallen Schlagwörter wie Agilität (agile Organisationen), Change-Management und Digitalisierung. Insofern ist es sinnvoll, auf die einzelnen Begrifflichkeiten und ihre Bedeutung in diesem Buch näher einzugehen. 1273

Was verstehen wir unter Agilität?

Der Begriff der Agilität[231] ist in aller Munde, und das Bestreben nach agilen Organisationen nimmt mehr und mehr zu. Sowohl größere Verwaltungen als auch Unternehmen setzen bereits entsprechende Methoden (sog. agile Methoden) ein. Doch was bedeutet eigentlich Agilität? Nähert man sich dem Begriff, so ist festzustellen, dass dieser insbesondere aus dem IT-Bereich stammt, wo es um Methoden der Weiterentwicklung ging, die später in ihrer Anwendung auch Einfluss auf das „klassische“ Projektmanagement hatten/haben. Diese agilen Methoden sind u. a. geprägt von einer hohen Kundenzufriedenheit. Dieses Ziel soll i. d. R. im Rahmen eines „offenen“[232] Projekts durch interdisziplinäre Teams, durch organisationsübergreifende Teammitglieder, unter Berücksichtigung veränderter, neuer Anforderungen und Rahmenbedingungen, erreicht werden. 1274

Agilität hat zum Ziel, Organisationen dazu zu befähigen, auf Veränderungen möglichst schnell bzw. adäquat reagieren zu können. Das beinhaltet u. a. auch, Organisationsstrukturen agiler zu gestalten. 1275

Somit reagiert eine „agile Organisation“ auf umfassende, schnelllebige und teilweise auch nicht vorhersehbare (siehe Krisensituationen)[233] gesellschaftliche Entwicklungen. 1276

Agilität in der öffentlichen Verwaltung 1277

Wenn Agilität zum Ziel hat, auf Veränderungen in der Gesellschaft und Umwelt entsprechend zu reagieren, dann sind davon ebenfalls die öffentlichen Verwaltungen betroffen. Eine besondere Herausforderung für die öffentliche Verwaltung wird künftig darin bestehen, die Organisationsstrukturen sowie die Prozesse/Entscheidungsprozesse den agilen Arbeitsweisen anzupassen. Im Zusammenhang mit *Digitalisierung* und *E-Government* (siehe Kapitel 11.2) gibt es beispielhaft in einzelnen Ämtern/Fachbereichen erste Vorstö-

---

231 Agilität von lat. agilis = wendig, regsam, beweglich.

232 Offen (im Sinne von flexibel) bedeutet hier, dass das Projekt nicht konsequent von Anfang bis Ende durchgeplant ist (vgl. Kapitel 6.7).

233 Zz. Pandemie.

ße hin zu einer agilen Arbeit. Die mit der Digitalisierung und dem E-Government verbundenen umfassenden Aufgaben erfordern eine andere, dynamische bzw. agile Arbeitsweise die eine starke Beteiligung unterschiedlicher Akteure mit entsprechenden Fach- und Methodenkompetenzen erforderlich macht.

1278 Eine Methode[234], die auch bereits in öffentlichen Verwaltungen angewandt wird, wird folgend kurz vorgestellt – es ist das **Design Thinking**[235].

Was ist Design Thinking?

1279 Das Verfahren orientiert sich an der Arbeit von Designern[236] und hat daher seinen namentlichen Ursprung. Design Thinking wird als Ansatz zur Lösung von komplexen Problemen und zur Entwicklung neuer Ideen beschrieben. Design Thinking betrachtet – im Sinne einer stark kundenorientierten Lösung – die drei Faktoren Erwünschtheit, Machbarkeit und Wirtschaftlichkeit.

1280 Bei dieser Verfahrensweise wird davon ausgegangen, dass Menschen unterschiedlicher Fachdisziplinen in einem kreativen Umfeld der Kooperation über eine gemeinsam entwickelte Fragestellung, die die Bedürfnisse und Motivationen der Menschen berücksichtigt, Konzepte erarbeiten, die zur besseren Problemlösung geeignet sind. Bei Design Thinking handelt es sich um einen Prozess zur Förderung von kreativen Ideen.

1281 Die einzelnen Schritte sind der **Abbildung** zu entnehmen:

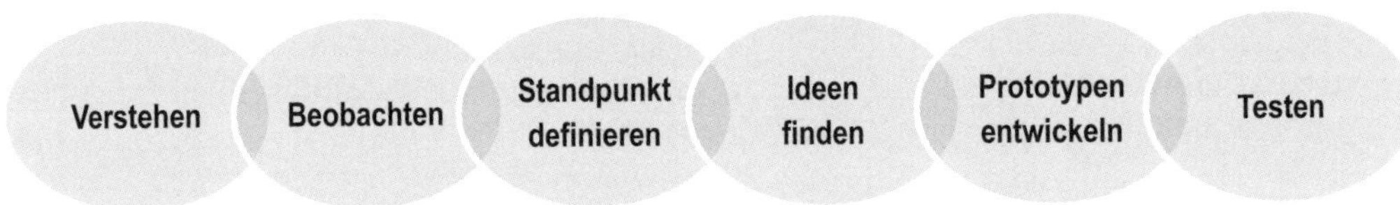

1282 *Kurzerläuterungen zu den einzelnen Schritten in der Abbildung*:

1283 Verstehen
- Problemverständnis im Team entwickeln
- Überblick verschaffen
- Herausforderungen und Bedürfnisse transparent machen

1284 Beobachten
- Erkenntnisse gewinnen, recherchieren
- beobachten und befragen
- Verständnis für die Bedürfnisse der Zielgruppe entwickeln

234 Weitere Methoden agiler Arbeitsweisen sind z. B. Scrum oder Kanban.
235 Vgl. auch wikipedia.org./wiki/Design Thinking (Aufruf 11/2020).
236 Erfinder der Methode ist Tim Brown von der Design- und Innovationsberatung IDEO, Kalifornien.

Standpunkt definieren 1285
- gewonnene Erkenntnisse und Beobachtungen zusammentragen
- über einen gemeinsamen Wissensstand Sichtweise/Standpunkt klar definieren

Ideen finden 1286
- kreativ sein und Ideen bzw. Vorstellungen unter Berücksichtigung von Machbarkeit bzw. Umsetzbarkeit entwickeln (wichtige Phase von Design Thinking)

Prototyp entwickeln 1287
- Ideen werden modellhaft veranschaulicht und zielgruppenorientiert überprüft
- mögliche Lösungen werden ausprobiert (ggf. können hier neue Ideen entstehen)

Testen 1288
- auf die Zielgruppe zugehen und auf der Grundlage des „Prototyps" Gespräche führen
- Prototyp bei Bedarf optimieren, um eine kundenorientierte Lösung zu erreichen

Fazit zu Design Thinking 1289

Bei Lösung komplexer, neuer Probleme ist es durchaus förderlich, sich für Alternativen zu öffnen, die uns nicht selten verborgen bleiben, weil wir sie aufgrund unseres Wissens sowie unserer Erfahrungen und unserer „Betriebsblindheit" nicht erkennen (können). Design Thinking kann dabei helfen, über den Tellerrand hinaus neue Lösungsoptionen zu erkennen. Eine Voraussetzung zur Anwendung von Design Thinking ist jedoch, dass man einem kreativen und qualifizierten Team die notwendigen Freiräume zugesteht und ggf. bereit ist, mit den erarbeiteten Ergebnissen zu leben.

Notwendigkeit von Agiliät 1290

Folgt man den bisher gemachten Ausführungen, so liegt das Ergebnis nahe, dass Agilität bzw. eine agile Organisation zwingend erforderlich ist, um alle Aufgaben und die damit verbundenen Herausforderungen meistern zu können. *Dies ist jedoch nicht der Fall.*

Wie wir bereits wissen, haben öffentliche Verwaltungen Aufgaben wahrzunehmen, die 1291
sich aus Rechtsvorschriften und auch aus Ratsbeschlüssen ergeben. Die rechtmäßige Aufgabenerfüllung/-wahrnehmung erfolgt dabei unter Beachtung von gewissen „bürokratischen" Prinzipien. Die bestehende Struktur einer Verwaltung (siehe auch Kapitel VI, Aufbauorganisation) ist i. d. R. geeignet, die Aufgaben bzw. Routineaufgaben effektiv, effizient und fehlerfrei (rechtmäßig) zu erfüllen. Die insbesondere zu erfüllenden, wiederkehrenden Aufgaben sind für agile Methoden nur sehr begrenzt geeignet.

Daher wäre es aus organisatorischer Sicht *nicht* vertretbar, eine (Kommunal-)Verwaltung 1292
bzw. eine Organisation generell in eine agile Organisation umzuwandeln.

Vielmehr sollte eine agile Organisation bzw. eine agile Arbeitsweise sich insbesondere auf 1293
situative, komplexe und nicht von Routine geprägte Aufgaben beschränken. Beispielhaft

kann hier die besondere Situation der Corona-Pandemie und die sich daraus ergebenden Aufgaben für die Verwaltungen genannt werden. Es handelte sich – zumindest in der Anfangsphase – um eine solch komplexe Lage, in der die Zielsetzung und der Weg bzw. die damit verbundenen Maßnahmen weitestgehend unklar waren.

1294 Es gilt also, eine Einschätzung vorzunehmen, welche Aufgaben für agiles Handeln geeignet erscheinen. Bei dieser Einschätzung kann davon ausgegangen werden, dass umso einfacher eine Aufgabenerfüllung und das Herbeiführen einer Entscheidung erscheint, desto eher die Aufgabe bzw. auch Projektaufgabe in klassischen Strukturen/Arbeitsweisen (siehe auch lineare Strukturen/Teamarbeit) zu erledigen ist.

1295 Zusammenfassend kann gesagt werden, dass es Grenzen für Verwaltungen/Behörden für eine agile Organisation bzw. agile Arbeitsweisen gibt. Die Grenzen werden jedoch nicht nur durch die rechtlichen Rahmenbedingungen bzw. durch die zu erfüllenden Aufgaben aufgezeigt, sondern finden sich auch in der Verwaltungs- und Führungskultur.

1296 Abschließend noch eine Anmerkung: In der Literatur wird auch darauf hingewiesen, dass sich hinter Agilität nicht immer Neues verbirgt. Agile Organisationen streben u. a. Flexibilität, Offenheit, Transparenz und eine Kultur der Zusammenarbeit mit einer akzeptierten Fehlertoleranz an. Ob dieses Bestreben völlig neu ist, bleibt zu hinterfragen.

1297 Das wesentliche Plus von agilen Organisationen liegt in der Kombination von betriebswirtschaftlich-strukturell-technischen mit sozial-verhaltensorientierten Merkmalen.[237]

1298 Das folgende **Schaubild** zeigt – mit Bezug zu den Ausführungen – die wesentlichen Merkmale agiler Organisationen.

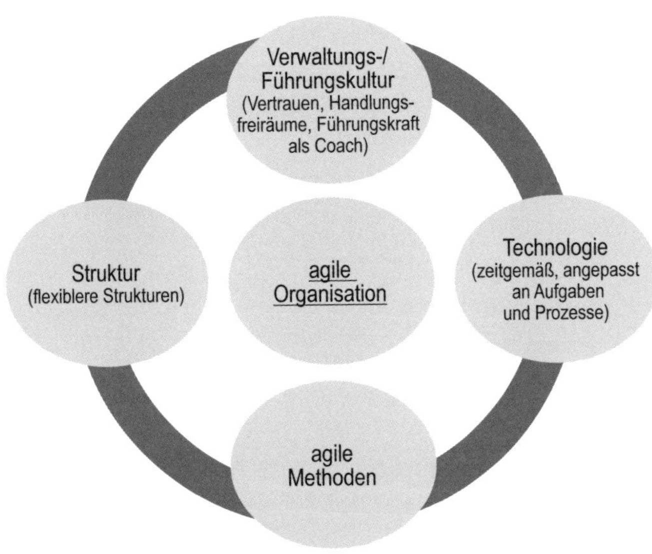

237 Vgl. auch Organisation (Vahs, 2019, S. 548).

10.2 KONTINUIERLICHER VERBESSERUNGSPROZESS (KVP)

Ausgehend von der Bezeichnung, ist der kontinuierliche Verbesserungsprozess die *andauernde* Suche nach möglichen Verbesserungen und den dazugehörigen Maßnahmen. 1299

Dabei wird in der Literatur betont, dass der KVP eine Denkhaltung der Mitarbeiter und somit *Teil der Kultur einer Organisation (Verwaltung)* ist, da es überall und immer Ansätze zur Verbesserung gibt. Eine kontinuierliche Verbesserung lebt von der Mobilisierung und den Erfahrungen der Mitarbeiter. 1300

Die Maßnahmen der Verbesserung sollen z. B. dazu beitragen, die Aufbau- und Ablauforganisation (Prozesse), einzelne Tätigkeiten, die Kundenorientierung oder die Leistungen/Produkte zu optimieren und Fehler zu vermeiden. 1301

Konkrete Ansatzpunkte für Verbesserungen von Mängeln[238] in der Verwaltung, die ggf. auch zu Einsparungen führen können, wären z. B.: 1302

- zu komplizierte Vordrucke/Formulare
- überflüssige Angaben in den Vordrucken/Formularen
- zu lange Arbeitsabläufe
- unzureichende Delegation
- zu viele Hierarchieebenen
- nicht notwendige Kontrollen
- nicht notwendige „Informationsflüsse“

An den beispielhaft genannten Ansätzen ist zu erkennen, dass das Ziel einer kontinuierlichen Verbesserung der Organisation ist, dass sämtliche Strukturen und Prozesse bis hin zur kleinsten Tätigkeit ständig durch jeden einzelnen Mitarbeiter hinterfragt werden. 1303

Dabei sollen Verbesserungen möglichst in kleinen Schritten geplant und umgesetzt werden. Der KVP geht davon aus, dass sich die Organisation eigenständig durch die kontinuierlichen, kleineren Schritte den Erfordernissen anpasst. 1304

Das bedeutet aber auch, dass der Mitarbeiter in der Lage und auch motiviert sein sollte, Analysen und kritische (Selbst-)Betrachtungen vorzunehmen und Lösungsvorschläge zu entwickeln. 1305

238 Siehe auch Kapitel „Organisationsuntersuchung“ – organisatorische Defizite/Mängel.

1306 Unter Betrachtung der bisherigen Ausführungen liegt es nahe, dass die kontinuierliche Verbesserung ein wesentlicher Punkt im Qualitätsmanagement[239] ist.

1307 Basis hierfür ist u. a. ein Regelkreis, der sog. PDCA-Zyklus (siehe Abbildung), der die kontinuierliche Verbesserung als Denkhaltung der Mitarbeiter versteht (s. o.):

1308 **Abbildung „Kontinuierliche Verbesserung/PDCA-Zyklus"**[240]

Der Zyklus beinhaltet die Aufforderung an den Mitarbeiter, **ständig** ...
(SIEHE TEXT IN DER ABBILDUNG, BEGINNEND MIT P)

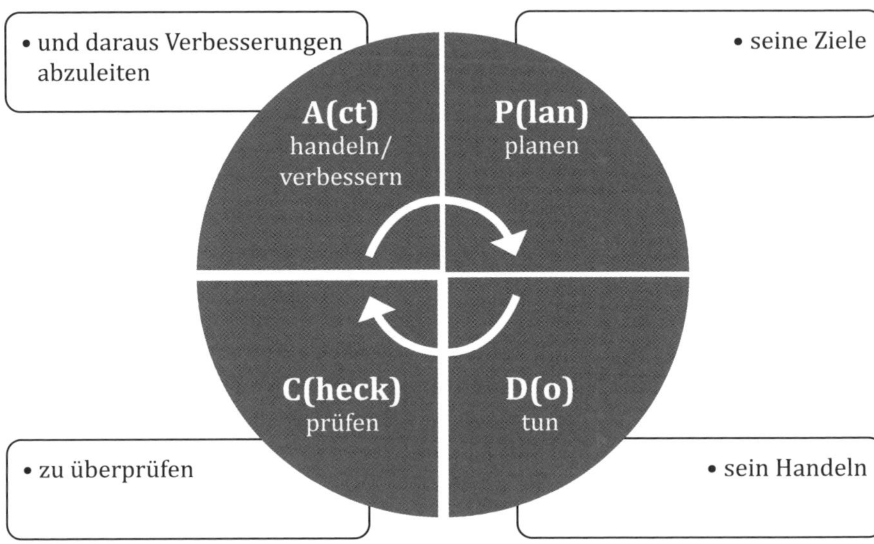

1309 Kontinuierliche Verbesserungen von Organisationen und deren Aufbau- und Ablauforganisation können aus unterschiedlichen Gründen erfolgen.

1310 Eine Möglichkeit ist die Schilderung von Mängeln, Defiziten und Problemen durch die Mitarbeiter aus ihrer täglichen Arbeit heraus.

1311 Auch können Verbesserungsmöglichkeiten durch unabhängige (z. B. Organisator) Beobachtungen identifiziert werden.

1312 Nicht zuletzt sind Verbesserungspotenziale auch durch Kontrollen der Abläufe bzw. Tätigkeitsschritte, ggf. über ein vorhandenes Controlling/Berichtswesen, zu erkennen.

239 Vgl. Definition Wikipedia (Aufruf 12/2017). Qualitätsmanagement (QM) bezeichnet alle organisatorischen Maßnahmen, die der Verbesserung der Prozessqualität, der Leistungen und damit den Produkten jeglicher Art dienen. Der Begriff Leistungen umfasst im QM die Dienstleistungen, geht aber über den üblichen Begriff hinaus und betrifft vor allem die innerorganisatorischen Leistungen.

240 Vgl. auch Schirrmann, Ulrich: Der Deming-Kreis, 11.05.2016.

Abschließend ist festzustellen, dass, auch wenn die öffentliche Verwaltung sich mit ihrer Aufbau- (Strukturen) und Ablauforganisation (Prozesse) über viele Jahre entwickelt und in ihrer Stabilität und Verlässlichkeit bewährt hat, sich den Entwicklungsmöglichkeiten und -erfordernissen nicht verschließen kann. Die Verwaltungen und ihre Mitarbeiter können ihre Aufgaben nur erfolgreich erfüllen und damit die gesetzten Ziele erreichen, wenn sie Organisation als einen kontinuierlichen, dynamischen Prozess betrachten und sich ständig verbessern. 1313

10.3 WANDEL ALS KONTINUIERLICHER PROZESS (CHANGE-MANAGEMENT)

Was versteht man unter Change-Management/Veränderungsmanagement?

Bevor im Folgenden mögliche Ursachen von Veränderungen und Konzepte bzw. Modelle des Change-Management aufgezeigt werden, bedarf der Begriff „Change-Management" vorab einer näheren Erläuterung. 1314

Unter Change-Management (oder auch gleichbedeutend Veränderungsmanagement) ist die systematische Planung und Steuerung von Veränderungen in einer Organisation (Verwaltung) zu verstehen. Aufgrund der Erkenntnis, dass die Veränderungen nur dann erfolgreich sind, wenn diese von den Menschen (Mitarbeitern) akzeptiert und gelebt werden, nimmt der Mensch im Rahmen des Change-Managements eine bedeutende Rolle ein. 1315

Auch das Change-Management beinhaltet die „Managementphasen" der Planung, Durchführung und Kontrolle und umfasst dabei die Methoden, Maßnahmen und Konzepte, die notwendig sind, um „neue" Strukturen, Strategien und Verhaltensweisen/Kulturen (siehe unten) erfolgreich einzuführen. 1316

In der Literatur wird ergänzend darauf hingewiesen, dass das Change-Management oftmals Berührungspunkte zu anderen Bereichen der Organisationslehre, beispielhaft verknüpft mit den Begriffen Organisationsentwicklung, lernendc Organisation, Verwaltungskulturwandel oder Wissensmanagement aufweist. 1317

Ursachen des Organisationswandels 1318

Wie bereits oben geschildert, müssen öffentliche Verwaltungen und Unternehmen in ihren bestehenden Strukturen sich vielen Veränderngen stellen. Ursachen dafür sind häufig äußere und innere Einflüsse, aber auch einflussreiche Personen (z. B. Führungskräfte). Organisatorischer Wandel[241] wird oftmals dann als erforderlich angesehen, wenn die gegenwärtigen Strukturen, Abläufe und Prozesse nicht mehr zur Zielerreichung bzw. Stra-

241 Organisatorischer Wandel ist der Übergang von einem aktuellen in einen künftigen Zustand.

tegieumsetzung ausreichen. Dabei geht der vorhandene Problemdruck in der Regel von zwei Ursachenbereichen aus.[242] Hierbei handelt es sich um *externe* Ursachen, die durch den Wandel der Umwelt auf die öffentliche Verwaltung einwirken sowie *interne* Ursachen, die durch einen inneren Wandel auf die Verwaltung Einfluss nehmen.

1319 *Beispiel*
Die Verwaltungsführung hat erkannt, dass die Digitalisierung und die immer steigenden Kunden- und Mitarbeitererwartungen besondere Herausforderungen darstellen. Neben den originären Aufgaben gilt es, diese Herausforderungen unter Beachtung der vorhandenen Rahmenbedingungen (z. B. vorhandene finanzielle Ressourcen, Personal, rechtliche Regelungen) zu bewältigen. In diesem Zusammenhang wurde bereits ein „Strategiekonzept" mit entsprechenden Handlungsfeldern erarbeitet.
1320 *Um die mit den Herausforderungen verbundenen Ziele zu erreichen, sind in Teilen einschneidende organisatorische Veränderungen notwendig. Deshalb ist es wichtig, den Veränderungsprozess bzw. die Veränderungsprozesse erfolgreich zu gestalten.*

1321 Das Beispiel zeigt sowohl einen internen als auch einen externen Problemdruck auf. An diesem Beispiel wird aber auch deutlich, dass damit einschneidende Organisationsentwicklungsmaßnahmen verbunden sind. Diese oftmals umfassenden, tiefgreifenden Veränderungsprozesse werden als *transformativer Wandel* bezeichnet.

1322 Häufig sind diese Prozesse mit einer veränderten Unternehmensstrategie, Unternehmens-/Verwaltungskultur und Technologie verbunden. Diese drei Bereiche spiegeln – neben der Organisation (ganzheitliche Gestaltung der Aufbau-/Ablauforganisation, Prozesse) – die Handlungsfelder des Change-Managements wider, die folgend etwas näher beschrieben werden.[243]

1323 Wie das Ziel erreicht werden soll, ergibt sich aus der Strategie. Die strategische Ausrichtung bezieht sowohl bereits erfolgte als auch noch zu erwartende Veränderungen im Umfeld ein. Es gilt also – im Rahmen einer erfolgreichen Strategie – sich den bereits eingetretenen Veränderungen anzupassen (Anpassungsstrategie) oder den künftigen Veränderungen innovativ zu begegnen (Innovationsstrategie). Die Strategie legt letztendlich fest, wie die Verwaltung (das Unternehmen) sich entsprechend aufstellen und entwickeln soll.
1324 Das Handlungsfeld der Strategie hat damit eine besondere Bedeutung im Change-Managementprozess und beeinflusst die Maßnahmen in den anderen Handlungsfeldern des Veränderungsmanagements.

---

242 Vgl. auch Organisation (Vahs, 2019, S. 299).
243 Vgl. auch Organisation (Vahs, 2019, S. 323–329).

Die Verwaltungs-/Unternehmenskultur ist in den vergangenen Jahren immer bedeutungsvoller geworden. Durch die Kultur werden die Einstellung, das individuelle Verhalten und die Entscheidungen der Mitarbeiterinnen und Mitarbeiter sowie das Verhältnis der Verwaltung (des Unternehmens) zur Umwelt erheblich beeinflusst. In der Literatur wird die Verwaltungs-/Unternehmenskultur als weicher Faktor im Rahmen des Veränderungsmanagements beschrieben. Dennoch ist dieses Handlungsfeld, nicht zuletzt durch den Wertewandel und die veränderten Bedürfnisse der Mitarbeiterinnen und Mitarbeiter (z. B. eine andere Führungskultur, mehr Verantwortung, mehr Kompetenzen, individuelle Freiheiten, andere Arbeitsformen), nicht zu vernachlässigen. Es ist erforderlich, die organisatorische Veränderung so zu gestalten, dass die Kultur eine aufgabengerechte, motivierende Rolle für eine entsprechende Umsetzung der Strategie einnimmt. 1325

Auch die zunehmende Technisierung bzw. der Einsatz von Technologien haben erhebliche Auswirkungen auf die Veränderung von Organisationsstrukturen bzw. die Entwicklung einer Verwaltung bzw. eines Unternehmens. In Verwaltungen liegt hier der Fokus auf dem Einsatz der Informations- und Kommunikationstechnolgie und den damit verbundenen Kenntnissen. Prognostisch betrachtet ist davon auszugehen, dass die Technologie (siehe auch fortschreitende Digitalisierung) in den folgenden Jahren immer wieder Veränderungen in den Verwaltungen herbeiführen wird. Da die technischen Entwicklungen jedoch kaum vorhersehbar sind, ist ein zukunftsorientiertes Handeln aber auch immer mit gewissen Risiken versehen. Dennoch bietet die Technologie eine Chance zur Neugestaltung der Strukturen und Abläufe. 1326

Ausschlagbend für ein erfolgreiches Change-Management ist die ganzheitliche Berücksichtigung aller vier Handlungsfelder. Die Maßnahmen müssen im Sinne eines *optimalen Fits*[244] abgestimmt und die gegenseitige Beeinflussung berücksichtigt werden.[245] 1327

Konzepte/Modelle des Change-Managements 1328

In der Literatur finden wir eine Anzahl von verschiedenen Konzepten und Modellen, die in Change-Managementprozessen zur Anwendung kommen. An dieser Stelle sei gesagt, dass es nicht den einzigartigen, typischen Prozess des Veränderungsmanagements gibt. Jeder Change-Managementprozess ist verschieden. Allein die Verschiedenartigkeit der Ursachen wie andere Rahmenbedingungen, politische bzw. gesetzliche Vorgaben oder proaktive/eigeninitiative Veränderungen eröffnen Möglichkeiten bei der Vorgehensweise.

Für die erfolgreiche Bewältigung von Veränderungsprozessen werden an eine konkrete Situation anpassbare sog. generische Rahmenkonzepte benötigt. Ein solches Rahmenkonzept ist das *3W-Modell von Wilfried Krüger.*[246] Bei der Betrachtung dieses Modells bewegt sich der Unternehmenswandel in einem Beziehungs- bzw. Spannungsfeld von Wandlungsbedarf, Wandlungsbereitschaft und Wandlungsfähigkeit. Da dieses Spannungsfeld 1329

244 Optimale Abstimmung auf einen Zustand/eine Situation.
245 Management in der öffentlichen Verwaltung (Hopp/Göbel 2013, S. 184).
246 Vgl. auch Organisation (Vahs, 2019, S. 378, 379), Excellence in Change (W. Krüger 2014, S. 14 ff.).

nahezu jeden Veränderungsprozess prägt, wird zunächst dieses Modell in der Abbildung (siehe unten) veranschaulicht und im Kern kurz erläutert.

1330 **Abbildung 3-W-Modell**

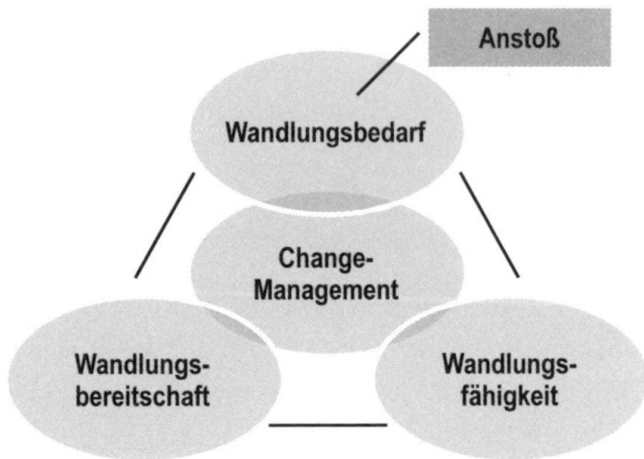

1331 Wandlungsbedarf
Der Veränderungsprozess beginnt, indem ein Wandlungsbedarf, der sowohl von außen (z. B. durch Krisen, gesellschaftliche Entwicklungen) als auch von innen (z. B. durch personelle Veränderungen) entstehen kann, erkannt wird.

1332 Wandlungsbereitschaft
Die an dem Prozess beteiligten Mitglieder, deren Haltung zum Wandel und deren Verhaltensweisen im Veränderungsprozess sind ausschlaggebend für den Erfolg. Die Bereitschaft ist u. a. davon abhängig, inwieweit und auf welche Art und Weise sich die Mitglieder in den Veränderungsprozess einbringen können.

1333 Wandlungsfähigkeit
Die Wandlungsfähigkeit ist von den Kompetenzen (Erfahrungen, Wissen, Können) einzelner Mitglieder/Personen bzw. Organisationen abhängig. Gerade schwierige und umfassende Veränderunngen erfordern entsprechende Kompetenzen.

1334 Die Abbildung zeigt, dass die drei Kategorien nicht isoliert voneinander zu betrachten sind. So setzt ein Wandlungsbedarf auch die Bereitschaft, dieses tun zu wollen, und die Fähigkeit, dieses tun zu können, voraus. Eine hohe Wandlungsbereitschaft erfordert auch einen Wandlungsbedarf und eine Wandlungsfähigkeit. Für eine erfolgreiche Gestaltung des Wandels ist es daher sinnvoll, die Wechselwirkungen zwischen den drei Kategorien so zu berücksichtigen, dass zwischen ihnen ein Gleichgewicht hergestellt wird.[247]

1335 Folgend werden zwei weitere Modelle, nämlich das *3-Phasen Modell von Kurt Lewin* und das *7-Phasen-Modell von Richard K. Streich,* kurz vorgestellt.

---

247 Vgl. auch Organisation (Vahs, 2019, S. 380).

Das 3-Phasen-Modell von Kurt Lewin 1336

Dieses Modell hat bis heute für das Change-Management seine Berechtigung. Nach diesem Modell wirken auf Organisationen zwei Einflussgrößen ein. Hierbei handelt es sich um Stabilitäts- und Veränderungskräfte. Kurt Lewin beschreibt die Ausgangslage vor Eintritt von Veränderungen als einen Gleichgewichtszustand, bei dem die o. g. Kräfte miteinander konkurrieren. Das Gleichgewicht selbst wird durch die vorhandenen Strukturen und Verhaltensweisen/Gewohnheiten der Individuen gewährleistet. Um Veränderungen zu erreichen, ist somit anzustreben, das bestehende Gleichgewicht aufzulösen und durch Veränderungen eine neue, bessere Gleichgewichtsstufe zu erreichen.

Das Modell beschreibt bei Veränderungen in gesellschaftlichen Gruppen folgende drei 1337
Phasen (siehe Abbildung):

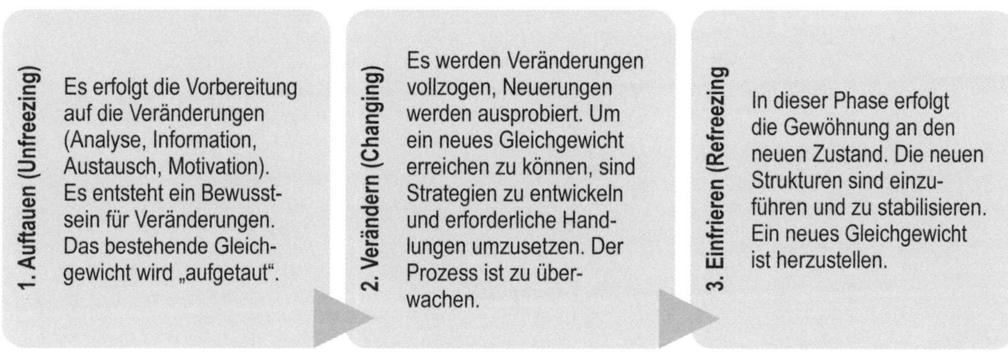

In der Anwendung – nicht nur dieses Modells – kann es nicht selten zu Schwierigkeiten 1338
bei den einzelnen Phasen kommen. Die Mitarbeiter sind nicht immer offen für Veränderungen. Nicht selten sind es Ängste und eine gewisse Trägheit bei den Mitarbeitern, die einen rechtzeitigen Wandel hemmen können. Es können Widerstände im Veränderungsprozess entstehen. Eine Aufgabe eines erfolgreichen Change-Managements ist es daher, diese Widerstände zu überwinden. Dies kann u. a. dadurch erfolgen, dass die Mitarbeiter in den Prozess eingebunden sind und ihnen, mit Blick auf die angestrebten Veränderungen, ausreichend Orientierung gegeben wird.

Das 7-Phasen-Modell von Richard K. Streich 1339

Dieses Modell berücksichtigt die möglichen emotionalen Reaktionen der Mitarbeiter und die daraus resultierenden Schwierigkeiten bei Change-Managementprozessen. Dieser Aspekt wird bei Veränderungsvorhaben teilweise vernachlässigt. Nicht selten liegt das Hauptaugenmerk auf den Organisationsstrukturen und den Abläufen.

1340 Abbildung 7-Phasen-Modell[248]

1. Phase : Schock/Überraschung
Die beabsichtigten Veränderungen werden den Mitarbeitern mitgeteilt. Nicht selten reagieren diese überrascht, ja sogar schockiert. Es entstehen Ängste, die dazu führen können, dass die Mitarbeiter sich nicht auf Veränderungen einlassen.

2. Phase: Ablehnung
Die Mitarbeiter sehen nicht die Notwendigkeit einer Veränderung und lehnen diese ab. Sie möchten die vertraute Verwaltungs-/Unternehmenskultur nicht verlassen.

3. Phase: Einsicht/Rationale Akzeptanz
Nachdem die Ablehnung/Verweigerung nicht zum Erfolg führte, wird erkannt, dass die beabsichtigten Veränderungsmaßnahmen unausweichlich sind. Dennoch ist in dieser Phase immer noch die Neigung bei den Mitarbeitern vorhanden, nach Möglichkeiten zu suchen, um die Veränderung zu verhindern. Da die „Verhinderung“ nicht eintritt, sind die Mitarbeiter frustriert.

4. Phase: Emotionale Akzeptanz
In dieser entscheidenden Phase haben die Mitarbeiter erkannt, dass der Veränderungsweg nicht zu verhindern ist und Widerstand sich nicht lohnt. Es tritt ein Verständnis und eine Akzeptanz für Veränderungen ein.

5. Phase: Probieren und Lernen
Diese Phase ist geprägt von Ausprobieren des Neuen und veränderten Verhaltensweisen. Auch kann es hier zu Fehlern und Rückschritten kommen, die jedoch einen Lernprozess auslösen.

6. Phase: Erkenntnis
Die Mitarbeiter haben wahrgenommen, dass der Veränderungsprozess eine positive Wirkung hat und sie sich individuell weiterentwickelt haben (Kenntnisse, Fähigkeiten).

7. Phase: Integration
Die Mitarbeiter haben die Veränderungen bzw. neuen Handlungs- und Verhaltensweisen mit einem Selbstverständnis im Alltag vollständig übernommen.

1341 Betrachtet man die inhaltlichen Kurzbeschreibungen der einzelnen Phasen, so ist auch hier festzustellen, dass diese mit Herausforderungen verbunden sind, denen sich insbesondere die Prozessverantwortlichen (Change-Manager) bzw. Führungskräfte stellen müssen. Im Sinne eines erfolgreichen Change-Prozesses gilt es, insbesondere „Widerstände“ abzubauen. Dies kann u. a. durch Empathie, Motivation und zielgerichtete Kommunikation – unter Einsatz geeigneter Methoden (z. B. Teamarbeit, Workshops) – erfolgen. Dabei muss stets darauf geachtet werden, dass die Ziele bzw. die geplanten Maßnahmen nicht aus den Augen verloren werden.

---

248 Vgl. R. K., Streich (2016), Fit for Leadership. Wiesbaden.

Fazit 1342

Es gibt vielfältige Anlässe für Organisationsveränderungen in der öffentlichen Verwaltung. In der heutigen Zeit ist der Wandel in den Verwaltungen nahezu zur Normalität geworden. Change-Management – als systematischer und bewusster Steuerungsprozess – ermöglicht Verwaltungen/Unternehmen, sich fortlaufend an die veränderten Bedingungen anzupassen. Die Anwendung von Konzepten und Modellen des Change-Managements sind daher nicht als Trend zu verstehen, sondern sie dienen dazu, Veränderungsprozesse zeitnah und ergebnis- bzw. zielorientiert zu gestalten und letztendlich auch umzusetzen.

XI INFORMATIONS-/KOMMUNIKATIONSTECHNIKEN IN DER ÖFFENTLICHEN VERWALTUNG UND E-GOVERNMENT (DIGITALISIERUNG)

1343 Die öffentlichen Verwaltungen haben ständig das Bestreben, ihre Abläufe/Prozesse optimal und ausgerichtet auf den Kunden zu gestalten.

1344 Einen wesentlichen Beitrag dazu leisten zeitgemäße Informations- und Kommunikationstechniken in öffentlichen Verwaltungen.

1345 Insbesondere durch das Internet wird jeder Institution und jeder Privatperson ermöglicht, sich kostengünstig Informationen zu beschaffen und weltweit zu kommunizieren. Durch diese weltweite Vernetzung entstand ein neuer Markt mit nahezu unüberschaubaren Möglichkeiten.

1346 Die sich durch den Einsatz dieser Techniken ergebenden Möglichkeiten haben in den öffentlichen Verwaltungen nicht nur einen erheblichen Einfluss auf die Organisation und dort insbesondere auf die Abläufe bzw. Prozesse, sondern forcieren auch Themen wie Digitalisierung und E-Government.

1347 In diesem Abschnitt werden der Einsatz der Informations- und Kommunikationstechnik und das Thema E-Government mit den damit verbundenen Auswirkungen in Grundzügen beschrieben und erläutert. Dabei wird zunächst auf die Informations- und Kommunikationstechnik eingegangen, ohne die „E-Government" nicht möglich wäre. Zudem wird Digitalisierung als „Überbegriff" in diesem Zusammenhang eingangs kurz erläutert.

11.1 DIGITALISIERUNG

1348 Die Informations- und Kommunikationstechnik erfährt kontinuierlich unter dem Begriff der Digitalisierung eine rasante Entwicklung, die nicht nur die Verwaltungen, sondern nahezu alle Bereiche des Lebens betrifft. Digitalisierte Prozesse nehmen zu, und häufig ist von einer digitalen Trendwende die Rede. Digitalisierung ist einer der größten Herausforderungen in den Verwaltungen, zumal es keine einheitlichen und idealtypischen Lösungen gibt, diese Herausforderungen zu bewältigen. Da das Wort „Digitalisierung" in aller Munde ist, wird an dieser Stelle auch – neben den Ausführungen zur Informations-

und Kommunikationstechnik bzw. zum E-Government – die Notwendigkeit gesehen, diesen Begriff etwas näher zu betrachten.

Was ist Digitalisierung?

Eine klare und abschließende Definition von Digitalisierung ist schwierig. Es handelt sich hierbei um einen sehr weit zu fassenden Begriff, der sowohl die digitale Information und Kommunikation als auch die Darstellung von Informationen (vgl. auch Schriftgut der Verwaltung/E-Akte) in digitaler Form umfasst. Die Digitalisierung ist häufig der Auslöser für einen Wandel in nahezu allen Lebensbereichen (Verwaltung, Wirtschaft, Kultur etc.) geworden. Letztendlich steht der Begriff daher für Entwicklungen und Veränderungen, die ihre Ursache in der voranschreitenden digitalen Technik haben. 1349

Digitalisierung der Verwaltung 1350

Das Internet, die zunehmende globale Vernetzung, also der bereits oben erwähnte Fortschritt der Digitalisierung sowie damit verbundene rechtliche Vorgaben,[249] haben in den Verwaltungen einen Veränderungsdruck bzw. -prozess ausgelöst. Spürbar ist das u. a. durch die Erweiterung von E-Government und die damit einhergehenden Leistungsmöglichkeiten (siehe auch 11.3).

Jedoch gilt es bei der Bewältigung der Herausforderung „Digitalisierung“ gewisse Hürden zu nehmen. Nicht nur hier zeigen sich finanzielle, organisatorische und bestehende rechtliche Rahmenbedingungen als mögliche Hindernisse. Die „knappen Kassen“ der öffentlichen Verwaltungen, die Sicherheit bzw. der Datenschutz, etablierte Verwaltungsstrukturen und -kulturen sowie ein notwendiger Aus- und Aufbau der Informationstechnik bzw. der digitalen Infrastruktur sind mit Herausforderungen verbunden, die im Rahmen des Digitalisierungsprozesses zu bewältigen sind. 1351

Digitalisierung sollte daher auch als Chance begriffen werden, die die Möglichkeit bietet, behördeninterne Abläufe, Prozesse und Strukturen zu optimieren, eine höhere Flexibilität zu erreichen, wirtschaftlicher zu handeln und die Mitarbeiter in ihren Kompetenzen zu stärken. 1352

Dass die Verwaltung sich der Herausforderung Digitalisierung stellt, ist bereits heute erkennbar. Beispielhaft können hier die E-Akte (siehe auch 7.5.3) und folgend E-Government genannt werden. Doch der Digitalisierungsprozess ist ein fortlaufender Prozess. Die Bürgerinnen und Bürger (die Kunden der Verwaltung) erwarten zunehmend eine zeitgemäße und möglichst unbürokratische Handlungsweise/Leistungserbringung ihrer Verwaltung. Die Technologie eröffnet dahingehend mehr und mehr Möglichkeiten. 1353

---

249 Z. B. E-Government-Gesetz, Onlinezugangsgesetz.

11.2 INFORMATIONS-/KOMMUNIKATIONSTECHNIKEN IN DER ÖFFENTLICHEN VERWALTUNG

1354 Der Einsatz der Computertechnik und anderer Informations- und Kommunikationstechniken als Arbeitsmittel und zur Verbesserung der Information und Kommunikation ist in den Verwaltungen sowie in vielen Haushalten zu einer Selbstverständlichkeit geworden.

1355 Die Nutzung dieser Technik führt nicht nur zu veränderten, effizienteren und kostengünstigeren Arbeitsabläufen und Prozessen, sondern erfordert auch entsprechende Kompetenzen von den sog. Nutzern und die Anpassung bestehender Regularien.

1356 Es ist davon auszugehen, dass die Organisation, insbesondere die Abläufe und Prozesse der öffentlichen Verwaltungen, sich nicht von heute auf morgen in Gänze verändern, sondern es sich hierbei, unter Beachtung der dazu erforderlichen Rahmenbedingungen und des Ressourceneinsatzes, um einen längeren Prozess handeln wird.

1357 Die altbekannten Arbeitsmittel und Arbeitsweisen werden mehr und mehr der Vergangenheit angehören und wurden/werden durch moderne Informations- und Kommunikationstechniken ersetzt bzw. verändert.

1358 *Hierunter sind alle Techniken und technische Verfahren zu verstehen, die die Informationserhebung, -verarbeitung, -speicherung und -übermittlung ermöglichen.*

1359 Wie bereits erläutert, sind mit einem der Technik angemessenen Einsatz und der Nutzung im beruflichen Alltag erkennbare VORTEILE (siehe Abbildung unten) verbunden, die zu entsprechenden Investitionen in der Verwaltung führten und noch führen werden.

Abbildung „Vorteile des Technikeinsatzes" 1360

Optimierung der Kommunikations- und Informationswege	– Zugriff auf Informationen und Daten jederzeit durch jedermann möglich – interne und externe Kommunikation/Information (einschl. Dokumente) mit freier Adressatenwahl – vielfältige Möglichkeiten der Informationsbeschaffung
Optimierung der Abläufe	– Parallelarbeiten möglich (Zugriff auf Informationen durch mehrere Mitarbeiter ggf. an verschiedenen Orten) – Verkürzung der Durchlaufzeit (kaum Transport-/Liegezeiten/Minimierung der Bearbeitungszeit durch Softwareeinsatz)
Steigerung der Arbeitsqualität	– ansprechendes Layout durch Softwareeinsatz – bessere Verarbeitung von Informationen (z. B. Zugriff auf Wissensdatenbanken) – Reduzierung der Fehlerquote durch systemimmanente Kontrollen
Wirtschaftlicheres Handeln	– Einsparung von Personalkosten – Einsparung von Sachkosten (Büromaterial/Vordrucke/Versand etc., Stichwort „papierloses Büro")
Steigerung der Kundenorientierung	– Jeder Kunde kann jederzeit und an jedem Ort Informationen abrufen – direkter bzw. persönlicher Kontakt ggf. nicht zwingend erforderlich Kommunikation (bis hin zur Nachfrage von Leistungen/Antragstellung) über Medien möglich – ggf. verständlichere Handhabung von Dokumenten (siehe Ausfüllen von Formularen)
Steigerung der Mitarbeiterorientierung	– Erhöhung der Flexibilität (z. B. Teleheimarbeit, Außendienst, Kooperationsmöglichkeiten) – Motivationssteigerung durch moderne Technikausstattung – Arbeitsvereinfachung

Aus den der Tabelle zu entnehmenden Vorteilen lassen sich bereits gegenwärtig in den Verwaltungen erkennbare Veränderungen durch den Einsatz moderner Informations- und Kommunikationstechnik ableiten. 1361

Dabei handelt es sich beispielsweise um die elektronische Nachfrage von Leistungen, die elektronische Antragstellung und Bearbeitung (siehe auch E-Government), die elektronische Akte und Ablage, den elektronischen Versand einschl. der Weiterleitung im Rahmen des Geschäftsverfahrens, den Informationsaustauch per E-Mail sowie das Arbeiten mit Datenbanken. 1362

1363 *Der adäquate Einsatz der Techniken erfordert jedoch auch von den Verwaltungen, dass – unter Beachtung der mit dem Einsatz und der Nutzung im Zusammenhang stehenden Rechtsvorschriften – die entsprechenden Rahmenbedingungen zu schaffen und Regeln anzupassen sind.*

1364 In diesem Zusammenhang sind im Wesentlichen zu nennen:

- die Gewährleistung des rechtsverbindlichen Verwaltungshandelns (siehe auch E-Government-elektronische Signatur)
- der Datenschutz
- die Datensicherheit
- die barrierefreie Nutzung[250]
- der Arbeitsschutz/das Gesundheitsmanagement (Ergonomie[251])
- das Aufstellen von Regeln für den Einsatz und den Gebrauch der Technik
- die Beteiligung des Personalrates (siehe z. B. § 72 Abs. 3 LPVG NRW)
- die Durchführung spezifischer Personalentwicklungsmaßnahmen

1365 Zusammenfassend ist festzustellen, dass die Informations- und Kommunikationstechnik in ihrer Nutzung und Entwicklung enorme Möglichkeiten bietet. Jedoch ist es auch gerechtfertigt, die damit verbundenen Auswirkungen, z. B. die Zunahme anderer Belastungsformen, den Abbau von Arbeitsplätzen und persönlichen Beziehungen, kritisch zu betrachten. Es ist auch hier sinnvoll, die Mitarbeiter als Fachkräfte ihrer Arbeit einzubeziehen.

11.3 FORMEN DER ARBEITSORGANISATION (HOMEOFFICE)

1366 

Die Digitalisierung (siehe 11.1) ist in den öffentlichen Verwaltungen angekommen, und es wird in die Technologie investiert. Wie wir erfahren haben, sind damit zwangsläufig organisatorische Auswirkungen verbunden, die sich u. a. auch in der heutigen Arbeitsform des „digitalen Homeoffice" zeigen.

1367 Mithilfe des folgenden Beispiels soll die Arbeitsform „Homeoffice" näher betrachtet werden. Auf einzelne Teile des Sachverhalts wird an den betreffenden Stellen zur näheren Erläuterung noch einmal eingegangen.

1368 *Beispiel*
Das Sozialamt der Stadt X. verfügt über eine eigene Rechtsstelle, die für die Abwicklung von Rechtsverfahren zuständig ist. Zu den wesentlichen Aufgaben der dort tätigen Sachbearbeiterin, Frau Andrea Schmidt, zählen u. a. das Anfertigen von Bescheiden, umfangreichen Stellungnahmen und Klageerwiderungen. Frau Schmidt wohnt 35 Kilometer vom

250 Zielgruppe sind insbesondere Menschen mit Behinderungen.
251 Aufgabe der Organisation – optimale Abstimmung zwischen Technik, Mensch und Arbeitsumwelt.

Dienstort entfernt und ist Mutter von zwei grundschulpflichtigen Kindern. Ihr Mann ist ebenfalls vollzeitbeschäftigt.
Durch die gegenwärtige Krisensituation (Pandemie) hat die Stadt X. den Beschäftigten die Möglichkeit eingeräumt, gewisse Arbeiten auch von zu Hause aus zu erledigen. Da Frau Schmidt die Auffassung vertritt, dass sie grundsätzlich einen überwiegenden Teil ihrer Arbeit im Homeoffice machen kann und das bei ihrer Nachbarin, die in der Privatwirtschaft tätig ist, seit längerer Zeit auch klappt, geht Frau Schmidt mit dieser Bitte auf den Amtsleiter zu. Dieser ist etwas skeptisch und begründet das damit, dass er Zweifel daran hat, ob die Arbeit im Homeoffice dauerhaft möglich ist, in der gleichen „Intensität" stattfindet bzw. er dieses dann ggf. auch gar nicht nachvollziehen kann.

Dieses durchaus realistische Beispiel zeigt den Diskussionsprozess und die Problematik 1369
rund um das Thema „Homeoffice" (neuere Arbeitsformen) auf.

Mit der Einführung von möglichst flexiblen Arbeitsmodellen war in der Wirtschaft bereits 1370
seit Jahren ein Trend zum Homeoffice erkennbar *(siehe im Beispiel die Nachbarin)*, der sich in den Behörden jedoch so noch nicht abzeichnete.

Insbesondere die Krisensituation in Form der Corona-Pandemie hat das Arbeiten im 1371
Homeoffice[252] in den öffentlichen Verwaltungen stark angestoßen. Innerhalb kürzester Zeit konnten Leistungen vor Ort nicht mehr in gewohnter Form erbracht werden. Homeoffice (Heimarbeit) wurde daher zwangsläufig eine Alternative zur Präsenzarbeit. Aber nicht nur die Krise ist als Antreiber von alternativen Arbeitsformen zu sehen, sondern auch die Erwartungshaltungen der Bürgerinnen und Bürger sowie der Mitarbeiterinnen und Mitarbeiter an eine moderne Arbeitswelt.

Zum Beispiel ... 1372
Frau Schmidt hat die Bitte geäußert, künftig überwiegend im Homeoffice tätig zu sein.

Was versteht man unter Homeoffice?

Nähert man sich diesem Begriff, so könnte man bei der Übersetzung daran denken, dass 1373
es sich hier um das Heimbüro bzw. Arbeitszimmer zu Hause handelt. Mit heutigem Verständnis ist das jedoch so nicht gemeint. Vielmehr handelt es sich bei Homeoffice um eine flexible Organisationsform der Arbeit, die es den Beschäftigten erlaubt, ihre Arbeit ganz oder teilweise von zu Hause aus – i. d. R. technikunterstützt[253] – wahrzunehmen.

252 Oft synonym verwendet auch Tele-/Teleheimarbeit.
253 Siehe auch primär im Verwaltungsbereich „Digitales Homeoffice".

1374 Da auch der Begriff des „mobilen Arbeitens" häufig erwähnt wird, ist an dieser Stelle eine kurze Abgrenzung sinnvoll. Das mobile Arbeiten findet i. d. R. nicht an einem festen Arbeitsort, also weder zu Hause noch in der Dienststelle oder im Büro, statt. Die Beschäftigten sind örtlich nicht festgelegt und haben somit eine hohe örtliche Flexibilität.

1375 **Gründe für Homeoffice**

Wie bereits erwähnt, hat eine Krise sehr zeitnah und in einem beachtenswerten Ausmaß ermöglicht, im Homeoffice zu arbeiten. Mit den dadurch veränderten Arbeitsbedingungen sind auch organisatorische Herausforderungen verknüpft. Es ist erforderlich *(und nur dann ist auch Homeoffice möglich – siehe im Beispiel Anmerkung des Amtsleiters)*, die Bedingungen effektiv, effizient, rechtssicher und mitarbeiterorientiert zu gestalten.

1376 Die Gründe für ein Arbeiten im Homeoffice lassen sich aus den damit verbundenen Vorteilen ableiten. Die nachfolgende Tabelle zeigt die wesentlichen Vorteile, aber auch die mit dieser Arbeitsform nicht zu vernachlässigenden Nachteile auf.

1377

Vorteile	Nachteile
Fahrten zum Arbeitsort/Dienststelle entfallen (Zeit-/Kostenersparnis, weniger Umweltbelastungen)	Keine vorgegebenen Strukturen (Arbeitszeit, Pausen, Verschwimmen von Grenzen zwischen Arbeits- und Freizeit)
Bessere Vereinbarkeit von Familie und Beruf (häuslicher Arbeitsort, private und berufliche Tätigkeiten besser organisierbar)	Fehlende „direkte" soziale Kontakte (Kollegen, Kunden, ggf. erschwerter Abstimmungsbedarf)
Flexiblere Rahmenregelungen sind motivierend (individuellere Gestaltungsmöglichkeiten, weniger Ausfallzeiten, geringere Ansteckungsgefahr)	Schaffen der Voraussetzungen mit Kosten bzw. Aufwand verbunden (Technik, Organisation, Personalwesen, Recht, siehe auch unter Voraussetzungen)
Bessere Arbeitsergebnisse (effektives, störungsfreies, konzentriertes Arbeiten)	Ablenkung von der Arbeit möglich (häusliche Bedingungen)

1378 *Zurück zu einem Teil des Beispiels – mit Bezug zur obigen Tabelle ...*

Frau Schmidt wohnt 35 Kilometer von ihrem Arbeitsort entfernt. Um an den Dienstort zu gelangen, investiert sie Fahrzeit und Fahrtkosten, und es entsteht zudem eine vermeidbare Umweltbelastung. Auch ist Frau Schmidt durch das Arbeiten im Homeoffice in ihrer individuelleren Gestaltungsmöglichkeit der Arbeit flexibler und kann Familie (siehe auch zwei Kinder) und Beruf besser vereinbaren. Es bedeutet aber auch für Frau Schmidt, dass mit der Tätigkeit im Homeoffice ein gewisses Maß an „Selbstorganisation" verbunden ist.

Ohne das Fazit vorwegzunehmen, ist bereits an dieser Stelle erkennbar, dass die genannten Vorteile Homeoffice zu einer reizvollen Arbeitsform in öffentlichen Verwaltungen machen. 1379

Voraussetzungen für Homeoffice 1380

„Wir gehen mal eben ins Homeoffice" – so einfach ist es natürlich nicht. Denn, um Homeoffice praktizieren zu können, müssen gewisse Voraussetzungen erfüllt sein. Nachfolgend werden daher einige relevante Voraussetzungen genannt.

Technik 1381

Es ist unumgänglich, dass die notwendige und geeignete technische Infrastruktur bzw. IT-Ausstattung am Arbeitsort – also zu Hause – zur Verfügung steht. Dabei ist natürlich zu beachten, welche Aufgaben in dieser Arbeitsform erfüllt werden sollen. Die technische Ausstattung des Arbeitsplatzes ist grundsätzlich Sache des Dienstherrn. Im Rahmen von digitalem Arbeiten ist eine vollumfängliche Erfüllung der Aufgaben im Homeoffice zu gewährleisten. In diesem Zusammenhang ist beispielhaft zu beantworten, ob die Softwarelösungen, die IT-Verarbeitungssysteme, der Grad der Digitalisierung oder die genutzten Plattformen entsprechend vorhanden sind.

> *In unserem Beispiel bedeutet das, dass Frau Schmidt technisch in der Lage sein muss, die Aufgaben (z. B. eine umfangreiche Stellungnahme) entsprechend zu erledigen.* 1382

Arbeitsplatz-/Büroausstattung 1383

Auch Heimarbeitsplätze sind unter Beachtung geltender Rahmenbedingungen auszustatten. Die Einrichtung und Ausstattung eines Arbeitsplatzes ist insbesondere von rechtlichen Vorschriften (z. B. Arbeits- und Gesundheitssschutz) und finanziellen Möglichkeiten abhängig. Grundsätzlich kann an dieser Stelle gesagt werden, dass die häuslichen, räumlichen Verhältnisse Homeoffice auch zulassen müssen.

Rechtliche Rahmenbedingungen 1384

Die rechtssichere Aufgabenwahrnehmung wurde bereits mehrfach angesprochen. Dennoch ist gerade bei der Digitalisierung bzw. beim digitalen Homeoffice darauf hinzuweisen. Der Datenschutz[254] spielt hier eine besondere Rolle. Er muss, wie bei der Präsenzarbeit im Büro, sichergestellt sein. Beispielhaft gilt es dabei zu beachten, wie sicher der Datentransfer ist und wer Zugriff oder Einsicht auf Daten bzw. Informationen hat (siehe auch privates Umfeld).

---

254 Siehe auch Datenschutz-Grundverordnung.

Auch sind Regelungen des Arbeitsrechts zu beachten, die in den Regelungen/Vereinbarungen zum Homeoffice einfließen müssen. Der Fokus liegt hierbei auf Regelungen zur Arbeitszeit und zum Arbeitsschutz.

1385 *Verwaltungs-/Führungskultur*

Eingangs wurde geschildert, dass Homeoffice in öffentlichen Verwaltungen noch mit einer gewissen Zurückhaltung angegangen wird. Es ist jedoch erkennbar, dass die Pandemie – als ein Treiber dieser Arbeitsform – diese Haltung zunehmend verändert hat und verändern wird. Öffentliche Verwaltungen sind daher aufgefordert, sich auch künftig mit digital unterstütztem Homeoffice auseinanderzusetzen.

1386 Aber auch die Beschäftigten sollten sich entsprechend positionieren. Nicht alle Beschäftigten sehen die Notwendigkeit bzw. verspüren den Wunsch, im Homeoffice zu arbeiten. Nicht wenigen Beschäftigten ist der persönliche, soziale Kontakt bzw. der direkte Weg zu den Kolleginnen und Kollegen wichtig. Manchmal fehlt es aber auch einfach an den notwendigen häuslichen Voraussetzungen. Somit wird es künftig Beschäftigte geben, die überwiegend im Homeoffice oder in der Präsenzarbeit tätig sind. Für eine gesunde Verwaltungskultur ist die gleichwertige Betrachtung beider Arbeitsformen von Bedeutung.

1387 Die Verwaltungskultur wird ebenfalls entscheidend von der Führungskultur beeinflusst.

1388 *An dieser Stelle wird ein Teil des Beispiels aufgegriffen ...*

Der Amtsleiter ist skeptisch und bezweifelt, dass die Arbeit in der gleichen „Intensität“ erledigt wird und er bemängelt, dass er dies auch gar nicht nachvollziehen kann.

1389 Das Beispiel lässt die Vermutung zu, dass der Amtsleiter seiner Mitarbeiterin nicht vollumfänglich vertraut und offensichtlich auch Angst vor einem gewissen Kontrollverlust hat. Es gilt dies, etwa durch ein auf das Homeoffice ausgerichtetes Führungskonzept, zu überwinden.

1390 In den Verwaltungen orientiert sich die Führungskultur bzw. das Führungsverhalten bisher u. a. daran, dass die Beschäftigten vor Ort sind. Diese Präsenzkultur in den vorhandenen Strukturen ermöglicht den Führungskräften, die Beschäftigten in ihren Verhaltensweisen und Leistungen zu beobachten und einzuschätzen. Zudem sind kurzfristige und direkte Kontakte (z. B. Gespräche, Dienstbesprechungen) möglich.

1391 Bei Homeoffice müssen die Führungskräfte auf Distanz führen. Dies erfordert von den Führungskräften eine andere Haltung. Das Führen im Rahmen von Homeoffice bedingt viel Vertrauen in die Beschäftigten. Eine Wertschätzung der Mitarbeiterinnen und Mitarbeiter, gute organisatorische Regelungen zu Kommunikation und Erreichbarkeit sowie das Führen über Zielvereinbarungen und ggf. auch Zielvorgaben sind Grundlagen für erfolgreiches Führen auf Distanz.

Fazit 1392

Für öffentliche Verwaltungen kann Homeoffice einen wesentlichen Beitrag zur Organisationsentwicklung leisten. Die Verwaltungen wären im Entwicklungsvergleich zur Privatwirtschaft gut beraten, die Distanz nicht zu groß werden zu lassen, zumal sich die Suche nach Personal in der erforderlichen Quantität und Qualität schwieriger gestalten wird. Es kann vermutet werden, dass die Quote der Beschäftigten im Homeoffice in den Verwaltungen steigen wird. Auch bei den Beschäftigten, die bisher keine Erfahrungen mit Homeoffice hatten, ist die Skepsis gegenüber dieser Form des flexiblen Arbeitens gesunken und das Interesse durch positive Erfahrungen gestiegen. Nicht unerwähnt bleiben darf, dass der Verwaltungsführung nur eingeschränkte Kontrollmechanismen gegenüber den Beschäftigten zur Verfügung stehen. Dies erfordert daher eine neue Verwaltungs-, Führungs- und letztendlich Vertrauenskultur. Abschließend ist anzumerken, dass Homeoffice (bzw. mobiles Arbeiten) sich nicht für alle Aufgaben eignet, sodass in diesem Zusammenhang mögliche Aufgabenfelder zu identifizieren sind. Somit sollte Homeoffice nicht erzwungen, sondern da ermöglicht werden, wo es aus Verwaltungssicht erwünscht sowie organisatorisch sinnvoll ist und im Ergebnis positive Auswirkungen hat.

11.4 E-GOVERNMENT

Im vorausgegangenen Kapitel wurde deutlich, dass sich die öffentliche Verwaltung den gesellschaftlichen Entwicklungen nicht verschließen darf und die mit der Digitalisierung und Vernetzung verbundenen Herausforderungen annehmen muss, da mit den Entwicklungen die Erwartungshaltung der Kunden wächst. 1393

E-Government soll dazu beitragen, dieser Erwartungshaltung gerecht zu werden. Dem Kunden (Institutionen, Bürgerinnen und Bürgern) soll in vielen Fällen der Weg zur Verwaltung erspart bleiben, indem ein möglichst umfangreiches, nachgefragtes Leistungsangebot der Verwaltung (z. B. Reservierung von Kita-Plätzen, Kfz-Kennzeichen, Passverlängerung, Gewerbeanmeldung) bequem und zeitlich unabhängig von einem beliebigen Ort (z. B. von zu Hause aus) elektronisch abgewickelt werden kann. 1394

Zusätzlich trägt E-Government mit veränderten Abläufen/Prozessen zur Optimierung der Organisation und damit zur Verwaltungsmodernisierung bei. 1395

Damit folgend von einer gemeinsamen Begriffsbestimmung ausgegangen werden kann, wird an dieser Stelle auf die sog. Speyer-Definition[255] zurückgegriffen: 1396

255 Siehe Lucke/Reinermann (2002); Speyer ist Ort der Deutschen Hochschule für Verwaltungswissenschaften.

1397 Unter Electronic Government wird demnach die Abwicklung geschäftlicher Prozesse im Zusammenhang mit Regieren und Verwalten (Government) mithilfe von Informations- und Kommunikationstechniken über elektronische Medien verstanden.

1398 Bei genauer Betrachtung der Definition steht der Prozess, also die Aktivitäten der Verwaltung, im Vordergrund. Der Begriff des Prozesses umfasst dabei sowohl Prozesse der öffentlichen Willensbildung als auch Leistungs- und Entscheidungsprozesse.

1399 E-Government wirkt sich auf Leistungsprozesse innerhalb einer Organisation, aber auch auf Prozesse außerhalb einer Organisation aus. Die Kommunikation und Abwicklung von Leistungen der öffentlichen Verwaltung kann somit verschiedenen Zielgruppen zugeordnet werden.

1400 Dabei können sich folgende **Beziehungsmöglichkeiten**[256] ergeben:

Öffentliche Verwaltung	⟷	**andere Organisationen des öffentlichen Sektors**	
Government	2-zu	Government (G)	= G2G-Beziehungen
Beispiel: Datenaustausch zwischen Behörden			

Öffentliche Verwaltung	⟷	**den Bürgern**	
Government	2-zu	Citizen (C)	= G2C-Beziehungen
Beispiel: Steuererklärung an das Finanzamt, Reservierung von KFZ-Kennzeichen			

Öffentliche Verwaltung	⟷	**zu der Privatwirtschaft**	
Government	2-zu	Business (B)	= G2B-Beziehungen
Beispiel: öffentliche Ausschreibung			

1401 Bei den G2G-Beziehungen ist darauf hinzuweisen, dass sich diese auf alle drei Staatsgewalten (Legislative, Judikative, Exekutive) bis hin zu Prozessen auf Bundes-, Landes- und Kommunalebene erstrecken können. Als Beispiel kann hier ein Datenaustausch zwischen dem Straßenverkehrsamt einer Kommune und dem Kraftfahrtbundesamt genannt werden.[257]

256 Vgl. Management im öffentlichen Sektor (Gourmelon/Mroß/Seidel, S. 227).
257 Vgl. auch Verwaltungsmanagement und Organisation (Paulic 2014, S. 297 f.).

Die G2C-Beziehungen decken, insbesondere abgestellt auf das Leistungsangebot einer öffentlichen Verwaltung, alle möglichen Beziehungen zwischen den Bürgern und einer Verwaltung ab. 1402

Die G2B-Prozesse werden im Rahmen des E-Government besonders betrachtet. Zwischen Unternehmen und Verwaltung findet oftmals ein erforderlicher Austausch statt, sodass insbesondere Unternehmen – im Sinne einer wirtschaftlichen Betrachtung – daran interessiert sind, ein möglichst breites E-Government Angebot vorzufinden. 1403

Die o. g. Definition kann unter den geschilderten Beziehungsmöglichkeiten an dieser Stelle dahingehend ergänzt werden, dass E-Government allgemein als eine Vereinfachung und Durchführung von Prozessen innerhalb von und zwischen Verwaltungen und zwischen diesen und deren Kunden (Bürger, Privatwirtschaft) unter optimaler Einbeziehung von Informations- und Kommunikationstechniken verstanden werden kann. 1404

In Anlehnung an die Definition liegt ein weiteres Augenmerk darauf, dass überwiegend die Prozesse mit geeigneten Informations- und Kommunikationstechniken abzuwickeln sind. Dies kann, unter Betrachtung der technischen Alternativen, auf unterschiedliche Art und Weise erfolgen. 1405

Aufgrund des Leistungsumfangs und des technischen Unterstützungsgrades im Rahmen des E-Governments wird in der Literatur überwiegend zwischen drei Entwicklungsstufen unterschieden. Diese Entwicklungsstufen spiegeln unterschiedliche Leistungen des E-Governments wider. Hierbei handelt es sich um die Stufen *Information, Kommunikation und Transaktion*. Die Schritte der Integration und Partizipation stellen eine Erweiterung der drei Stufen dar (siehe Abbildung „Entwicklungsstufen von E-Government“). 1406

Abbildung „Entwicklungsstufen von E-Government“ 1407

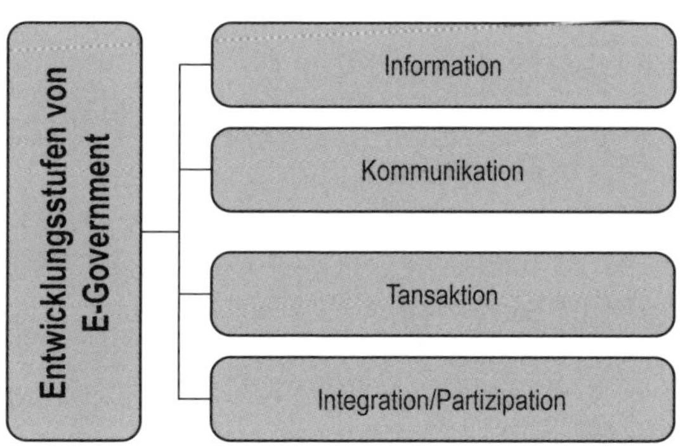

In ihrer Ausprägung schwächste Stufe ist die der *Information*. Auf dieser Stufe werden „einseitig“ von der Verwaltung für den Kunden (Bürger, Institutionen) Informationen an- 1408

geboten bzw. weitergegeben. Praxisbeispiele hierfür finden sich vielfach auf der Homepage einer öffentlichen Verwaltung in Form von Informationen zu Ämtern, Dienstleistungen und personenbezogene Zuständigkeiten.

1409 Bei der Stufe der *Kommunikation* findet ein Austausch von Informationen zwischen der Verwaltung und den Kunden, z. B. über E-Mailverkehr statt.

1410 Im Rahmen der E-Government-Anwendung wirken die Kunden bei der komplexeren *Transaktionsstufe* bei den Verwaltungsvorgängen aktiver mit, indem sie in unterschiedlicher Art und Weise eingebunden werden. Als typische Beispiele aus der Praxis können genannt werden, dass der Kunde die Möglichkeiten hat, auf Vordrucke zuzugreifen, diese auszufüllen oder Anträge zu stellen, und somit ggf. über diese Stufe eine möglichst medienbruchfreie Bearbeitung eines Prozesses bzw. seines Anliegens bewirkt.

1411 Die Transaktion kann durch die *Integration* ergänzt werden (s. o.). Die Integration ist dabei als eine umfängliche Entwicklungsstufe zu betrachten, die es ermöglicht, für den Kunden elektronische Verwaltungsprozesse medienbruchfrei und organisationsübergreifend, d. h. unter Integration anderer Behörden, abzuwickeln. Dazu sind jedoch die notwendigen IT-Voraussetzungen zu schaffen.

1412 Die *Partizipation* zielt darauf ab, den Kunden auf elektronischem Wege mitwirken zu lassen, indem er sich z. B. zu konkreten Vorhaben der Verwaltung äußern kann.

1413 Aus den Kurzbeschreibungen der unterschiedlichen Entwicklungsstufen ist bereits erkennbar, dass E-Government mit VORTEILEN verbunden ist, die sich logischerweise auch aus den bereits genannten Vorteilen des Einsatzes der Informations- und Kommunikationstechnik ableiten lassen.

1414 Im Wesentlichen handelt es sich bei E-Government-Leistungen um

- kurze Wege (eine persönliche Vorsprache ist nicht zwingend erforderlich),
- ein dauerhaft (unabhängig von Öffnungszeiten) zur Verfügung stehendes Leistungsangebot,
- schnellere Bearbeitung,
- mehr Transparenz für den Kunden,
- die Einbindung der Kunden und damit mögliche Entlastung der Mitarbeiter,
- geringere Kosten für die öffentliche Verwaltung bzw. den Kunden (siehe auch G2B-Prozesse),
- bessere Kooperationsmöglichkeiten.

1415 **Rahmenbedingungen des E-Government**

Bei genauerer Betrachtung der bedeutungsvollen Entwicklungsstufe der Transaktion (mit Ergänzung von Integration) ist das Bestreben der öffentlichen Verwaltungen mit dem E-Government und der einhergehenden Nutzung der Internettechnologie zu erkennen. Ziel der öffentlichen Verwaltung ist es, ihre Leistungsqualität dahingehend zu steigern, dass möglichst viele Prozesse für den Kunden (Bürger, Unternehmen) angeboten und vollumfänglich abgewickelt werden können.

Dieses setzt jedoch auch die Schaffung notwendiger Rahmenbedingungen voraus. In diesem Abschnitt werden einige Rahmenbedingungen, die zu einem erfolgreichen E-Government beitragen, vorgestellt. 1416

So ist zunächst einmal zu gewährleisten, dass nahezu jeder die Möglichkeit hat, E-Government zu nutzen; es sind also Zugangsvoraussetzungen zu schaffen. Eine grundsätzliche Voraussetzung ist der flächendeckende Ausbau einer leistungsfähigen technischen Infrastruktur. 1417

Zudem ist zu beachten, dass sich die Nutzung von E-Government bzw. des Internets durchaus schwierig gestalten kann. In diesem Zusammenhang sind insbesondere behinderte und ältere Menschen zu nennen. So sind neben den technischen Voraussetzungen bzw. Möglichkeiten der Internetnutzung auch ein barrierefreier Zugang bzw. entsprechende Kenntnisse und Fertigkeiten im Umgang mit technischen Medien erforderlich. In diesem Zusammenhang ist sicherzustellen, dass alle Bürger und Mitarbeiter, sowohl privat als auch im beruflichen Alltag, die Anwendungsmöglichkeiten nutzen können.[258] 1418

Ein weiterer Erfolgsfaktor für das E-Government sind die dafür notwendigen rechtlichen Voraussetzungen. Als wesentliche Rechtsvorschrift ist hier der § 3a des Verwaltungsverfahrensgesetzes (VwVfG) zu nennen, der die elektronische Kommunikation zwischen den öffentlichen Verwaltungen sowie den Bürgern und der Wirtschaft (s. o. Beziehungsmöglichkeiten) als Voraussetzung für eine elektronische, medienbruchfreie und verbindliche Bearbeitung regelt. 1419

Danach ist die elektronische Übermittlung von Dokumenten u. a. zulässig, wenn 1420

- der Empfänger hierfür einen Zugang eröffnet
- kein Schriftformerfordernis zwingend besteht.

Nach § 3a Abs. 2 VwVfG kann eine durch besondere Rechtsvorschrift vorgeschriebene Schriftform durch die elektronische Form ersetzt werden, wenn durch Rechtsvorschrift nichts anderweitig bestimmt ist. Weiter wird ausgeführt, dass der elektronischen Form ein elektronisches Dokument genügt, das mit einer qualifizierten elektronischen Signatur versehen ist, die die Identifizierung der Person ermöglicht. 1421

Somit hat die elektronische Signatur Auswirkungen auf das rechtsverbindliche Handeln bei der Nutzung von Internet/E-Government. 1422

Die **elektronische Signatur** ist der sichere Ersatz der eigenhändigen Unterschrift. Sie muss gewährleisten, dass die Inhalte eines Dokumentes/einer Information vertraulich 1423

258 Siehe auch Gesetz zur Gleichstellung von Menschen mit Behinderungen § 10 ff.

bleiben und nur dem Empfänger zugänglich sind sowie durch Andere nicht verändert werden können und der Verfasser klar identifiziert werden kann.

1424 Der Begriff und die unterschiedlichen Arten der elektronischen Signatur sind gesetzlich beschrieben bzw. geregelt (siehe Gesetz zur Durchführung der europäischen eIDAS-Verordnung, dessen Kernstück das neue Vertrauensdienstgesetz ist).

1425 Demnach können drei Arten unterschieden werden:

- die einfache elektronische Signatur,
- die fortgeschrittene elektronische Signatur,
- die qualifizierte elektronische Signatur.

1426 Die *einfache elektronische Signatur* (z. B. eingescannte Unterschrift oder gez. Müller) erfüllt nicht die zur Sicherheit erforderliche Anforderung der Authentizität, da die eindeutige Identifikation des Verfassers nicht möglich ist. Deshalb wird diese Art häufig bei formlosen Handlungen angewendet.

1427 Die *fortgeschrittene elektronische Signatur* erfüllt das Erfordernis der Authentizität, indem die Zuordnung zu dem Inhaber der Signatur möglich ist.

1428 Bei der *qualifizierten elektronischen Signatur* kann von einer hohen Sicherheit bei der elektronischen Kommunikation (E-Government) ausgegangen werden, da es sich hierbei um eine fortgeschrittene Signatur handelt, die auf einem Zertifikat beruht und mit einer sicheren Signaturerstellungseinheit erstellt wurde.[259] Aufgrund der gebotenen Sicherheit erfüllt die qualifizierte elektronische Signatur das o. g. Erfordernis der Schriftform im öffentlichen und Privatrecht.

1429 Hinter der elektronischen Signatur verbirgt sich ein Verfahren unter Verwendung klar zuzuordnender privater bzw. öffentlicher Schlüssel. Einfach beschrieben, werden Daten durch eine Codierung so verändert, dass diese nur von bestimmten Adressaten oder technischen Geräten lesbar sind. Es kann nur derjenige die Daten decodieren, der über einen entsprechenden Schlüssel verfügt.

1430 Die Umsetzung der qualifizierten Signatur kann in der Praxis z. B. mit Karten, die mit einem Chip versehen sind (siehe beispielsweise Bank-/Kontokarten) und die der künftige Benutzer unter Nachweis seiner Identität erhält, erfolgen.

1431 Einen weiteren Beitrag zur elektronischen Kommunikation und der Erfüllung der Anforderungen einer digitalen Gesellschaft durch die öffentlichen Verwaltungen hat der Gesetzgeber mit dem **E-Government-Gesetz auf Bundesebene** und mit dem **E-Government-Gesetz NRW** (Inkrafttreten 16.07.2016) auch auf Landesebene geleistet.

---

259 Vgl. auch Definition http://de.wikipedia.org/wiki/Qualifizierte_elektronische_Signatur.

Weil das Gesetz des Bundes für die Behörden des Landes und die Kommunen nur gilt, wenn sie Bundesrecht umsetzen, war eine zusätzliche rechtliche Regelung auf Landesebene notwendig, die eine einheitliche Vorgehensweise bei elektronischen Verwaltungsverfahren gewährleisten soll.

Nachfolgend werden *auszugsweise* wesentliche Punkte des E-Government-Gesetzes NRW aufgezeigt[260]: 1432

- die Behörden werden ab dem 01.01.2018 verpflichtet, einen sicheren elektronischen Zugang zur Verwaltung zu eröffnen.
- die Annahme von elektronischen Nachweisen in elektronischen Verwaltungsverfahren ab 01.01.2018 (z. B. im BaföG-Verfahren – Einkommensnachweise elektronisch möglich)
- die elektronische Kommunikation mit Externen, sofern sich diese elektronisch an die Behörde gewandt haben
- die Bereitstellung umfassender Informationsangebote der Behörden im Netz
- die Einführung vom elektronischen Bezahlmöglichkeiten
- die Verpflichtung zur elektronische Aktenführung für Landesbehörden
- die elektronische Vorgangsbearbeitung ab 01.01.2031 für Landesbehörden: Verwaltungsabläufe sollen demnach ab diesem Zeitpunkt auf elektronischem Weg abgewickelt und entsprechend gestaltet werden. Die schriftliche Kommunikation zwischen Behörden soll ab sofort, der Aktenaustausch zwischen Behörden ab 01.01.2022 elektronisch erfolgen.

Die aufgezeigten Punkte machen deutlich, dass der Gesetzgeber mit diesem Gesetz die Tür zur Digitalisierung der Verwaltung bewusst für die Kommunen und Landesbehörden öffnen wollte und diese nun aufgefordert sind, sich – unter Einbeziehung aller Akteure – dieses Themas anzunehmen. 1433

Abschließend werden die wesentlichen Kernelemente des E-Government noch einmal in einer Abbildung dargestellt, der dann ein kurzes Fazit folgt. 1434

260 Vgl. auch www.mik.nrw.de/cio-nrw/e-government/e-government-gesetz.htm (verändert).

1435 **Abbildung E-Government**

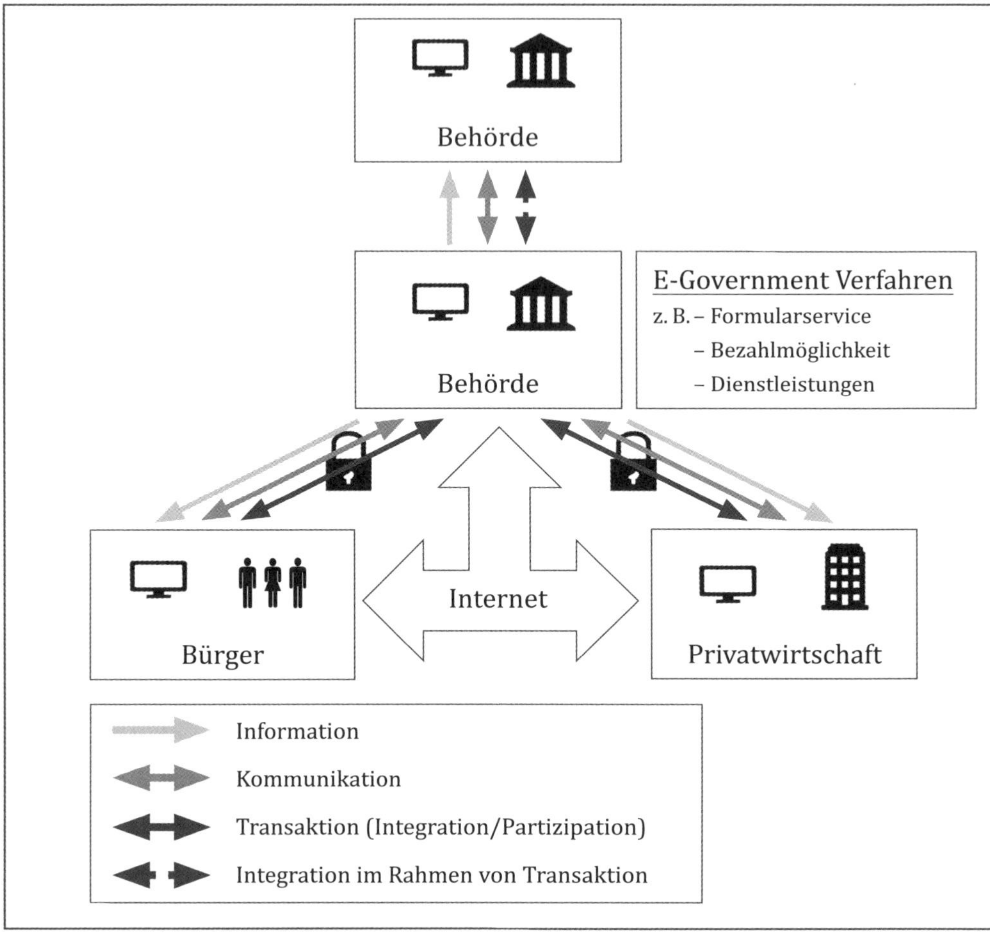

1436 **Kurzes Fazit**

Die Ausführungen zeigen, dass E-Government eine Begriffserweiterung erfahren hat. Es geht nicht mehr nur um Leistungen für die Bürger oder die Wirtschaft, sondern insgesamt auch um die Digitalisierung von Verwaltungsabläufen, die vom E-Government nicht zu trennen sind.

1437 Es ist kaum abzustreiten, dass das E-Government erhebliche Vorteile für alle Beteiligten hat und die Entwicklungen bzw. Umsetzungen auf den unterschiedlichen Verwaltungsebenen längst noch nicht abgeschlossen sind.

1438 Trotzdem sollte E-Government auch nicht unkritisch hingenommen werden. Neben den bereits dem Kapitel zu entnehmenden Anmerkungen zu Auswirkungen und möglichen Folgen elektronischer Kommunikation ist grundsätzlich zu hinterfragen, welche Leistungen der öffentlichen Verwaltungen e-governmentfähig sind und nur auf elektronischem Wege angeboten werden sollten. Es werden sicherlich nicht alle Leistungen sein, sodass das E-Government auch in Zukunft nicht der einzige Weg sein wird, die Leistungen/Produkte einer Verwaltung in Anspruch zu nehmen.

11.5 KURZER AUSBLICK

Natürlich ist es gewagt, eine Prognose darüber abzugeben, wie die „Verwaltungswelt" zukünftig aussehen wird. Der ständige Wandel der modernen Arbeitswelt, u. a. erkennbar an der Globalisierung, der ständig steigenden Vernetzung unterschiedlichster Akteure, der Innovationsbereitschaft sowie neuen Technologien und dem Wertewandel, lassen verlässliche Aussagen zu organisatorischen Entwicklungen kaum zu.[261] 1439
Spürbar ist jedoch die Geschwindigkeit des Strukturwandels der Arbeitswelt, einhergehend mit einer gewissen Unberechenbarkeit, die zur Folge hat, dass „Organisation" künftig wahrscheinlich eine andere Bedeutung bzw. Rolle einnehmen wird. 1440

Wie die Verwaltung der Zukunft und unsere Arbeit in den kommenden Jahren aussehen wird, ist jedoch kein Zufall oder Selbstläufer, sondern obliegt der (Verwaltungs-)Organisation bzw. dem Organisationsmanagement, also der aktiven Gestaltung der Verwaltungswelt von morgen. 1441

Es ist nicht abwegig, dass eine neue Organisation den Einzelnen an der ein oder anderen Stelle mehr fordern wird, aber neue Arbeitsorganisation bietet auch mehr Chancen. Es ist davon auszugehen, dass die Beschäftigten, insbesondere der jüngeren Generation, ein flexibles und mobiles Arbeiten erwarten. Die Verwaltungen werden sich daher weiter weg von der normalen Präsenzarbeit, von der Anwesenheitskultur entwickeln. Homeoffice und Desksharing[262] werden sich etablieren. 1442

Feste Arbeitszeiten und klare, vertikale hierarchische (Top-down-)Strukturen mit einer hohen Gliederungstiefe werden wohl künftig noch mehr den flachen Hierarchien und anderen Organisationsformen weichen. Es wird deshalb der Mitarbeitertyp mit den entsprechenden Kompetenzen nachgefragt sein, der nicht auf Anstöße oder Anweisungen wartet, sondern mitdenkt, proaktiv handelt und bereit ist, in den neuen Formen der Organisation Verantwortung zu übernehmen. 1443

Ziel der Verwaltungen (als Dienstleister) wird es nach wie vor sein, das Leistungsvermögen mit optimalem Ressourceneinsatz zu erhalten bzw. kontinuierlich zu verbessern. Es wird also darum gehen, Dienstleistungen für die Bürgerinnen und Bürger (Kunden) unter optimalen Arbeitsbedingungen wahrzunehmen. Die organisatorischen Erfolgsfaktoren 1444

261 Vgl. auch Organisation (Vahs, 2019, S. 537).
262 Desksharing ist eine Organisationsform, bei der innerhalb einer Organisationseinheit weniger Arbeitsplätze als Mitarbeiter existieren. Die Mitarbeiter können „ihren" Arbeitsplatz täglich frei wählen (vgl. de.wikipedia.org, Zugriff 11/2020).

dafür werden die Anpassungsfähigkeit an den erkennbaren Entwicklungen und eine effektive, flexible Organisation sein, die durch das Zusammenspiel von Agilität und Stabilität geprägt ist.

LITERATURVERZEICHNIS

BECKERMANN, BIRGIT: *Personalplanung*, in: TORSTEN FISCHER (HRSG.): *Personalmanagement*, 2011, Frankfurt

BERTELSMANN-STIFTUNG: *Kommunen schaffen Zukunft – Reformimpulse für Entscheider*, Gütersloh

BERTELSMANN-STIFTUNG: *Mitarbeiterorientierte Zielvereinbarungen in der Kommunalverwaltung*, Gütersloh

BOKRANZ, RAINER/KASTEN, LARS: *Organisationsmanagement in Dienstleistung und Verwaltung*, 4. Auflage, 2003, Wiesbaden

BRUHN, MANFRED: *Qualitätsmanagement für Dienstleistungen. Grundlagen, Konzepte, Methoden*, 2006, Berlin

DEUTSCHES INSTITUT FÜR NORMUNG 2009B: *DIN 69901-5-2009-01 Projektmanagement*

DEUTSCHES INSTITUT FÜR NORMUNG E. V. 2011: *DIN-Norm 5008-2011*

FRITSCH, GERHARD/WIEDEMANN, LUDWIG: *Innere Behördenorganisation und Verwaltungstechnik*, Band 16, BVS, 2014, München

GOURMELON, ANDREAS/MROSS, MICHAEL/SEIDEL, SABINE: *Management im öffentlichen Sektor*, 1. Auflage, 2011, Heidelberg u. a.

HILL, HERMANN: *NPM in Deutschland – Was bleibt? Was kommt?*, in: BECK, JOACHIM/LARAT, FABRICE (HRSG.): *Reform von Staat und Verwaltung in Europa – jenseits von Public Management*, 2011, Zürich u. a.

HOMANN, KLAUS: *Verwaltungscontrolling – Grundlagen, Konzept, Anwendung*, 2005, Wiesbaden

HOPP, HELMUT/GÖBEL, ASTRID: *Management in der öffentlichen Verwaltung – Organisations- und Personalarbeit in modernen Kommunalverwaltungen*, 3. Auflage, 2008, Stuttgart

HOPP, HELMUT/GÖBEL, ASTRID: *Management in der öffentlichen Verwaltung – Organisations- und Personalarbeit in modernen Kommunalverwaltungen*, 4. Auflage, 2013, Stuttgart

KGSt 12/1991 Dezentrale Ressourcenverantwortung – Überlegungen zu einem neuen Steuerungsmodell

KGSt 5/1993 Das neue Steuerungsmodell – Begründung, Konturen, Umsetzung

KGSt 8/1994 Das neue Steuerungsmodell – Definition und Beschreibung von Produkten

KGSt-Handbuch Organisationsmanagement, 1999

KGSt 3/2001 – Steuerung mit Zielen – Ziele entwickeln und präzisieren

KGSt B3/2003 Kommunaler Aktenplan der KGSt

KGSt 5/2006 Das Verhältnis von zentralen und dezentralen Einheiten in der Kommunalverwaltung

KGSt 1/2009 Stellenplan und Stellenbewertung

KGSt 3/2011 Von der Prozessoptimierung zum Prozessmanagement (Teil 1). In sechs Schritten zum optimierten Prozess

KGSt 15/2015 KGSt-Normalarbeitszeit

KGSt V/2015.1 Produktorientierter Aktenplan der KGST

KGSt-Journal 08/2016 Bewertung

Kieser, Alfred/Walgenbach, Peter: *Organisation*, 6. Auflage, 2010, Stuttgart

Knebel, Heinz/Schneider, Helmut: *Die Stellenbeschreibung – Ratgeber mit Speziallexikon*, 9. Auflage, 2012, Hamburg

Kreikebaum, Hartmut: *Einführung in die Organisationslehre*, 1. Auflage, 1975, Wiesbaden

Krüger, Wilfried: *Organisation der Unternehmung*, 2. Auflage, 1993, Stuttgart u. a.

Krüger, Wilfried: *Excellence in Change*, 5. Auflage, 2014, Wiesbaden

Lucke, Jörn von/Reinermann, Heinrich: *E-Government – Gründe und Ziele*, in: dies. (Hrsg.), *Electronic Government in Deutschland*, 2002, Speyer

Mayer, Otto: *Deutsches Verwaltungsrecht* Band I u. II, unveränderter Nachdruck der 1924 erschienenen 3. Auflage, Berlin

Mross, Michael: *Organisationslehre für Sozialmanagement und Sozialverwaltung – Kompakt*, 1. Auflage, 2012, Bremen

OLFERT, KLAUS: *Organisation*, 15. Auflage, 2009, Ludwigshafen

OSBORNE, DAVID/GAEBLER, TED: *Reinventing Government*, 1992, New York

PAULIC, RAINER (HRSG.): *Verwaltungsmanagement und Organisation*, 3. Auflage, 2014, Frankfurt

PEINE *DÖV* 1997 S. 30 (vgl. Weiß, Privatisierung von Staatsaufgaben)

PICOT, ARNOLD/DIETL, HELMUT/FRANCK, EGON/FIEDLER, MARINA/ROYER, SUSANNE: *Organisation –Theorie und Praxis aus ökonomischer Sicht*, 6. Auflage, 2012, Stuttgart

RAU, THOMAS: *Betriebswirtschaftslehre für Städte und Gemeinden – Strategie, Personal, Organisation*, 2. Auflage, 2007, München

REICHARD, CHRISTOPH: *Umdenken im Rathaus – Neue Steuerungsmodelle in der deutschen Kommunalverwaltung*, 1994, Berlin

ROSENSTIEL, LUTZ VON: *Grundlagen der Organisationspsychologie*, 2000, Stuttgart

SCHANZ, GÜNTHER: *Organisationsgestaltung – Management von Arbeitsteilung und Koordination*, 2. Auflage, 1994, München

SCHEDLER, KUNO/PRÖLLER, ISABELLA: *New Public Management*, 5. Auflage, 2011, Bern u. a.

SCHREYÖGG, GEORG/GEIGER, DANIEL: *Organisation – Grundlagen moderner Organisationsgestaltung*, 6. Auflage, 2015, Wiesbaden

SCHULTE-ZURHAUSEN, MANFRED: *Organisation*, 5. Auflage, 2010, München

SIEPMANN, HEINRICH/SIEPMANN, URSULA: *Verwaltungsorganisation*, 6. Auflage, 2004, Stuttgart

STEINBUCH, PITTER A.: *Organisation*, 10. Auflage, 1997, Ludwigshafen

THOM, NORBERT/RITZ, ADRIAN: *Public Management – Innovative Konzepte zur Führung im öffentlichen Sektor*, 4. Auflage, 2008, Wiesbaden

ULRICH, EBERHARD: *Arbeitspsychologie*, 4.Auflage, 1998, Stuttgart

ULRICH, HANS: *Systemorientiertes Management*, zsgest. von Markus Schwaninger, hrsg. von der Stiftung zur Förderung der Systemorientierten Managementlehre St. Gallen, Schweiz, 2001

VAHS, DIETMAR: *Organisation – Einführung in die Organisationstheorie und -praxis*, 6. Auflage, 2007, Stuttgart

VAHS, DIETMAR: *Organisation – Ein Lehr- und Managementbuch*, 7. Auflage, 2009, Stuttgart

VAHS, DIETMAR: *Organisation – Ein Lehr- und Managementbuch*, 8. Auflage, 2012, Stuttgart

VAHS, DIETMAR: Organisation – *Ein Lehr und Managementbuch,* 10. Auflage, 2019, Stuttgart

WINKLERS-VERLAG, *Recht und Wirtschaft in der öffentlichen Verwaltung – Grundlagenband*, von HANS-G. DÜNGEN, JÖRG BEHNCKE, MARION DRÄGER, MARION JOSWIG-KIND, BERNHARD LIMBECK, VOLKER MÜLLER, DR. GÜNTER SCHILLER, ANTJE SCHNEYER, DR. FRANK SCHNEYER, URSULA WATHLING, 2. Auflage, 2011, Braunschweig

WÖHE, GÜNTER/DÖRING, ULRICH: *Einführung in die Allgemeine Betriebswirtschaftslehre*, 24. Auflage, 2010, München

